Pierre Bourdieu u.a.
Der Einzige und sein Eigenheim

Pierre Bourdieu (1930–2002) war Professor für Soziologie am Collège de France in Paris. Seine wichtigsten Arbeiten: »Die feinen Unterschiede« (Frankfurt/Main 1982), »Homo academicus« (Frankfurt/Main 1988), »Noblesse d'Etat« (Paris 1989), »Les règles de l'art« (Paris 1992), »Das Elend der Welt« (Konstanz 1997), »Gegenfeuer« (Band 1, Konstanz 1998, Band 2, Konstanz 2001)

Margareta Steinrücke ist Referentin für Frauenforschung an der Arbeitnehmerkammer Bremen mit den Forschungsschwerpunkten Geschlechterforschung und Soziale Ungleichheiten. Ihre wichtigsten Veröffentlichungen: »Generationen im Betrieb« (Frankfurt/Main, New York 1986), »Fraueninteressen im Betrieb« (zusammen mit P. Frerichs und M. Morschhäuser, Opladen 1989), »Klasse, Geschlecht, Kultur« (zusammen mit P. Frerichs, Iso-Berichte, Köln 1997)

Franz Schultheis ist Professor für Soziologie an der Universität in Genf und Mitherausgeber der Reihe édition discours beim UVK Konstanz, in der u.a. die Bände »Das Elend der Welt« und »Gegenfeuer« erschienen.

Pierre Bourdieu u.a.

Der Einzige und sein Eigenheim

Erweiterte Neuausgabe der Schriften zu Politik & Kultur 3

Herausgegeben von Margareta Steinrücke
Mit einem Vorwort von Margareta Steinrücke
und Franz Schultheis
Aus dem Französischen von Jürgen Bolder,
Franz Hector und Joachim Wilke

VSA-Verlag Hamburg

www.vsa-verlag.de

Erweiterte Neuausgabe. 1. Auflage VSA-Verlag 1998

Unveränderter Nachdruck 2006

Druck: Idee, Satz & Druck, Hamburg
ISBN 3-87975-862-x

Inhalt

Vorwort zur erweiterten Neuausgabe

Dieses Vorwort zur Neuauflage von »Der Einzige und sein Eigenheim« steht im Zeichen der Trauer um Pierre Bourdieu: Der Hauptautor und Spiritus Rector der vorliegenden Untersuchung über das Eigenheim und dessen Bedeutung in Zeiten des Neoliberalismus ist tot. Mit ihm haben wir den wohl letzten großen politischen Intellektuellen verloren, der in aufklärerischer Absicht strenge empirische Forschung mit soziologischer Theoriebildung und direktem politischen Eingreifen verband.

Die Untersuchung über das Eigenheim und besonders die in der Neuauflage von Pierre Bourdieu noch hinzugefügten Teile sind ein gutes Beispiel für diese ihm eigene spezifische Form des Wechselspiels und Ineinandergreifens von empirischer Forschung, Theoriearbeit und politischer Aufklärung.

Angeregt durch die deutsche Ausgabe von 1998 hatte Pierre Bourdieu sich entschlossen, die bis dahin in Frankreich noch nicht als Buch veröffentlichte Untersuchung überarbeitet und erweitert 2000 unter dem Titel »Les structures sociales de l'économie« in der Reihe »Liber« der Éditions du Seuil erscheinen zu lassen.

In der ausführlichen Einleitung, die wir in die zweite deutsche Auflage aufgenommen haben, zeichnet Bourdieu die historische Relativität des herrschenden Begriffs von Ökonomie nach, wie sie sich ihm erstmals aus seinen ethnologischen Studien zur Lebensform der Kabylen erschlossen hat, und zeigt, wie allein die Abstraktion der herrschenden Ökonomie von Geschichtlichkeit wie Gesellschaftlichkeit der ökonomischen Praktiken zu den unhinterfragten Prämissen dieser ökonomischen Lehre führt, als da sind: die Vorstellung vom all seine Handlungen rational kalkulierenden homo oeconomicus; vom Markt als optimalem Mittel zur effizienten und gerechten Organisation von Produktion und Austausch; von der Ökonomie als einer separaten Sphäre mit quasi Naturgesetzen, die sich am reinsten in mathematischen Formeln ausdrücken ließen (der *morbus mathematicus* der herrschenden Ökonomie), etc. Gegen diese Abstraktionen, die das tatsächliche Handeln von Menschen nie erklären, sondern bestenfalls einem Passepartout-Modell unterwerfen können, und in Auseinandersetzung mit dem empirischen Material z.B. aus seiner Untersuchung der kabylischen Ökonomie der Ehre hat Bourdieu Kategorien einer erweiterten Ökonomie der Praxisformen entwickelt, wie Habitus und kulturelles Kapital (anstelle des reduktionistischen Humankapitalbegriffs), soziales und symbolisches Kapital (um die Bedeutung von Beziehungen, von Ehre und Prestige für das ökonomische Handeln erfassen zu können), Dispositionen (als weitgehend unbewusste und durch Gewohnheit vermittelte Handlungsantriebe anstelle bewusst kalkulierter Interessen), Illusio (die Grundüberzeugung vom Wert einer Sache, die die Voraussetzung dafür bildet, dass diese überhaupt getauscht wird, um sie konkurriert wird etc.).

Diese theoretischen Kategorien hat er nun wiederum auf die empirische Untersuchung eines bestimmten ökonomischen Feldes, das der Produktion und des Verkaufs von Wohneigentum, angewendet (siehe die drei Beiträge »Das Einfamilienhaus: Produktspezifik und Logik des Produktionsfeldes«; »Ein Vertrag unter Zwang«; »Der Eigentumssinn. Die soziale Genese von Präferenzsystemen«). Aus der Reflexion der Ergebnisse dieser empirischen Untersuchung sind dann Weiterentwicklungen des Begriffs des ökonomischen Feldes erfolgt, seiner Strukturen, seiner Wirkungen, der sich in ihm abspielenden Kämpfe mit ihren Parteien, Trümpfen und Strategien (s. den Beitrag »Das ökonomische Feld«).

Neu aufgenommen wurde abschließend noch das von Bourdieu verfasste Post-Scriptum zur französischen Ausgabe »Du champ national au champ international« (in diesem Band in einer von ihm noch einmal überarbeiteten Version als »Einige und herrsche – vom nationalen zum internationalen Feld«), in dem Bourdieu die gewonnenen Kategorien zum ökonomischen Feld auf die jüngsten Entwicklungen der Globalisierung in ihrer neoliberalen Form anwendet. Die Globalisierung, durch die weltweite Verbreitung neuer Kommunikationstechnologien begünstigt, reißt mit ihren Strategien der Liberalisierung und Deregulierung alle nationalen Schranken ein und stellt internationale »Gleichheit« her. Diese aber ist eine Gleichheit unter Ungleichen, die die ökonomisch, kulturell und politisch Mächtigen immer weiter bevorteilt, seien es die großen multinationalen Konzerne oder sei es die Großmacht USA, die einerseits von einem ganzen Bündel von finanziellen, ökonomischen, militärischen, linguistischen und kulturellen Konkurrenzvorteilen profitieren und andererseits davon, dass das neoliberale ökonomische Modell eine bewusstlose Verallgemeinerung des US-amerikanischen Gesellschaftsmodells mit seinem schwachen Staat, der Vorstellung von *self-help* und Individualismus und seinem auf allen Ebenen durchgesetzten protestantisch-calvinistischen Geist des Kapitalismus darstellt. Wie diese Hegemonialmacht die internationalen ökonomischen Institutionen wie WTO, IWF etc. in ihrem Interesse nutzt, ist auch Teil der ökonomischen Analysen und Interventionen Bourdieus, die immer ineins politische sind und die das Ziel verfolgen, durch das Aufzeigen von Herrschaftsstrukturen dem Widerstand gegen diese Strukturen Erkenntnis- und vielleicht auch Aktionsmittel an die Hand zu geben.

Bremen/Neuchâtel, April 2002 *Margareta Steinrücke*
Franz Schultheis

Vorwort zur ersten Auflage

Willy: Also, das ist eigentlich großartig. Eine Hypothek in 25 Jahren abzuzahlen, das ist schon ...
Linda: Eine Leistung ist das.
Willy: Überleg' bloß mal. Da arbeitet man ein Leben lang, um ein Haus abzuzahlen. Schließlich gehört's dir, und keiner ist da, um drin zu leben.
Linda: Ja, Lieber, das Leben besteht aus Enttäuschung, so geht es allen.
Arthur Miller, Tod eines Handlungsreisenden

Der Traum vom eigenen Häuschen im Grünen wird auch in Deutschland unvermindert sehnsüchtig geträumt. Die Hälfte aller Deutschen zwischen 25 und 35 Jahren will ihn sich bald erfüllen:[1] um den Mieterhöhungen zu entgehen, nicht gekündigt werden zu können, im Alter versorgt zu sein; damit die Kinder im Grünen gefahrlos spielen können; um unabhängig zu sein von Vorschriften und Belästigungen durch Vermieter und Mitbewohner; und um etwas Eigenes zu haben, das ihnen gehört, das sie gestalten können, in dem sie frei schalten und walten können und das sie eines Tages ihren Kindern vererben können.

Zwar bildet Deutschland (mit der Schweiz) das Schlusslicht bei der Wohneigentumsquote in Europa (1997 41,6% in Westdeuschland im Vergleich z.B. zu 68% in Großbritannien oder 54% in Frankreich),[2] doch hält der Trend zum eigenen Heim ungebrochen an, verstärkt in den letzten Jahren noch durch den Nachholbedarf in den neuen Bundesländern (von 26,1% in 1993 auf 31,1% in 1997).

Die individuellen Träume vom Eigenheim können sich jedoch schnell zum kollektiven Alptraum summieren: 2,8 Millionen zusätzliche Wohnungen, vier Fünftel davon Ein- oder Zwei-Familienhäuser, werden

[1] Einer 1998 durchgeführten Emnid-Umfrage zufolge.
[2] Mitteilung des Instituts für Städtebau, Wohnwirtschaft und Bausparwesen (IFS), Bonn, April 1998.

unter diesen Voraussetzungen schätzungsweise bis zum Jahr 2010 benötigt.[3] Das bringt enorme Probleme mit sich: die Zersiedelung der Landschaft, die Verödung der Innenstädte, ökologische Probleme durch die zunehmende Versiegelung des Bodens und den CO^2-Ausstoß der Autos, abgesehen von den immer länger werdenden Staus auf dem Weg von und zur Arbeit. Aber auch Probleme der Vereinzelung: In den neuen Wohnsiedlungen fehlen die alten nachbarschaftlichen und verwandtschaftlichen Beziehungen, der Zwang zum Autofahren unterbindet die früher häufigen gemeinsamen Kneipenbesuche im Anschluss an die Arbeit. Und nicht zuletzt unmittelbar ökonomische Probleme: Die in den letzten Jahren enorm gestiegene Zahl von Zwangsversteigerungen und Zwangsverkäufen auch im Gefolge von Scheidungen oder der Umstand, dass ca. einem Drittel aller Neuzugänge zur Arbeiterrentenversicherung (v.a. Früh- und Berufsunfähigkeitsrentnern) die Rente wegen Kreditrückzahlung für ein Haus gepfändet wird, zeigen, dass ein Gutteil der neuen Hausbesitzer finanziell mit seinem Hausbesitz überfordert ist. Wie im Übrigen der Zwang zur Abzahlung eines Eigenheims seit einiger Zeit die Streikfähigkeit von Arbeitern häufig empfindlich einschränkt.

Den Trend zum Eigenheim und die Probleme, die er mit sich bringt, hat Pierre Bourdieu Mitte der 80er Jahre zusammen mit einer Gruppe von Forscherinnen in Frankreich einer umfassenden Untersuchung unterzogen. Mit Hilfe von Interviews, Mitschnitten von Verkaufsgesprächen, der Analyse betrieblicher Daten und Werbematerialien u.a. wurde das Phänomen der »Vereigenheimung« unter den verschiedensten Gesichtspunkten – ökonomischen, sozialen, soziopsychischen, politischen, rechtlichen – beleuchtet.

Der Wunsch nach dem eigenen Häuschen wird dabei untersucht als Resultat des Zusammenspiels der alten Sehnsucht nach privatem Glück und vererbbarem Besitz mit den Auswirkungen eines liberalen Schwenks in der Wohnungsbaupolitik ab Mitte der 70er Jahre. Durch die vermehrte Vergabe persönlicher Kredite wird seither der individuelle Hausbau gegenüber dem gemeinschaftlichen Wohnungsbau (und damit die Geschäfte der Banken und Bauunternehmer) gefördert; mit allen Folgen z.B. in Form einer Isolierung der Eigenheimbesitzer von Kollegen, Nachbarn,

[3] Prognose des Eduard Pestel-Instituts, Hannover, 1998.

kulturellem Leben und der Fixierung aufs Private (»Ein Zeichen der Zeit«).

In »Eine sichere Geldanlage für den Familienvater« werden die unbewussten Vorstellungen, die die potentiellen Eigentümer mit einem eigenen Haus verbinden, dargestellt: Dieses soll neben einer Geldanlage auch Symbol für die Existenz und die – von Scheidungsfällen u.ä. nicht berührte – Fortdauer der Familie über die Generationen hinweg sein, eine Projektion, die sich auf die Produktions- und Werbestrategien der Baufirmen auswirkt, die diese Wünsche aufgreifen, um sie kommerziell ausbeuten zu können.

In »Ein Vertrag unter Zwang« wird auf der Grundlage des Mitschnitts von Verkaufsgesprächen und von Interviews mit VerkäuferInnen gezeigt, wie sich unter der Hand der (Ver-)Kauf eines Hauses in den (Ver-)Kauf eines Kredites verkehrt und wie aus der Informationssammlung über konkurrierende Angebote durch den Kunden ein Verhör desselben durch den Verkäufer wird. Rationaler Hintergrund dieses Vorgangs ist die weitgehende Umstellung der Finanzierung des Hauserwerbs (von Vererbung oder Barzahlung) auf Kreditzahlung und die damit einhergehende Ausweitung der Käuferschichten auf finanziell weniger Begüterte. Diesen wird im Verkaufsgespräch zu ihrem eigenen Schutz, v.a. aber zum Schutz der Bank, die Anpassung ihrer Wünsche an ihre finanziellen Möglichkeiten nahegebracht. Dies ist der erste Schritt einer »Entsagungsarbeit«, die i.d.R. ihre Fortsetzung im endlich bezogenen Haus findet, wo etwa die schlechte Isolierung, der fehlende Keller, der Lärm der Rasenmäher am Wochenende die erstrebte Freiheit auf ein dem einer Mietwohnung sehr ähnliches Maß reduzieren, noch dazu erkauft mit häufig langen Wegezeiten von und zur Arbeit.[4]

In »Der Eigentumssinn« wird die soziale Zusammensetzung der Wohneigentümer analysiert und die Auswirkungen solcher Faktoren wie Ausmaß und Zusammensetzung von ökonomischem und kulturellem Kapital, Alter, Stellung im Familienzyklus und Kinderzahl auf die

---

[4] Eindringliche Berichte über die Wünsche, Erfahrungen und Enttäuschungen mit dem Kauf von Wohneigentum lassen sich auch nachlesen in den von Pierre Bourdieu u.a. durchgeführten und vom Universitätsverlag Konstanz auf deutsch herausgegebenen Interviews in »Das Elend der Welt« – Zeugnisse und Diagnosen alltäglichen Leidens an der Gesellschaft, Konstanz 1997, S. 17ff.

Entscheidung zum Hauskauf betrachtet. Bemerkenswert ist, dass zwar immer noch die Gruppen mit relativ mehr ökonomischem als kulturellem Kapital (Landwirte, Unternehmer, Handwerker etc.) am häufigsten über Hausbesitz verfügen, jedoch in den letzten Jahrzehnten der größte *Zuwachs* beim Erwerb von Wohneigentum festzustellen ist bei den sozialen Gruppen mit relativ mehr kulturellem als ökonomischem Kapital (wie den mittleren und höheren Kategorien von Angestellten und Beamten und den oberen Gruppen der Arbeiter). Diese haben relativ stabile Einkommenserwartungen, Voraussetzung für die Vergabe langfristiger Kredite, die wiederum seit einiger Zeit der wichtigste Zugangsmodus zum Erwerb von Wohneigentum geworden sind.

Nicht aufgenommen in diesen Band wurden zwei Texte (»La construction du marché« – Die Konstruktion des Marktes – und »Droit et passe-droit« – Recht und Schiebung) aus derselben Untersuchung. In ihnen wird der Beitrag der staatlichen Wohnungsbaupolitik und ihrer liberalen Umsteuerung unter Giscard d'Estaing und Raymond Barre zum Auf- und Ausbau des Marktes für Eigenheime nachgezeichnet sowie die spezifische Ausgestaltung geltender Rechtsvorschriften je nach kommunalem Kontext (von der strikten Anwendung der Vorschriften über ihre großzügige Auslegung bis zur Hintergehung durch Formen von Bestechung) verdeutlicht. Diese Beiträge wären aufgrund ihrer sehr detaillierten Beschreibung französischer Institutionen und agierender Personen für deutsche LeserInnen nur schwer nachvollziehbar gewesen. Ebenso haben wir im Interesse besserer Lesbarkeit mehrere Tabellen und Schaubilder des wissenschaftlichen Apparats weggelassen.

Dafür haben wir als Abschlussbeitrag einen Aufsatz über »Das ökonomische Feld« aufgenommen, den Pierre Bourdieu 1997 verfasst hat und in dem er unter Bezug auf seine früheren Untersuchungen zur Ökonomie des Eigenheims am Beispiel des Feldes des Wohnungsbaus den Begriff des ökonomischen Feldes entfaltet.

Bourdieu zufolge besteht ein ökonomisches Feld nicht aus abstrakten, ihre ökonomischen Interessen rational verfolgenden Individuen (wie sie sich die klassische Ökonomie mit ihrem Modell des Homo oeconomicus vorstellt), sondern diese Individuen sind in ihren Vorlieben und Fähigkeiten, ihren Dispositionen als Teil von Kollektiven (Familie, Klasse, Unternehmen, Kultur) sozial geprägte und mit unterschiedlichen Kapitalien (ökonomischem, kulturellem, technischem ...) ausgestattete

Handlungssubjekte des ökonomischen Geschehens. Sie haben ihre eigenen Interessen und Strategien, welche sie aber i.d.R. nicht bewusst-rational verfolgen, sondern unbewusst, gleichwohl im Rahmen der Entstehungsbedingungen eines ökonomischen Habitus, dessen Teil solche Strategien sind, durchaus vernünftig.

Umgekehrt wirken in der Ökonomie auch nicht einfach Strukturzwänge, etwa derart, dass der Markt mit seiner Logik das ökonomische Geschehen mechanisch determinierte. Auch der Markt, wie z.B. der Markt des Wohnungsbaus, ist etwas Hergestelltes, Resultat einer Geschichte von Prozessen der Konkurrenz und des Zusammenwirkens unterschiedlichster Produzenten, aber auch staatlicher Instanzen, die mit Gesetzen und Regelungen wichtige Rahmenbedingungen für die Konkurrenz der Produzenten vorgeben und verändern, d.h. Einfluss nehmen auf das Marktgeschehen, und umgekehrt deswegen auch Gegenstand der Einflussnahme durch die Produzenten sind.

Das so verstandene ökonomische Geschehen, das weder im Handeln abstrakter Individuen noch in der Mechanik von Strukturzwängen aufgeht, ist deshalb am ehesten mit dem Begriff des ökonomischen *Feldes* zu fassen: ein Feld von Kräften und von Kämpfen, einem Spielfeld vergleichbar, in dem ökonomisch Handelnde, seien es Individuen, Unternehmen oder Verbände, mit unterschiedlichen Dispositionen und Kapitalausstattungen aufeinandertreffen und miteinander konkurrieren. Dabei definieren Ausmaß und Struktur des Kapitals die Startbedingungen und Erfolgsaussichten in den Konkurrenzkämpfen, und auch das einzelne Unternehmen oder der einzelne Verband ist dabei nicht als homogene Einheit vorzustellen, sondern ebenfalls als Feld miteinander kooperierender und konkurrierender Gruppen und Individuen (z.B. Techniker, Kaufleute, Entwickler, verschiedener Managementfraktionen, Unternehmergenerationen etc.).

Ein besseres Verständnis der langfristigen Prozesse der Wohneigentumsbildung ermöglicht zudem der Blick in die Geschichte. Besonders anhand der Geschichte der französischen Sozialpolitik, die sich früher als andere der Förderung des Wohneigentums auch für die breite Masse des Volkes angenommen hat, wird deutlich, in welchem Maße individuelle Wünsche (nach einem eigenen Heim) hergestellte sind, welche Rolle die Politik bei ihrer Herstellung spielt und welche Intentionen damit verfolgt werden.

So nahe es nämlich liegen mag, das Streben nach dem trauten Heim, das Verlangen nach dem häuslichen Glück in den eigenen vier Wänden rein psychologisch auf menschliche Grundbedürfnisse (Sicherheit, Intimität etc.) zurückzuführen, so ginge dies, wie Pierre Bourdieu uns erinnert, an den wesentlichen sozio-historischen Bedingungen und Bedingtheiten dieser Verhaltensdispositionen vorbei. Dies verdeutlicht bereits Norbert Elias' Theorie des Prozesses der Zivilisation, die vielfältige Wahlverwandtschaften mit Bourdieus genetischem Strukturalismus aufweist. In ihr werden die Wechselwirkungen zwischen staatlichen Monopolisierungs- und Regulierungsfunktionen und Wandlungen auf der Ebene des individuellen Habitus etwa in Gestalt einer schrittweisen Verhäuslichung menschlicher Grundbedürfnisse und -verrichtungen systematisch analysiert; und es wird auf anschauliche Weise vorgeführt, in welchem Maße der Affekthaushalt des modernen Menschen (z.B. seine Scham- und Peinlichkeitsgefühle und sein Bedürfnis nach Intimität) und sein zivilisatorischer Habitus der Errichtung von materiellen und immateriellen Schutzwällen und Mauern bedürfen. Das sich mit einiger historischer Verspätung und nur schrittweise auch in den Mittel- und Unterschichten durchsetzende Bedürfnis und Streben nach den »eigenen vier Wänden« kann in Elias' Sinne durchaus als Anzeiger für das Voranschreiten des Prozesses der Zivilisation angesehen werden, wobei, wie Michel Foucault und seine Schüler in vielfältigen historischen Studien aufdeckten, dieser Prozess der Zivilisierung und Domestizierung der unteren gesellschaftlichen Schichten zum guten Teil Produkt einer gesellschaftspolitischen Strategie der Normalisierung des Alltagslebens »von oben« war.

Des weiteren sind auch nicht isolierte Individuen die Subjekte des ökonomischen Handelns wie etwa bei der Entscheidung für ein Eigenheim, sondern Kollektive. So resultiert die heute kraft ihrer historischen Durchsetzung und gesellschaftlichen Verallgemeinerung mit dem Schein des »natürlichen Grundbedürfnisses« ausgestattete Sehnsucht nach dem Eigenheim in einer Form der »Investition«, bei der die Familie als institutionalisierte Gruppe mit dem ihr eigenen »Familienegoismus« die Ziele vorgibt, und dies oft auch alles andere als im harmonischen Einklang mit den individuellen Wünschen und Interessen ihrer Mitglieder. Die Familie, nach Bourdieu die zentrale Akteurin der sozialen Reproduktion und die wichtigste Garantin der Dauerhaftigkeit der gesellschaftlichen Ordnung, ist nun einmal mehr als die Summe ihrer Mitglieder, und gerade am Beispiel der kleinen und großen Nöte und Miseren der Eigenheim-Kleinbesitzer zeigt sich, dass die familialen Besitzstandsstrategien neben dem erstrebten und sicherlich oft auch gelebten »häuslichen Glück« nicht selten große psychische und soziale Opfer und Kosten mit sich bringen.

Die Vererbung des Wohneigentums nimmt eine Schlüsselstellung im Rahmen familialer Reproduktionsstrategien ein und erfasst heutzutage auch jene gesellschaftlichen Schichten, bei denen es vor den Jahrzehnten allgemeiner Prosperität nach dem Zweiten Weltkrieg schlichtweg »nichts zu erben« gab. »Heim und Herd« der Familie spielen dabei nicht nur eine wichtige materielle Rolle, sondern erfüllen zugleich auch symbolische Funktionen als Rahmen des »Familienlebens« und Verankerung des »Familiengedächtnisses«. Traditionelle Muster der Vergemeinschaftung vereinen sich dabei harmonisch mit den besitzindividualistischen Motiven der modernen Marktgesellschaft; und so kommt es wohl nicht von ungefähr, wenn das familiale Eigenheim schon seit 1789 in den politischen Diskursen der Gegenrevolution bzw. Restauration immer wieder aufs Neue als wirksamster Schutz gegen kollektivistisches Gedankengut aller Art, als effizientes Mittel der »Verkleinbürgerlichung« des »einfachen Volkes« gepriesen wurde und wird.

Es erscheint daher auch nur konsequent, dass die sog. gefährlichen Klassen des frühen 19. Jahrhunderts, d.h. die sich formierende Arbeiterklasse, wiederholt als »Massen ohne Heim und Herd« stigmatisiert wurden und dass die ihnen zugeschriebene Bindungslosigkeit und mangelnde Stetigkeit als zentrales gesellschaftspolitisches Problem und Ursache jedweder Form sozialer Desintegration und moralischer Instabilität erschien.

Das Credo sozialpolitischer Diskurse des 19. Jahrhunderts war demnach folgerichtig: aus allen Menschen »Besitzer« eines auch noch so kleinen Häuschens und Gärtchens, aus allen »Citoyens« »Bourgeois« zu machen. Der Familienbesitz wurde so zur materiellen Voraussetzung eines patriarchalen Familienmodells, der »Stammfamilie« (Le Play), bei dem der pater familias nach den Regeln des Erstgeborenenrechts und den Motiven der Besitzstandswahrung »Heim und Herd« von Generation zu Generation weitervererbte. Schon ab den 30er Jahren des letzten Jahrhunderts errichteten Unternehmer in Mulhouse, Roubaix oder

Lille sog. cités ouvrières, Arbeitersiedlungen, die den Arbeitern den Erwerb von Wohneigentum ermöglichen sollten, ein konservativer Lösungsansatz für die »soziale Frage«, der auch in deutschen Unternehmen von Ludwigshafen bis Elberfeld zahlreiche Nachahmer fand. Diesem Zweck dienten u.a. auch die »Sociétés d'encouragement d'épargne«, frühe Bausparkassen, in die der Arbeitgeber oft autoritär, d.h. auch gegen den Willen der Arbeitnehmer, Lohnanteile einzahlte, um diese sozusagen zu ihrem »häuslichen Glück« zu zwingen und den Familienvätern bei ihrer »moralischen Pflicht«, der Familie ein vererbbares Eigenheim zu schaffen, nachzuhelfen.

»Der Familienverband muss im Eigentum verankert werden,« fordert prototypisch Cherlubiez, einer der Vordenker der französischen Eigenheim-Bewegung.[5] Und bei A. Blanqui, dem konservativ gesinnten Bruder des bekannten revolutionären Denkers, heißt es schon 1849: »In Roubaix werden ganze Straßenzüge von solchen kleinen Reihenhäuschen gesäumt. In ihnen leben die Fabrikarbeiter und ihre Familien in regelrechtem Wohlstand.«[6] Sein Zeitgenosse Veron findet gar nicht genug Worte, um die zivilisatorische Rolle des Eigenheims zu würdigen: »Erbe! Dies ist ein neuer Begriff in der Geschichte der Arbeiterfamilie. Ja, die Kinder werden das Eigentum des Vaters erben; sie werden selbst einmal Herr dieses hübschen Gartens, Zeuge ihrer Kindheit, und dieses Heims, in dem sie sich des Lächelns ihrer Mutter erinnern werden.«[7]

Die Vertreter des französischen Sozialkatholizismus, allen voran der einflussreiche Frédéric Le Play, machten die Idee einer auf Wohneigentum basierenden stabilen Arbeiterfamilie zum Kerngedanken ihrer Gesellschaftspolitik und einer restaurativen Gegenutopie zu den frühsozialistischen Gesellschaftsutopien des 19. Jahrhunderts. Ihre Anhänger fanden sie im 2. Kaiserreich nicht nur im Lager der Arbeitgeber, die sie in ihrer patriarchalischen Sozialpolitik umsetzten, sondern auch im französischen Staat: Insbesondere Napoleon III. machte die französischen Erfahrungen in diesem Bereich auf den Pariser Weltausstellungen

[5] Vgl. Cherlubiez, A.: Etude sur les causes de la misère tant morale que physique et sur les moyens d'y porter remède, Paris 1853.
[6] Blanqui, A.: Des classes ouvrières en France pendant l'année 1848, Paris 1849.
[7] Veron, E.: Les institutions ouvrières de Mulhouse et de ses environs, Paris 1866.

einem breiten internationalen Publikum zugänglich und schmackhaft und trug nicht unbeträchtlich zur Verbreitung dieser Form von Wohnbaupolitik bei. Das kleinbürgerliche Eigenheim erscheint in diesem Licht wie eine Fortsetzung der von Karl Marx so scharf analysierten bonapartistischen Herrschaftsstrategie, als Ergänzung zur »Parzelle« des französischen Kleinbauern unter Louis-Napoléon, welcher ja auch erstmals öffentliche Fördermittel für den Wohneigentumserwerb der arbeitenden Bevölkerung einsetzte: »Die Parzelle, der Bauer, und die Familie; daneben eine andere Parzelle, ein anderer Bauer und eine andere Familie ... So wird die große Masse der französischen Nation gebildet durch einfache Addition gleichnamiger Größen, wie etwa ein Sack Kartoffeln einen Kartoffelsack bilden«.[8] Nach innen zusammenschweißen, nach außen isolieren, auf diesen Nenner lässt sich die seit dem frühen 19. Jahrhundert entwickelte Politik der »Vereigenheimung« der Arbeiterfamilie bringen. Sie verband sich aufs Beste mit der in Frankreich seit den 80er Jahren angesichts eines deutlichen Geburtenrückganges und vor dem Hintergrund des militärischen Fiaskos von 1870/71 zur vorrangigen nationalen Frage hochstilisierten Geburtenförderungspolitik. Sie garantierte der profamilialen Wohneigentumsförderung auch jenseits des katholischen Lagers, also inbesondere bei republikanischen Parteien und Denkern wie etwa Emile Zola massive Unterstützung. Familialismus und Natalismus fanden nunmehr ihr gemeinsames Leitbild in der sog. Normalfamilie mit mindestens drei Kindern, die bald zum privilegierten Adressaten der Familienpolitik im Allgemeinen und der Wohneigentumsförderung im Besonderen wurde.

Zur internationalen Verbreitung der familialistischen Philosophie trug vor allem die erste katholische Sozialenzyklika »Rerum novarum« bei, in der Papst Leo XIII die Idee der auf vererbbarem Familieneigentum beruhenden »Keimzelle der Gesellschaft« zur römisch-katholischen Doktrin erhob, welche sich bald in allen katholischen Regionen Europas als sehr einflussreich erweisen sollte.

Der französische Staat selbst griff erst in den 80er Jahren des letzten Jahrhunderts unter den Prämissen einer republikanischen Gesellschafts-

---

[8] Karl Marx, Der achtzehnte Brumaire des Louis Bonaparte, in: Marx-Engels-Werke, Band 8, Berlin (Ost) 1972, S. 198.

politik aktiv in den Wohnungsbau ein und konzentrierte sich typischerweise zunächst auf den Bau preiswerter öffentlicher Mietwohnungen, die insbesondere den sozial benachteiligten und/oder kinderreichen Familien zur Verfügung gestellt wurden. Die »Habitations à bon marché«, preiswerte Wohnungen mit staatlicher Subventionierung und Qualitätskontrolle, führten u.a. sozial gerechte Mieten, abgestimmt auf Einkommen und Kinderzahl, ein und prägten das Bild vieler französischer Städte. Bis in die Zeit nach dem Zweiten Weltkrieg blieb der französische Staat ein zentraler Akteur des Wohnungsbaus und -marktes und spielte dabei im übertragenen Sinne auch die Rolle eines »Architekten« des Alltagslebens.

Dem setzte erst der vom sog. Loi Barre, einem nach Raymond Barre benannten Gesetz zur Wohneigentumsförderung, eingeleitete »Rückzug des Staates« (Bourdieu) aus der Verantwortung für die Gestaltung der Wohnungsfrage ein Ende. Galt diese bis dahin noch als eine »affaire d'Etat par excellence«, so gewann sie durch die Gewichtsverlagerung von der Mietwohnungs- zur Eigenheimförderung und durch die damit einhergehende Freisetzung der Kräfte des Marktes mehr und mehr den Charakter einer reinen Privatangelegenheit: ein Sieg des Neoliberalismus über die Idee des öffentlichen Interesses, dessen massive soziale Folgekosten von der hier präsentierten soziologischen Forschung aufgedeckt werden.

Die kritische Auseinandersetzung von Bourdieu u.a. mit dem Wohneigentum und dessen sozialen Folgen soll nicht nur all jenen, die sich mit dem Gedanken tragen, ein eigenes Haus oder eine eigene Wohnung zu erwerben, Denkanstöße vermitteln. Sie richtet sich auch und vor allem an Stadtplaner, Soziologen, Architekten und Wohnungsbaupolitiker – also an alle, die für die Art und Weise, wie der Wohnbedarf hierzulande befriedigt wird, mitverantwortlich sind.

Bremen/Neuchâtel, September 1998

Margareta Steinrücke
Franz Schultheis

Pierre Bourdieu

Einleitung

Jahrhundertelange Kultur ist nötig, um einen Utilitaristen wie Stuart Mill hervorzubringen.

Henri Bergson

Die Wissenschaft, die man »Ökonomie« nennt, beruht von Anfang an auf der Abstraktion, eine besondere Gruppe von Praktiken oder eine besondere Dimension jeder Praxis aus der Gesellschaftsordnung, in die jede menschliche Praxis eingebettet ist, herauszulösen. Dieses Eingebettetsein, das sich in einigen Aspekten oder Effekten wiederfindet, bei denen man nach Karl Polanyi von *»embeddedness«*, Einbettung, spricht, zwingt dazu, jede Praxis, angefangen bei jener, die sich ganz augenscheinlich und ganz strikt »ökonomisch« gibt, als »›totale‹ gesellschaftliche Tatsache« im Sinne von Marcel Mauss aufzufassen, selbst wenn man sie zu Erkenntniszwecken anders behandeln muss.

So unterscheiden sich die speziellen Untersuchungen, die ich vor fast vierzig Jahren in Algerien zur Logik der Ökonomie der Ehre und von »Treu und Glauben« oder zu den ökonomischen und kulturellen Determinanten der Spar-, Kredit- und Investitionspraktiken oder Mitte der 1960er Jahre mit Luc Boltanski und Jean-Claude Chamboredon zur Bank und ihrer Kundschaft oder auch in neuerer Zeit mit Salah Bouhedja, Rosine Christin, Claire Givry und Monique de Saint-Martin zur Produktion und Vermarktung von Eigenheimen anstellen konnte, in zweierlei Hinsicht grundsätzlich von der landläufigen Ökonomie: Sie versuchen in jedem Fall, das gesamte verfügbare Wissen über die verschiedenen Dimensionen der Gesellschaftsordnung, also ungeordnet: die Familie, den Staat, die Schule, die Gewerkschaften, die Vereinigungen usw. – und nicht nur die Bank, das Unternehmen und den Markt – zu mobilisieren; und sie ziehen ein Begriffssystem heran, das aufgebaut wurde, um Rechenschaft von den Beobachtungsdaten abzulegen, und sich daher als alternative Theorie für das Begreifen des ökonomischen Handelns präsentieren könnte: den Begriff *Habitus,* der aus dem Bemühen entstand, Rechenschaft von den Praktiken von Männern und Frauen abzulegen, die sich mit einer kulturellen Ausstattung und, namentlich ökonomischen, Dispositionen aus einem vorkapitalistischen Universum in einen fremden und befremdlichen, von der Kolonisierung importierten und aufgezwungenen, ökonomischen Kosmos versetzt fanden; den Begriff *kulturelles Kapital,* der fast genau zu der Zeit ausgearbeitet und angewandt wurde, als Gary Becker die blasse, verschwommene und schwer mit soziologisch unannehmbaren Voraannahmen belastete Vorstellung vom »Humankapital« in Umlauf brachte, und der seinerseits darauf abzielte, Rechenschaft von sonst unerklärlichen Unterschieden in den schulischen Leistungen von kulturell ungleich ausgestatteten Kindern und allgemein in kulturellen oder ökonomischen Praktiken aller Art abzulegen; den Begriff *soziales Kapital,* den ich bereits in meinen ersten ethnologischen Arbeiten in der Kabylei oder im Béarn geprägt hatte, um Rechenschaft abzulegen von weiteren Unterschieden, die im großen Ganzen damit zusammenhängen, welche Ressourcen mittels Netzen von mehr oder minder zahlreichen und mehr oder minder ergiebigen »Beziehungen« herangezogen werden können (dieser Begriff wird häufig mit James Coleman in Verbindung gebracht, der ihn auf den sonst stark geschützten Markt der amerikanischen Soziologie geworfen hat, und oft dazu genutzt, über den Effekt der *»social networks«* die Auswirkungen des dominanten Modells zu korrigieren),[1] den Begriff *symbolisches Kapital,* den ich konstruieren musste, um von der Logik der Ökonomie der Ehre und von »Treu und Glauben« Rechenschaft abzulegen, und den ich in, mittels und zwecks der Analyse der Ökonomie der symbolischen Güter und ganz besonders der Kunstwerke präzisieren und verfeinern konnte; schließlich und vor allem die Kategorie *Feld,* die in Unkenntlichkeit ihres theoretischen Kontextes und oft etwas verwaschener Gestalt einen gewissen Erfolg in der *»New*

[1] Die Strategien, die Mängel oder Lücken eines Paradigmas »korrigieren« sollen, ohne es je wirklich in Frage zu stellen, wie Herbert Simons Rede von der »begrenzten Rationalität« oder Marc Granovetters Rückgriff auf die *»social networks«,* erinnern an die mühsamen Konstruktionen, mit denen Tycho Brahe das geozentrische Modell des Ptolemäus vor der kopernikanischen Revolution retten wollte.

Economic Sociology« hatte.[2] Die Einführung dieser Begriffe ist nur ein Aspekt einer umfassenderen sprachlichen Veränderung (gekennzeichnet z.B. durch die Lexik der Disposition statt jener der Entscheidung, Verwendung des Adjektivs »vernünftig« an Stelle von »rational«), die unentbehrlich ist, um eine radikal andere Sicht auf das Handeln auszudrücken als jene, die – meist unausgesprochen – der neoklassischen Theorie unterliegt.

Wenn ich Begriffe heranziehe, die im Hinblick auf solch unterschiedliche Gegenstände wie rituelle Praktiken, ökonomische Verhaltensweisen, Erziehung, Kunst oder Literatur ausgearbeitet und angewandt wurden, dann möchte ich nicht den Eindruck erwecken, ich huldigte jener über die Spezifiken und Besonderheiten eines jeden sozialen Mikrokosmos hinwegsehenden Art von reduktionistischem Annexionismus, die heute gewisse Ökonomen zunehmend in der Überzeugung betreiben, man könne sich mit den allgemeinsten Konzepten eines von allen Verunreinigungen gesäuberten ökonomischen Denkens begnügen, um ohne jede Rücksicht auf die Arbeiten von Historikern oder Ethnologen so komplexe gesellschaftliche Realitäten wie die Familie, die Austauschbeziehungen zwischen den Generationen, die Korruption oder die Ehe zu analysieren. Ich lasse mich in Wirklichkeit von der genau entgegengesetzten Überzeugung leiten: Weil die gesamte gesellschaftliche Welt in jeder »ökonomischen« Handlung zugegen ist, muss man

---

[2] Zur Analyse des Unterschieds zwischen dem Begriff »kulturelles Kapital« (angewandt in P. Bourdieu und J.-C. Passeron, *Les Héritiers. Les étudiants et la culture,* Paris, Editions de Minuit 1964; deutsch in: P. Bourdieu und J.-C. Passeron, Die Illusion der Chancengleichheit. Untersuchungen zur Soziologie des Bildungswesens am Beispiel Frankreichs. Stuttgart, Klett 1971) und der von Gary Becker verbreiteten Vorstellung vom »Humankapital« siehe Pierre Bourdieu, »Avenir de classe et causalité du probable«, in: *Révue française de Sociologie,* XV (Januar-März 1974, S. 3-42) (deutsch: Klassenschicksal, individuelles Handeln und das Gesetz der Wahrscheinlichkeit, in: Pierre Bourdieu u.a., Titel und Stelle. Über die Reproduktion sozialer Macht. Frankfurt a.M., EVA, 1981), und *La Noblesse d'Etat. Grandes écoles et esprit de corps* (Paris, Editions de Minuit 1989, S. 391-392). Zum »sozialen Kapital« siehe »Le capital social. Notes provisoires«, in: *Actes de la recherche en sciences sociales,* 31 (Januar 1980, S. 2-3). Zum »symbolischen Kapital« siehe *La Distinction. Critique sociale du jugement* (Paris, Editions de Minuit 1979; deutsch: Die feinen Unterschiede, Frankfurt a.M., Suhrkamp, 1982), *Méditations pascaliennes* (Paris, Editions du Seuil 1997; deutsch: Meditationen. Kritik der scholastischen Vernunft. Frankfurt a.M., Suhrkamp 2001) und für eine neuere Klarstellung »Scattered remarks«, in: *European Journal of Social Theory,* 2 (3) (August 1999, S. 334-340).

sich mit Erkenntnisinstrumenten ausrüsten, die eben *nicht* die Mehrdimensionalität und Multifunktionalität der Praktiken ausklammern und es so erlauben, *historische Modelle* zu konstruieren, mit denen knapp und genau Rechenschaft von den ökonomischen Handlungen und Einrichtungen, wie sie sich der empirischen Beobachtung darbieten, gelegt werden kann. Das erfordert selbstverständlich, sich zuvor von den vordergründigen Gewissheiten und Vorstellungen des »gesunden Menschenverstands« zu lösen. Wie so viele deduktive Modelle der Ökonomen bezeugen, die bloße Umsetzungen von Anschauungen dieses »Verstands« in mathematische Formen und Formeln sind, ist dieses Loslösen vielleicht nie so schwierig wie dann, wenn gerade das, was es in Frage zu stellen gilt, wie die Grundsätze der ökonomischen Praktiken, in die banalsten Routinen der alltäglichen Erfahrung eingegangen ist.

Eine Vorstellung von der Bekehrungsarbeit, die erforderlich ist, um mit der ursprünglichen Sicht auf die ökonomischen Praktiken zu brechen, könnte ich nur mit dem Hinweis auf die lange Abfolge von Momenten des Erstaunens, der Überraschung und der Fassungslosigkeit geben, die mich geradezu sinnlich *spüren* ließen, wie kontingent so viele Verhaltensweisen, die das täglich Brot unseres Lebens ausmachen, sind: die Kosten-Nutzen-Rechnung, das Verleihen gegen Zins, das Sparen, das Entleihen, das Zurücklegen, das Anlegen oder sogar die Arbeit. Ich erinnere mich, stundenlang auf einen kabylischen Bauern eingefragt zu haben, der mir eine traditionelle Form des Verleihens von Vieh zu erklären versuchte, weil mir nicht in den Kopf wollte, dass sich der Verleiher gegen alle »ökonomische« Vernunft dem Entleiher gegenüber verpflichtet fühlte – aus dem Grund, dass dieser doch das Tier versorgen werde, das man sonst ohnehin hätte füttern müssen. Ich erinnere mich auch an die Menge von kleinen, anekdotischen Beobachtungen und statistischen Feststellungen, die ich zu sammeln hatte, bis ich allmählich begriff, dass ich wie jedermann eine unausgesprochene Philosophie der Arbeit vertrat, die auf der Äquivalenz von Arbeit und Geld beruhte: Da war das als äußerst empörend beurteilte Verhalten des Maurers, der von einem langen Frankreich-Aufenthalt zurückgekehrt war und nun eine Lohnzulage im Gegenwert des zum Abschluss der Arbeiten veranstalteten Essens, an dem er nicht hatte teilnehmen wollen, einforderte; oder die Tatsache, dass bei Ableistung einer objektiv identischen Anzahl von Arbeitsstunden bzw. Arbeitstagen die Bauern aus den weniger von der

Emigration berührten südalgerischen Regionen eher sagten, sie stünden in Arbeit, wogegen die Kabylen eher sagten, sie seien ohne Arbeit oder erwerbslos. Diese Philosophie, die für mich (und meinesgleichen) selbstverständlich war, wurde von manchen, die ich beobachtete, namentlich den Kabylen, gerade *entdeckt,* wobei sie sich mühsam von einer für mich schwer nachvollziehbaren Sicht auf die Tätigkeit als *gesellschaftliche Betätigung* lösten.[3] Und ich erinnere mich auch, eine Art amüsierter Verblüffung über die Geschichte jener Kinder aus Lowestoft in England empfunden zu haben, die laut Zeitungsmeldungen vom 29. Oktober 1959 eine Versicherung gegen Strafen eingerichtet hatten, mit der Maßgabe, dass Versicherte für eine Tracht Prügel vier Shilling Entschädigung erhalten sollten, und sogar, nachdem Fälle von Missbrauch aufgetreten waren, eine Zusatzklausel eingeführt hatten, wonach »die Sozietät nicht für mutwillige Vorkommnisse aufkommt«.

In Ermangelung solcher »Prädispositionen«, wie sie die Schulkinder von Lowestoft und spontanen Anhänger Stuart Mills in die Wiege gelegt bekommen hatten, mussten die ökonomischen Agenten, die ich im Algerien der 1960er Jahre beobachten konnte, alles das – mit je nach ihren ökonomischen und kulturellen Ressourcen mehr oder minder großem Erfolg – erlernen oder, genauer gesagt, *neu erfinden,* was die ökonomische Theorie (zumindest stillschweigend) als Gegebenheit ansieht, d.h. als universelle, angeborene und der menschlichen Natur eigene Gabe: die Vorstellung von der Arbeit als Tätigkeit, die ein Geldeinkommen verschafft, im Gegensatz zur einfachen Betätigung entsprechend der traditionellen Teilung der Tätigkeiten oder dem traditionellen Austausch von Diensten; die bloße Möglichkeit der unpersönlichen Transaktion zwischen Unbekannten in der Marktsituation, im Gegensatz zu jeglichem Austausch der Ökonomie von »Treu und Glauben«– wie die Kabylen sie nennen – zwischen Verwandten und Bekannten oder auch solchen Unbekannten, die durch die Bürgschaft von Nahestehenden und

[3] Zur »Entdeckung der Arbeit« siehe P. Bourdieu, *Travail et travailleurs en Algérie,* zweiter Teil, Paris-La Haye, Mouton 1963 (unter Mitarbeit von A. Darbel, J.-P. Rivet und C. Seibel), und P. Bourdieu, A. Sayad, *Le Déracinement. La crise de l'agriculture traditionnelle en Algérie,* Paris, Editions de Minuit 1964. (Auf deutsch liegt vor: Pierre Bourdieu, Die zwei Gesichter der Arbeit. Interdependenzen von Zeit- und Wirtschaftsstrukturen am Beispiel einer Ethnologie der algerischen Übergangsgesellschaft. Konstanz, UVK 2000.)

Vermittlern sozusagen domestiziert, ins Haus eingeführt wurden, so dass die zum Markt gehörenden Risiken begrenzt und gebannt werden können; den Begriff der langfristigen Investition, im Gegensatz zur Praxis des Zurücklegens oder der einfachen Vorsorge in der unmittelbar empfundenen Einheit der Produktionszyklen; die moderne Auffassung vom Verleihen gegen Zins, die uns so vertraut geworden ist, dass wir vergessen, dass sie Gegenstand endloser ethisch-juristischer Debatten war, und die bloße Idee des Vertrags mit seinen zuvor unbekannten strikten Terminen und seinen formellen Klauseln, die allmählich an die Stelle des Austauschs auf Ehre zwischen Ehrenmännern getreten sind, wo Berechnung und Profitstreben ausgeschlossen, die Sorge um Gerechtigkeit aber ausgeprägt waren, und so weiter: lauter partielle Innovationen, die aber ein System bilden, denn sie wurzeln in einer Vorstellung von der Zukunft als Ort offener und der Berechnung zu unterwerfender Möglichkeiten.[4]

Ich konnte so, wie in einer Versuchsanordnung, verifizieren, dass es ökonomische und kulturelle Bedingungen der Bekehrung bezüglich der Sicht auf die Welt gibt, die denjenigen abverlangt wird, die mit vom vorkapitalistischen Universum geprägten Dispositionen in den von der Kolonisierung importierten und aufgezwungenen ökonomischen Kosmos geworfen wurden. Nur eine ganz spezielle, als Universalismus verkleidete Form von Ethnozentrismus kann uns dazu bringen, den Handelnden universell die Befähigung zu rationalem ökonomischem Verhalten zuzuschreiben, und damit die Frage nach den ökonomischen und kulturellen Bedingungen des Zugangs zu dieser (nun zur Norm erhobenen) Befähigung sowie zugleich die Frage nach der Aktion, die unerlässlich ist, wenn man diese Bedingungen verallgemeinern will, auszublenden. In der Tat ist der radikale Bruch mit dem antigenetischen Vorurteil einer sogenannten reinen Wissenschaft, d.h. einer zutiefst enthi-

[4] Zu den ökonomischen Bedingungen des Zugangs zur ökonomischen Berechnung siehe P. Bourdieu, *Travail et travailleurs en Algérie*, a.a.O., und *Algérie 60* (Paris, Éditions de Minuit 1977); zu den kulturellen Bedingungen siehe die Beschreibung der *market culture*, einer spontanen Sozialtheorie, welche die sozialen Beziehungen »ausschließlich in Markt- und Austauschbegriffen [beschrieb], obwohl jene weiterhin viel mehr einschlossen«, in W. Reddy, *The Rise of Market Culture. The Textile Trades and French Society. 1750-1900* (Cambridge, Cambridge University Press 1984).

storisierten und enthistorisierenden, weil (wie Saussures Sprachtheorie) auf Vorweg-Ausklammern der gesamten gesellschaftlichen Verwurzelung der ökonomischen Praktiken gegründeten Lehre, die Voraussetzung dafür, dass gesellschaftlichen Realitäten, deren scheinbare Selbstverständlichkeit von der ökonomischen Theorie beglaubigt und geheiligt wird, wieder ihre Wahrheit als historische Institutionen zuerkannt werden kann.

Alles, was die ökonomische Wissenschaft als gegeben annimmt, d.h. die Gesamtheit der Dispositionen des ökonomischen Agenten, auf die sich die Illusion der ahistorischen Allgemeingültigkeit der von dieser Wissenschaft gebrauchten Kategorien und Begriffe gründet, ist nämlich das paradoxe Produkt einer langen kollektiven, unaufhörlich in den Individualgeschichten reproduzierten Geschichte, von der nur die historische Analyse vollständig Rechenschaft ablegen kann: Gerade weil sie sie *parallel* in soziale Strukturen und in kognitive Strukturen, in praktische Denk-, Wahrnehmungs- und Handlungsschemata eingeschrieben hat, gab die Geschichte denjenigen Institutionen, deren ahistorische Theorie die Ökonomie angeblich aufstellt, den Anschein einer natürlichen und universellen Selbstverständlichkeit; hier wie auf anderen Gebieten fördert namentlich die *Amnesie der Genese*, das Vergessen der Entstehung, den Eindruck einer unmittelbaren Übereinstimmung zwischen dem »Subjektiven« und dem »Objektiven«, zwischen den Dispositionen und den Positionen, zwischen den Erwartungen (oder Hoffnungen) und den Chancen.

Gegen die ahistorische Sicht der ökonomischen Wissenschaft ist also zweierlei zu rekonstruieren: zum einen die Genese der ökonomischen Dispositionen des ökonomischen Agenten und ganz besonders seiner Geschmäcker, seiner Bedürfnisse, seiner Neigungen bzw. Fähigkeiten (zum Berechnen, zum Sparen oder selbst zum Arbeiten), und zum anderen die Genese des ökonomischen Felds selbst, also die Geschichte des Differenzierungs- und Verselbständigungsprozesses zu betreiben, der zur Herausbildung dieses spezifischen Spiels führt: das ökonomische Feld als Kosmos, der seinen eigenen Gesetzen folgt und damit der radikalen Verselbständigung durch die reine Theorie, die den ökonomischen Bereich zum separaten Universum erhebt, eine gewisse (begrenzte) Gültigkeit verleiht. Nur sehr allmählich hat sich die Sphäre des Warenaustauschs von den anderen Daseinsbereichen separiert; hat sich dadurch auch sein spezifischer *nomos* behauptet, den die Tautologie »Geschäft ist Geschäft« zum Ausdruck bringt; wurden die ökonomischen Transaktionen nicht mehr nach dem Vorbild des häuslichen Austauschs wahrgenommen (»Geschäft kennt keine Gefühle«), also nicht mehr als von Familien- oder sozialen Verpflichtungen regiert; hat endlich das Berechnen des individuellen Profits, also das ökonomische Interesse, als dominante, wenn nicht ausschließliche Sichtweise die Oberhand über die kollektiv durchgesetzte und kontrollierte Verdrängung der berechnenden Neigungen in der Haushaltsökonomie gewonnen.

Das Wort »Bekehrung«, das ungeeignet oder übertrieben erscheinen mag, drängt sich auf, wenn man sieht, dass das Universum, in das die Neulinge eintreten sollen, auch und ebenso wie dasjenige, das sie verlassen, ein Universum von Glaubenssätzen ist: Seltsamerweise wurzelt das Universum der Vernunft in einer Weltsicht, die zwar dem Vernunftprinzip (oder, wenn man so will, dem Ökonomieprinzip) einen zentralen Platz einräumt, aber selbst nicht die Vernunft zum Prinzip hat. Beobachtet man die oft sehr kostspieligen und sehr schmerzhaften Zwangsbekehrungen, denen sich die Neuankömmlinge in der recht eigentlich ökonomischen Ökonomie unter dem Druck der Notwendigkeit zu unterziehen haben, dann kann man sich wahrscheinlich ungefähr vorstellen, was sich in den Anfängen des Kapitalismus abgespielt hat, als die Dispositionen gerade herausgebildet wurden und sich zugleich allmählich das Feld bildete, in dem sie sich zu bewähren hatten. Der *berechnende Geist,* den die zweifellos universelle Fähigkeit, das Verhalten berechnender Vernunft unterzuordnen, keineswegs einschließt, obsiegt allmählich in allen Bereichen der Praxis über die Logik der Hauswirtschaft, die auf Verdrängung oder besser Verleugnung des Berechnens beruht: Berechnung im Austausch unter Familienangehörigen zu verweigern, ist Gehorsamverweigerung gegenüber dem Ökonomieprinzip, als der Befähigung und Neigung, »sparsam zu wirtschaften« oder »einzusparen« (Anstrengung, Mühe, dann Arbeit, Zeit, Geld usw.), eine Weigerung, die gewiss auf die Dauer einer gewissen Verkümmerung der Neigung und Befähigung zur Berechnung Vorschub leisten kann. Während die Familie das Modell aller Austauschbeziehungen lieferte, einschließlich derer, die wir als »ökonomisch« ansehen, ist es nun die als solche konstituierte, als solche anerkannte Ökonomie mit ihrer eigenen Logik, jener der Berechnung, des Profits usw., die zur großen Entrüstung des kabylischen Vaters, dem sein Sohn einen Lohn abverlangt, zum Prinzip aller Praktiken und jeglichen Austauschs auch innerhalb der Familie werden will. Aus dieser Verkehrung der Werteskala entstand die Ökonomie, wie wir sie kennen (und der bestimmte, besonders hartnäckige Ökonomen wie Gary Becker in ihrer Bewegung nur folgen, deren uneingestandenes Produkt ihr Denken ist, wenn sie auf die Familie, die Ehe oder die Kunst nach dem Postulat der berechnenden Rationalität konstruierte Modelle anwenden).

In einer Art von Selbsteingeständnis hört die kapitalistische Gesellschaft auf, »sich mit dem Falschgeld ihres Traums zu bezahlen«, des Traums von Uneigennützigkeit, Unentgeltlichkeit, Freigiebigkeit: Sie nimmt gewissermaßen zur Kenntnis, dass sie eine Ökonomie hat, konstituiert die Produktions-, Austausch- und Ausbeutungsakte als ökonomisch und erkennt die ökonomischen Zwecke, auf die jene seit jeher ausgerichtet waren, ausdrücklich als solche an. Die ethische Umwälzung, mit deren Abschluss sich die Ökonomie *als solche* in der Objektivität eines separaten, von seinen Eigengesetzen, jenen der eigennützigen Berechnung und der schrankenlosen Konkurrenz um den Profit, regierten Universums konstituieren konnte, findet ihren Ausdruck in der »reinen« ökonomischen Theorie, und diese registriert den gesellschaftlichen Trennschnitt und die praktische Abstraktion, deren Produkt der ökonomische Kosmos ist, indem sie sie stillschweigend in das Prinzip ihrer Objektkonstruktion einschreibt.

Auf paradoxe Weise ist dieser Prozess selbst untrennbar verbunden mit einer neuen Form der Verdrängung und Verleugnung der Ökonomie und des Ökonomischen, die sich mit dem Entstehen all der auf Verdrängung ihrer ökonomischen und sozialen Möglichkeitsbedingungen gegründeten kulturellen Produktionsfelder einstellt.[5] Die verschiedenen Universen symbolischer Produktion konnten sich nämlich nur auf Kosten eines Bruchs, der darauf abzielt, die Ökonomie in eine Welt minderen Ranges zu verweisen, als abgeschlossene und separate Mikrokosmen behaupten, in denen durchweg rein symbolische und interesselose Handlungen sich vollziehen – interesselos vom Standpunkt der ökonomischen Ökonomie, die sich ihrerseits, wie man sah, konstituiert

---

[5] Zur ausführlichen Darstellung dieser Analyse siehe P. Bourdieu, *Méditations pascaliennes,* a.a.O., S. 29ff. und 64ff.

hat, indem sie den Produktionshandlungen und -verhältnissen ihren spezifisch symbolischen Aspekt entzog. Die Entstehung jener Universen, die wie die scholastischen Welten Positionen bieten, in denen man sich berechtigt fühlen kann, die Welt von fern und oben her als Schauspiel zu erfassen und sie wie eine zur bloßen Erkenntnis bestimmte Gesamtheit zu organisieren, geht einher mit der Erfindung einer scholastischen Weltsicht, die eine ihrer vollkommensten Äußerungen im Mythos des *Homo oeconomicus* und in der *Rational Action Theory* findet, der paradigmatischen Form der scholastischen Illusion, die den Wissenschaftler dazu bringt, sein denkendes Denken in die Köpfe der agierenden Agenten zu verpflanzen und am Ursprung ihrer Praktiken, d.h. in ihrem »Bewusstsein«, seine eigenen spontanen oder ausgearbeiteten Vorstellungen oder, noch ärger, jene Modelle unterzubringen, die er selbst zuvor konstruieren musste, um ihre Praktiken zu erklären.

Von ungewöhnlich klarblickenden Ökonomen wie namentlich Maurice Allais[6] alarmiert, haben viele Beobachter festgestellt, dass ein systematischer Bruch zwischen den theoretischen Modellen und den tatsächlichen Praktiken existiert, und verschiedene experimentell-ökonomische Arbeiten (die selbst nicht immer vom scholastischen Irrtum frei waren) haben gezeigt, dass die Agenten in vielen Situationen eine Wahl treffen, die sich systematisch von der nach dem ökonomischen Modell zu erwartenden Wahl unterscheidet, so z.B., dass sie die Spiele nicht den Voraussagen der Spieltheorie gemäß betreiben, oder dass sie zu »praktischen« Strategien greifen, oder dass ihnen daran liegt, ihrem Sinn für Recht und Billigkeit entsprechend zu handeln und ebenso behandelt zu werden. Diese empirisch festgestellte Diskordanz ist nur der Reflex des strukturellen Bruchs, den ich bereits in meinen ersten ethnologischen Arbeiten analysiert habe, zwischen der Logik des scholastischen Denkens und der praktischen Logik oder, nach der Bemerkung von Marx über Hegel, die ich immer wieder zitiere, »zwischen den Dingen der Logik und der Logik der Dinge«. Zweifellos können nämlich die Dispositionen und Schemata, die von der Einbettung in ein Feld geprägt wurden, das sich wie das ökonomische Feld in mehreren Hinsichten

[6] Siehe M. Allais, »Le comportement de l'homme rationnel devant le risque: critique des postulats et axiomes de l'école américaine«, in: *Econometrica*, 21, 1953, S. 503-546.

und namentlich durch einen außerordentlichen Grad von »formaler Rationalisierung«[7] von den anderen Feldern unterscheidet, Praktiken hervorbringen, die sich (zumindest im großen Ganzen) als der Rationalität entsprechend erweisen, ohne dass man deswegen unterstellen darf, dass sie immer die Vernunft zur Grundlage haben. Wahr ist, dass Sanktionen hier schonungslos und unzweideutig folgen (so spricht man, um ein brutales und unnachgiebiges Urteil zu kennzeichnen, von der »Wahrheit der Preise«) und dass die Verhaltensweisen hier offen, ohne als zynisch oder opportunistisch zu gelten, maximalen individuellen Profit bezwecken können. Das ökonomische Interesse, auf das man zu Unrecht tendenziell jedes Interesse zurückführt, ist nur die spezifische Form, die das Investieren in das ökonomische Feld annimmt, wenn jenes von Akteuren erfasst wird, die über passende, weil in und durch früh einsetzende und anhaltende Erfahrung mit seinen Regelmäßigkeiten und seiner Notwendigkeit erworbene Dispositionen und Überzeugungen verfügen. Die grundlegendsten ökonomischen Dispositionen – Bedürfnisse, Präferenzen, Neigungen – sind nicht exogen, d.h. von einer allgemein-menschlichen Natur abhängig, sondern *endogen* und von einer Geschichte abhängig, von jener des ökonomischen Kosmos, worin sie gefordert und belohnt werden. Das bedeutet entgegen der kanonischen Unterscheidung zwischen Zwecken und Mitteln, dass das Feld allen, aber *je nach ihrer Position und ihren ökonomischen Vermögen in unterschiedlichem Grade,* nicht nur die »vernünftigen« Mittel, sondern auch den Zweck des ökonomischen Handelns, d.h. die individuelle Bereicherung, aufdrängt.

Die Ökonomie der ökonomischen Praktiken, diese den Praktiken innewohnende Vernunft, hat ihren Ursprung nicht in »Entscheidungen« des rationalen Willens und Bewusstseins oder in von äußeren Mächten ausgehenden mechanischen Determinationen, sondern in den Dispositionen, die in Lernprozessen bei einer langwährenden Auseinandersetzung mit den Regelmäßigkeiten des Feldes erworben wurden; diese

[7] Man könnte Max Weber darin zustimmen, dass die Grenznutzentheorie ein »kulturgeschichtliches Faktum« ist, das einen grundlegenden Aspekt der gegenwärtigen Gesellschaften zum Ausdruck bringt: die Tendenz zur – formalen – Rationalisierung, die namentlich mit der Generalisierung der monetären Austauschbeziehungen korreliert.

Dispositionen können selbst ohne jedes bewusste Kalkül Verhaltensweisen und sogar Antizipationen erzeugen, die eher *vernünftig* als *rational* zu nennen sind, auch wenn ihre Übereinstimmung mit den Einschätzungen des Kalküls dazu verleitet, sie als Produkte der kalkulierenden Vernunft aufzufassen und zu behandeln. Wie die Beobachtung zeigt, orientieren sich die Agenten selbst in diesem Universum, wo die Mittel und Zwecke der Handlung und ihr Verhältnis zueinander höchst explizit angegeben werden, an Hand von Intuitionen und Antizipationen des praktischen Sinns, der recht oft das Wesentliche implizit bleiben lässt und von in der Praxis erworbener Erfahrung ausgehend sich in Strategien realisiert, die in doppeltem Sinne »praktisch« sind – als implizit, nicht theoretisch, und als angemessen, den Erfordernissen und Dringlichkeiten des Handelns entsprechend.[8]

(Weil die »ökonomische« Logik des Interesses und des Kalküls nicht von der Konstitution des ökonomischen Kosmos zu trennen ist, in dem sie entsteht, kann das strikt utilitaristische Kalkül von Praktiken, die in Nicht-Ökonomisches eingebettet bleiben, nicht vollständig Rechenschaft ablegen; und vor allem vermag es nicht zu erklären, was den Gegenstand des Kalküls möglich macht, das heißt, die Herausbildung des Werts, der Anlass zum Kalkulieren gibt, oder, was auf dasselbe hinausläuft, die Produktion dessen, was ich die *illusio* nenne, des grundlegenden Glaubens an den Wert der Spieleinsätze und des Spiels selbst. Das zeigt sich deutlich im Fall von Feldern wie dem Feld der Religion oder der Kunst, wo die sozialen Produktionsmechanismen von nicht (im engeren Sinn) »ökonomischen« Interessen anderen Gesetzen folgen als denen des ökonomischen Felds: Sie können lokal dem Ökonomieprinzip nachgeben – z.B. mit dem Griff zur Gebetsmühle oder der Anwendung des *do ut des* auf den Austausch mit den übernatürlichen Mächten –, doch es ist nicht darauf zu hoffen, ihr Funktionieren auch nur sehr partiell allein von jenem Prinzip ausgehend begreifen zu können. Ebenso werden alle Kalküle der Welt in Bezug auf diejenigen Kalküle, die auf

[8] Die Tatsache, dass Praktiken, die man *vernünftig* nennen kann, weil sie Vernunft enthalten, *sinnvoll* sind, dennoch nicht die Vernunft oder das rationale Kalkül zur Grundlage haben, hat sehr reale Konsequenzen: Die Probleme und die Weisen, sie zu lösen, sind völlig anders, als wenn sie auf expliziter und methodischer Ebene gestellt worden wären.

dem Kunstmarkt – oder erst recht im Universum der Wissenschaft oder gar der Bürokratie – angestellt werden, nicht um eine Fingerbreite näher an das Verständnis der Mechanismen heranführen, die das Kunstwerk zu einem Wert machen, der Einsatz von ökonomischen Kalkülen und Transaktionen sein kann. Und anders steht es auch nicht, selbst wenn das weniger leicht erkennbar ist, im ökonomischen Feld: Abgesehen von bestimmten historischen Situationen wie jener, die ich in Algerien beobachten konnte, oder einigen relativ ungewöhnlichen sozialen Situationen wie etwa jener von Jugendlichen aus dem Arbeitermilieu, die beim Durchlaufen der schulischen Institution, wenn auch hier glücklos, doch weniger strikt an die wahrscheinlichen Positionen angepasste Dispositionen erwarben als ihre Vorfahren und verschiedene Mittel fanden, um der einfachen Reproduktion zu entgehen, trägt sonst alles dazu bei, den sozial hergestellten, also willkürlichen und künstlichen Charakter der Investitionen in das ökonomische Spiel und seine Einsätze vergessen zu lassen. Das letzte Prinzip des Engagements in die Arbeit, die Karriere oder das Profitstreben liegt nämlich jenseits oder diesseits des Kalküls oder der kalkulierenden Vernunft in den dunklen Tiefen eines historisch herausgebildeten Habitus, der bewirkt, dass man normalerweise jeden Tag, ohne zu überlegen, aufsteht, um zur Arbeit zu gehen, so, wie man es gestern getan hat und morgen tun wird.)

Der oben beschriebene *scholastic bias* ist nicht der einzige Ursprung der Verzerrungen in der ökonomischen Wissenschaft von heute. Anders als die Soziologie, dieser Paria von Wissenschaft, der zwar immer im Verdacht steht, sich politisch zu kompromittieren, von dem aber die Mächtigen nichts erwarten als höchstens subalternes und immer etwas dienstmädchenhaftes Manipulations- und Legitimationswissen und der deswegen weniger als andere etwaigen Ansinnen ausgesetzt ist, die seine Unabhängigkeit gefährden können, ist die Ökonomie immer mehr eine Staatswissenschaft geworden und wird daher vom Staatsdenken heimgesucht: Ständig befallen von den normativen Bedenken einer angewandten Wissenschaft, ist sie darauf festgelegt, politischen Nachfragen auf politische Weise zu entsprechen und dabei noch jede politische Einbindung durch die ostentative Erhabenheit ihrer – vorzugsweise mathematischen – formalen Konstruktionen von sich zu weisen.

Die Folge ist, dass sich zwischen die ökonomische Theorie in ihrer reinsten, d.h. am meisten formalisierten Form, die nie so neutral ist, wie sie glaubt und glauben machen will, und die Politiken, die in ihrem Namen betrieben oder mittels ihrer legitimiert werden, Agenten und Institutionen schieben, die mit all den aus der Einbettung in eine besondere, aus einer einmaligen Sozialgeschichte hervorgegangene ökonomische Welt ererbten Vorurteilen durchtränkt sind. Die neoliberale Ökonomie, deren Logik heute tendenziell der ganzen Welt vermittels internationaler Institutionen wie der Weltbank oder des IWF und von Regierungen, denen sie direkt oder indirekt ihre *governance*-Prinzipien[9] diktieren, aufgezwungen wird, schuldet eine gewisse Anzahl ihrer angeblich allgemeingültigen Merkmale der Tatsache, dass sie in eine besondere Gesellschaft *embedded,* eingebettet ist, d.h., dass sie in einem System von Glaubenssätzen und Werten, einem *Ethos* und einer moralischen Weltsicht, kurz, in einem *gesunden ökonomischen Menschenverstand* verwurzelt ist, der als solcher mit den sozialen und kognitiven Strukturen einer besonderen Gesellschaftsordnung zusammenhängt. Und dieser besonderen Ökonomie entnimmt die neoklassische ökonomische Theorie ihre Grundvoraussetzungen, die sie formalisiert und rationalisiert und auf diese Weise zu den Grundlagen eines universellen Modells macht.

Dieses Modell beruht auf zwei Postulaten (die ihre Verfechter für bewiesene Lehrsätze halten): Die Ökonomie ist ein separater Bereich und wird von allgemeingültigen Naturgesetzen regiert, denen die Regierungen nicht durch unangebrachte Interventionen zuwiderhandeln dürfen; der Markt ist das optimale Mittel, um Produktion und Austausch in den demokratischen Gesellschaften effizient und gerecht zu organisieren. Es ist die Universalisierung eines Sonderfalls, nämlich der Vereinigten Staaten von Amerika, der vor allem durch die Schwäche des Staates gekennzeichnet ist, der, ohnehin auf ein Minimum reduziert, von der ultraliberalen konservativen Revolution systematisch geschwächt wurde, was verschiedene typische Merkmale zur Folge hatte: eine auf den Rückzug oder die Enthaltung des Staates von ökonomischen Angelegenheiten orientierte Politik, die Abtretung (oder Übertragung) der

---

[9] *Governance,* »Regierungsführung«, ist einer jener Neologismen, die, von den *Think tanks* und anderen technokratischen Kreisen produziert und von daran angeschlossenen Journalisten und »Intellektuellen« verbreitet, zur »Globalisierung« der Sprache und der Gehirne beitragen.

»öffentlichen Dienste« an den Privatsektor und die Umwandlung öffentlicher Güter wie Gesundheit, Wohnen, Sicherheit, Erziehung und Kultur – Bücher, Filme, Fernsehen und Rundfunk – in kommerzielle Güter und der Nutzer in Kunden; den mit der Reduktion der Interventionsfähigkeit in die Wirtschaft verbundenen Verzicht auf das Vermögen, Chancengleichheit herzustellen und die Ungleichheit (die tendenziell über die Maßen zunimmt) zurückzudrängen, dies unter Berufung auf die alte liberale Tradition der *self help* (und mit ihr auf den calvinistischen Glaubenssatz, demzufolge Gott denen hilft, die sich selbst helfen) und das konservative Loblied auf die individuelle Verantwortung (das z.B. dazu führt, Arbeitslosigkeit oder Scheitern in der Wirtschaft in erster Linie den Individuen selbst und nicht der Gesellschaftsordnung anzulasten, und dazu anregt, soziale Unterstützungsaufgaben auf untere Verwaltungsebenen wie Region, Stadt usw. abzuwälzen); das Verkümmern der Hegel und Durkheim folgenden Ansicht vom Staat als kollektiver Instanz, die als Bewusstsein und Wille der Gemeinschaft, verantwortlich für Wahlen im Allgemeininteresse, zu handeln und zur Festigung der Solidarität beizutragen hat.

Außerdem hat die amerikanische Gesellschaft zweifellos die Entwicklung und Verallgemeinerung des »Geists des Kapitalismus«, dieses Produkts einer ethischen Umwälzung, die Max Weber in Benjamin Franklin paradigmatisch verkörpert fand, und die Übersteigerung der Kapitalvermehrung zur »Pflicht« bis zur äußersten Grenze getrieben. Dasselbe gilt für den Kult des Individuums und des »Individualismus«, die Grundlage des gesamten neoliberalen ökonomischen Denkens, der einer der Pfeiler der *doxa* ist, auf welcher – Dorothy Ross zufolge – die amerikanischen Sozialwissenschaften fußen,[10] oder, ebenfalls Dorothy Ross zufolge, für das Hochloben der Dynamik und Wendigkeit der amerikanischen Gesellschaftsordnung, die im Gegensatz zur Starre und Risikoscheu der europäischen Gesellschaft dazu bewege, Effektivität und Produktivität mit hoher Flexibilität (im Gegensatz zu den mit ho-

---

[10] Siehe D. Ross, *The Origins of American Social Science* (Cambridge, Harvard University Press 1998). Siehe auch P. Bourdieu, L. Wacquant, »Les ruses de la raison impérialiste«, *Actes de la recherche en sciences sociales,* 121-122 (März 1998), S. 109-118 (deutsch: Die List der imperialistischen Vernunft, in: P. Bourdieu [Hrsg.], Eingrenzungen, Ausgrenzungen, Entgrenzungen. Liber – Internationales Jahrbuch für Literatur und Kultur, Bd. 2. Konstanz, UVK 1998, S. 3-20).

her sozialer Sicherheit einhergehenden Zwängen) zu verbinden und sogar die *soziale Unsicherheit* zu einem positiven kollektiven Organisationsprinzip zu machen, das fähig sei, effektivere und produktivere ökonomische Agenten hervorzubringen.[11]

Das heißt, das wichtigste aller Merkmale der Gesellschaften, in denen die ökonomische Ordnung »eingebettet« ist, besteht für die gegenwärtigen Gesellschaften in der Form und Kraft ihrer staatlichen Tradition, von der man nicht wie gewisse eil- und dienstfertige Politiker absehen kann, ohne Gefahr zu laufen, vermeintlich fortschrittliche Maßnahmen zu verfechten, die momentan nicht sichtbare, aber über kurz oder lang unvermeidliche und fürchtenswerte Rückschritte in sich bergen. So etwa nach Art jener französischen Politiker und höchsten Beamten, die in den 1970er Jahren, zweifellos in gutem Glauben, eine von der neoliberalen Sicht auf Wirtschaft und Gesellschaft inspirierte neue Förderungspolitik für das Wohnungswesen durchsetzten und damit unwissentlich die späteren Dauerkonflikte und -dramen unter den Bewohnern der großen, von den Bessergestellten und den kleinbürgerlichen Eigenheimbesitzern verlassenen Wohnblöcke vorbereiteten.[12]

Der Staat ist Endpunkt und Ergebnis eines langen Akkumulations- und Konzentrationsprozesses, der verschiedene Arten von Kapital erfasste: Kapital an physischer Polizei- oder Militärstärke (wovon Webers Definition des »legitimen Gewaltmonopols« eine Vorstellung gibt); ökonomisches Kapital, unter anderem zur Finanzierung der physischen Stärke; kulturelles oder Informationskapital, z.B. in Form von Statistiken, aber auch von in ihrem Bereich allgemeingültigen Erkenntnisinstrumenten wie Gewichten, Maßen, Karten, Katastern akkumuliert; und schließlich symbolisches Kapital. So ist der Staat im Stande, bestimmenden Einfluss auf das Funktionieren des ökonomischen Felds (wie auch, aber in geringerem Maß, auf die anderen Felder) auszuüben. Dies namentlich, weil die Vereinheitlichung des Markts der ökonomi-

[11] Während eine hohe Produktivität mit hoher Flexibilität einhergehen kann, wie in Wirtschaften wie der dänischen der Fall, aber verbunden mit starken sozialen Garantien.

[12] Zu einer gründlicheren Analyse der Langfristfolgen der genannten Wohnungspolitik siehe P. Bourdieu u.a., *La Misère du monde*, Paris, Editions du Seuil 1993 (deutsch: *Das Elend der Welt,* Konstanz, UVK 1997).

schen Güter (und auch der symbolischen Güter, dem der Markt der ehelichen Austauschbeziehungen als eine Dimension angehört) die Konstruktion des Staats und die von ihm vollzogene Konzentration der verschiedenen Kapitalarten begleitet. Das heißt, mehr als alle anderen Felder ist das ökonomische Feld die Heimstatt des Staates, der jeden Augenblick zu seinem Dasein und Dableiben beiträgt, aber auch zur Struktur der Kräfteverhältnisse, die es kennzeichnen. Dies namentlich durch die mehr oder minder von den Umständen bedingten »Politiken«, die er je nach Konjunktur betreibt (z.B. die »Familienpolitiken«, die mittels Erbfolgegesetzen, Besteuerung, Kindergeld, Sozialhilfe usw. auf die Konsumtion – speziell von Häusern – und die Lebensniveaus einwirken), und, tiefer greifend, durch die Struktureffekte der Haushaltsgesetze, der Aufwendungen für die Infrastruktur insbesondere in den Bereichen Transport, Energie, Wohnen und Telekommunikation, der Besteuerung oder Steuerbefreiung von Investitionen, der Kontrolle der Zahlungs- und Kreditmittel, der Ausbildung der Arbeitskräfte und der Regulierung der Einwanderung, der Definition und Durchsetzung der Regeln des ökonomischen Spiels wie des Arbeitsvertrags –, lauter politische Interventionen, mit denen das bürokratische Feld zu einem makroökonomischen Schrittmacher wird, der dazu beiträgt, die Stabilität und Berechenbarkeit des ökonomischen Felds zu sichern.

Gut ersichtlich ist daher, dass die Ökonomie derart in das Soziale eingebettet ist, dass man, so legitim für die Analyse benötigte Abstraktionen auch sind, deutlich vor Augen behalten muss, dass der wahre Gegenstand einer wahrhaften Ökonomie der Praktiken letzten Endes nichts anderes ist als die Ökonomie der Produktions- und Reproduktionsbedingungen der Agenten und Institutionen ökonomischer, kultureller und sozialer Produktion und Reproduktion, das heißt, der *Gegenstand der Soziologie* in seiner vollständigsten und allgemeinsten Definition. Aus der enormen Größe der Aufgabe folgt, dass man sich damit abfinden muss, an Eleganz, Knappheit und formaler Strenge einzubüßen, d.h. dem Ehrgeiz, mit der reinsten Ökonomie rivalisieren zu wollen, zu entsagen, ohne deswegen darauf zu verzichten, Modelle vorzuschlagen, die aber eher auf die Deskription als auf die bloße Deduktion gegründet und fähig sind, wirksame Gegenmittel gegen jenen *morbus mathematicus* zu bieten, den schon die Denker der Schule von Cambridge anlässlich der cartesianischen Versuchung zu deduktivem Denken ansprachen.[13] Und man wird mit Vergnügen entdecken, dass manche Probleme, die die Ökonomen so sehr verwirren, wie die Frage, weshalb die Reichen nicht ihr ganzes Vermögen vor ihrem Tod ausgeben, oder weshalb, einfacher gefragt, die Jungen den Alten zu Hilfe kommen oder umgekehrt, möglicherweise Lösungsansätzen nahekommen, sobald man die dünne Luft der reinen Theorie verlässt.

[13] Siehe E. Cassirer, *La Philosophie des Lumières,* Brionne, Gérard Monfort 1982, S. 102 (deutsch: Die Philosophie der Aufklärung. Hamburg, Meiner 1998).

Pierre Bourdieu

Der Häusermarkt

Es gibt keine Kritik der Voraussetzungen der Ökonomie, keine Infragestellung ihrer Unzulänglichkeiten und Grenzen, die nicht bereits hier oder da, von diesem oder jenem Ökonomen geäußert worden wäre. Deshalb war es notwendig, statt sich nach so vielen anderen auf ebenso unwirksame wie sterile Fragestellungen einzulassen und dadurch dazu verdammt zu sein, entweder ignorant oder ungerecht zu erscheinen, sich mit dem Rüstzeug der Sozialwissenschaft an einen typischerweise der Ökonomie zugerechneten Gegenstand heranzuwagen, nämlich an die Produktion und Vermarktung von Eigenheimen, und so *wie nebenbei* eine Reihe von Fragen bezüglich der anthropologischen Sicht, die die meisten Ökonomen in ihrer Praxis anlegen, aufzuwerfen.

Die ökonomische Wahl in Fragen des Wohnens – Kauf oder Miete, Erwerb eines Alt- oder Neubaus und, wenn die Entscheidung für letzteren gefallen ist, Erwerb eines traditionellen oder eines Fertighauses – ist einerseits abhängig von den (sozial konstituierten) ökonomischen *Dispositionen* der handelnden Personen, insbesondere von ihrem Geschmack und den ökonomischen Mitteln, die sie dafür aufbringen können, und andererseits bedingt durch den *Stand des Angebots* an Wohnmöglichkeiten. Aber die beiden Glieder der kanonischen Beziehung, die der neoklassischen ökonomischen Theorie als absolute Gegebenheiten gelten, sind ihrerseits mehr oder minder direkt abhängig von einem ganzen Ensemble ökonomischer und sozialer Bedingungen, die von der »Wohnungspolitik« produziert werden.

Insbesondere mit allerlei Formen von Regelungen und Finanzhilfen, die diese oder jene Art der Realisierung des Geschmacks in Wohnungsangelegenheiten fördern sollen wie Darlehen, Steuernachlässe, billige Kredite usw., trägt der Staat – und tragen diejenigen, die im Stande sind, ihre Ansichten mit seiner Hilfe durchzusetzen – in der Tat sehr stark dazu bei, *den Zustand des Wohnungsmarkts zu produzieren,* namentlich durch direkte oder indirekte Orientierung der finanziellen – und affektiven – Investitionen der verschiedenen sozialen Gruppen in Wohnungsangelegenheiten. So verweist jede Maßnahme zur Einschränkung des zugänglichen Angebots an Mietwohnraum – durch die Kürzung der Bewilligungen für den Sozialwohnungsbau – einen Teil der potenziellen Mieter an das Wohneigentum, das seinerseits je nach der Höhe der personengebundenen Fördermittel und der Kreditkosten mehr oder weniger attraktiv ist. Und desgleichen war eine Politik, wie sie das Gesetz von 1977 verordnete, nur die Krönung eines ganzen Ensembles von Aktionen, die darauf abzielten, die »Wahl« derjenigen sozialen Gruppen, die bis dahin am wenigsten geneigt waren, ihren Wohnungsbedarf auf diese Weise zu decken und den Zugang zum Wohneigentum zu einer vorrangigen Geldanlage zu machen, dennoch auf das Eigentum zu lenken (in Anlehnung an bestimmte geistige Urheber des Gesetzes, die Mietwohnblocks mit dem Kollektivismus oder Sozialismus assoziierten, wurde diese soziale Gruppe also auf die dauerhafte Bindung an die bestehende Ordnung und somit auf eine Form von Konservatismus orientiert).

Kurzum, der Eigenheimmarkt ist (wie, wenn auch in unterschiedlichem Maß, jeder Markt) das Produkt einer *zweifachen sozialen Konstruktion,* zu der der Staat einen entscheidenden Teil beisteuert: Konstruktion der Nachfrage durch die Herstellung der individuellen Dispositionen, genauer noch, der individuellen Präferenzsysteme – insbesondere in Bezug auf Eigentum oder Miete – und auch durch Bereitstellung der notwendigen Ressourcen, d.h. der durch Gesetze und Regelungen, deren Genese ebenfalls beschrieben werden kann, definierten staatlichen Bau- oder Wohnungsbeihilfen; Konstruktion des Angebots durch die Politik des Staates (oder der Banken) in Bezug auf die Kredite für Baufirmen, die zusammen mit der Art der verwendeten Produktionsmittel dazu beiträgt, den Herstellern die Bedingungen des Zugangs zum Markt und, genauer noch, die Position in der Struktur des extrem weit gestreuten Feldes der Häuserproduzenten, deren Wahl in Sachen Produktion und Werbung jeweils von dessen Strukturzwängen belastet ist, zu definieren. Und man braucht die analytische Arbeit nur fortzuführen, um auch zu entdecken, dass die Nachfrage nur dann vollständig zu spezifizieren und zu definieren ist, wenn sie in Beziehung zu einem speziellen Stand des Angebots und auch der sozialen, insbesondere rechtlichen Bedingungen (Regelungen in Bau-Angelegenheiten, Baugenehmigungen usw.) gesetzt wird, unter denen sie befriedigt werden kann.

Gerade beim Kauf eines so bedeutungsschweren Produkts wie des Hauses ist kaum zu übersehen, dass das »Subjekt« der ökonomischen Handlungen nichts von dem reinen Bewusstsein der ökonomischen Theorie, das keine Vergangenheit besitzt, an sich hat und dass die ökonomischen Strategien, selbst über die dafür verantwortlichen Dispositionen tief in der individuellen und kollektiven Vergangenheit verwurzelt, meist einem komplexen System von Reproduktionsstrategien zugehören, Strategien also, die wiederum die ganze Geschichte dessen beinhalten, was sie verstetigen sollen, d.h. die abermals zu einem wesentlichen Teil dem Staat zuzuschreibende häusliche Einheit, die ihrerseits Ergebnis einer kollektiven Konstruktionsarbeit ist, und dass, in Wechselwirkung damit, die ökonomische Entscheidung nicht diejenige eines isolierten ökonomischen Agenten ist, sondern diejenige eines Kollektivs, ob Gruppe, Familie oder Unternehmen, das als Feld funktioniert.

Die Analyse muss also darum bemüht sein, die Struktur des Produktionsfelds und die Mechanismen, die dessen Funktionsweise bestimmen, zu beschreiben (statt sich mit dem bloßen, selbst der Erklärung bedürfenden Registrieren der statistischen Kovariationen zwischen Variablen und Ereignissen zu begnügen), desgleichen die Struktur der Verteilung der ökonomischen Dispositionen sowie insbesondere der Geschmäcker in Wohnungsfragen; und dabei darf sie nicht versäumen, durch eine historische Analyse die sozialen Bedingungen der Produktion dieses speziellen Felds und der Dispositionen nachzuweisen, die dort die Möglichkeit vorfinden, mehr oder minder vollständig in Erfüllung zu gehen.

Pierre Bourdieu

Ein Zeichen der Zeit

Das, was im Verlauf dieser Arbeit immer wieder zur Sprache kommen wird, bildet eine der Hauptquellen des kleinbürgerlichen Elends oder genauer, all der kleinen Nöte, all dessen, was die Freiheit, die Hoffnungen und die Wünsche beeinträchtigt und dazu führt, dass das Dasein von Sorgen und Enttäuschungen, von Einschränkungen und Fehlschlägen und nahezu unvermeidlich von Melancholie und Ressentiment erfüllt ist. Freilich ruft dieses Elend, anders als die großen Härten der proletarischen oder subproletarischen Lebenssituation, nicht spontan Sympathie, Mitleid oder Empörung hervor. Und das wohl deshalb nicht, weil die Bestrebungen, die die Unzufriedenheit, die Desillusionierung und das Leiden des Kleinbürgers nach sich ziehen, stets auch etwas der Komplizenschaft desjenigen, der diese Bedrückungen erfährt, geschuldet zu sein scheinen, seinen irregeleiteten, entpressten, entfremdeten Wünschen, durch die er, diese moderne Inkarnation des *Heautontimoroumenos,*[*] untergründig an seinem eigenen Unglück mitwirkt. Dadurch, dass er sich häufig auf für ihn zu groß angelegte, weil eher auf seine Ansprüche als auf seine Möglichkeiten zugeschnittene Projekte einlässt, bringt er sich selbst in eine von übermächtigen Zwängen beherrschte Lage. In dieser bleibt ihm als Ausweg nur, sich um den Preis einer enormen Anspannung den Folgen seiner Entscheidung zu stellen und sich zugleich darum zu bemühen, sich mit dem, womit die Realität seine Erwartungen sanktioniert hat, *zufriedenzugeben,* wie man so sagt, indem er alle Anstrengungen macht, die Fehlkäufe, die erfolglosen Unternehmungen, die leoninischen[**] Verträge in seinen eigenen wie in den Augen seiner Angehörigen zu rechtfertigen.

[*] »Der sich selbst Quälende«, Titel eines Gedichtes von Baudelaire aus der Sammlung »Die Blumen des Bösen«, ursprünglich Titel einer Komödie des römischen Dichters Terentius Afer (195-159 v. Chr.); Anm. d. Hrsg.

[**] Verträge, aus denen eine Partei allein allen Nutzen zieht; Anm. d. Hrsg.

Dieses gleichermaßen kleinliche wie triumphierende »Volk« hat nichts, woran die populistische Illusion* Gefallen fände. Zu nah und zu fern zugleich, zieht es die Missbilligung und die Sarkasmen der Intellektuellen auf sich. Sie beklagen seine »Verbürgerlichung« und machen ihm seine irregeleiteten Bestrebungen wie seine Unfähigkeit zum Vorwurf, diesen eine andere als eine ebenso irregeleitete und lächerliche Befriedigung zu verschaffen; kurz, all das, worauf die gängige Denunzierung des Traums vom eigenen Heim sich bezieht. Und weil es sich dazu verleiten ließ, über seine Verhältnisse, auf Kredit zu leben, stößt es doch, über kurz oder lang, namentlich in Form der Sanktionen der Bank, von der es sich wahre Wunder erhofft hatte, fast ebenso schmerzlich auf die Härten der ökonomischen Notwendigkeit wie zu anderen Zeiten die Industriearbeiter.

Dieser Umstand erklärt wohl, warum dieses »Volk«, das zum Teil auch Produkt einer auf seine Bindung an die bestehende Ordnung durch die Bande des Eigentums angelegten Politik des sozialen Liberalismus ist, in seinem Wahlverhalten gleichwohl den Parteien die Treue gehalten hat, die sich auf den Sozialismus berufen. Scheinbar der besondere Nutznießer des allgemeinen »Verbürgerlichungs«-Prozesses, ist es durch den Kredit an ein Haus gefesselt, das oft unverkäuflich geworden ist. Wenn es nicht gar außerstande ist, die vor allem mit dem Lebensstil zusammenhängenden Belastungen und Verpflichtungen auf sich zu nehmen, welche die oftmals ihm selbst nicht transparente Ausgangsentscheidung stillschweigend implizierte. »Nicht alles am Vertrag ist vertragsmäßig«, hat Durkheim gesagt. Nirgends trifft diese Formel so zu wie bei dem Kauf eines Hauses, in dem unausgesprochen ein ganzer Lebensplan und Lebensstil einbegriffen sind. Das ist es, was so viele Aussagen auf so bewegende Weise zum Ausdruck bringen.

Béatrice, 40 Jahre alt, ist bei der DEE** in Cergy-Pontoise beschäftigt. Ihr Mann (es handelt sich um ihre zweite Ehe) ist Instandhaltungsarbeiter in einem Pariser Ministerium. Sie ist das älteste von zwölf Kindern. Mit ihrem ersten Mann, von dem sie zwei Kinder hat, hatte sie einen

* Die v.a. von Linken vorgenommene Idealisierung des Volkes bzw. der Volksklassen als kollektiv orientiert und klassenbewusst; Anm. d. Hrsg.

** Direction départementale d'équipement, das für Straßenbau, Kanalisation etc. in einem Landkreis zuständige Amt; Anm. d. Hrsg.

Imbisswagen, mit dem sie in den Wäldern im Norden von Paris Waffeln und Pommesfrites verkauften. Die Geschäfte liefen damals gut, sie hatten »immer einen guten Platz für den Caravan«. Zu dieser Zeit wohnten sie zur Miete. Nach ihrer Scheidung vermietet ihr jetziger Arbeitgeber ihr ein von der Domäne requiriertes Haus zu einem niedrigen Preis: »Sehr alt, wirklich wunderschön ..., ein großer Garten ..., aber viel Arbeit ..., das Dach brach ein, und all die Arbeit für ein Haus, das einem nicht gehört.« Gleichwohl hätten sie dort »unbegrenzt« bleiben können. Sie erwartete das vierte Kind. Die Firma GMF (Groupe Maison Familiale) führt in Cergy-Pontoise eine Verkaufsaktion durch: Von der Werbung verlockt, träumen sie von einem Haus, das ihnen gehört. Bevor sie eine Entscheidung treffen, sehen sie sich noch andere Objekte an. »In Puiseux, Richtung Cergy, gefielen uns die Häuser von Bouygues, France Cottage, gut. Aber das war zu teuer. Dafür hätten wir das Geld nicht gehabt. Wir besaßen keinerlei Eigenkapital.« Die Firma GMF gewährt ihnen ein »Freundschaftsdarlehen«, das den in der Regel erforderlichen Eigenbetrag abdeckt. Nach einigem Zögern (»Es war weit ..., vor allem für meinen Mann«) entscheiden sie sich, von der Verkäuferin »gedrängt«, für ein F6[*] in einer Siedlung in Bernes-sur-Oise. »Das war erschwinglich«, und »die Verkäufer kümmern sich um alles, es gibt keine Probleme«.

Sie sind in den Genuss eines bedeutenden PAP[**]-Darlehens gekommen, weil dessen Höhe nach dem im Steuerbescheid angegebenen Einkommen festgesetzt wird. Nun zahlen sie, nachdem sie 1981 geheiratet haben, mit drei unterhaltspflichtigen Kindern praktisch keine Steuern. »Die APL[***] ist phantastisch«, die monatlichen Raten dementsprechend enorm hoch. Nicht zu reden von dem »Freundschaftsdarlehen«, von dem man nicht recht weiß, wann und wie man es zurückzahlen soll. »Weil die Zinsen über zwanzig Jahre laufen! (...) Das hätte die gute Frau uns sagen müssen. Wir, will ich sagen, haben daran nicht gedacht ... Wenn man ein Haus kauft, erscheint einem alles in einem rosigen Licht. Auf vieles, was wichtig ist, achtet man einfach nicht. Man sieht das Haus, man sieht die Kinder darin und sagt sich, es wird schon alles gutgehen.«

[*] Standardisierte Bezeichnung für Haus oder Eigentumswohnung mit sechs Zimmern; Anm. d. Hrsg.
[**] Prêt d'accession à la propriété: Bauspardarlehen; Anm. d. Hrsg.
[***] Aide personnaliseé au logement: eine Art Wohnungsbaubeihilfe; Anm. d. Hrsg.

Vor ihrer Entscheidung haben sie sich Rat geholt. Den meisten erschien GMF am günstigsten. Ihr Mann hat sich informiert; er hat viel in der Verbraucherzeitschrift *50 millions de consommateurs** gelesen: »Trotz der geringen Auswahl, die wir zwischen Phénix, Socova und GMF hatten, hat er schließlich gemeint, wir müssen GMF nehmen.« Als der Bau begonnen hatte, haben sie sich angeschaut, ob auch wirklich alles, was gemacht werden musste, gut gemacht wurde: »Schön, es gab Überraschungen, die Isolierung zum Beispiel, die sanitären Anlagen (...) Wir wussten nicht, ob wir dagegen vorgehen konnten. Nur, wenn man dagegen vorgehen will ..., das verursacht Unkosten.«

Das Haus ist ein wenig zu groß (»Am Anfang hätten wir lieber ein Zimmer weniger gehabt, aber man hat uns gesagt, mit vier Kindern nehmen Sie besser das, das passt besser ...«). »Sonst ist es prima. Gut, es ist nur das absolute Minimum, wie mein Mann sagt, drinnen hört man alles, die Wände sind ganz dünn, aber, was mich angeht, ich fühle mich in meinem Haus wohl.« Dennoch ist Béatrice besorgt: »Wir bereuen nichts ..., aber mit dem Bezahlen tun wir uns schon schwer, es ist sehr hart ... Wir haben uns in vielen Dingen einschränken müssen, um jeden Monat die Raten zahlen zu können.« Man hat ihnen, zwei Jahre nach dem Kauf, immer noch keinen Finanzierungsplan vorgelegt. »Wir wissen nicht, wohin das führt ..., wir sind ein bisschen irritiert.«

Das gleiche gilt für viele Bewohner der Siedlung: »Es ist eine Katastrophe ... Die Mehrheit der Leute war gezwungen, wegzuziehen (...). Es ging ihnen wie uns, sie konnten die Heizkosten nicht bezahlen, sie konnten nichts tun (...). Es gibt viele Arbeiter, die nicht achtgeben ... Es will ihnen nicht in den Kopf, dass es Dinge gibt, die von allen gemeinsam erledigt werden müssen. Viele kamen aus Sozialwohnungen in der Nähe von Aubervilliers, für die war es ungewohnt, in einem Eigenheim zu wohnen (...). Im ersten Jahr war es draußen immer sehr laut ... Sie haben sich von Haustür zu Haustür unterhalten.«

Béatrice steht um sechs Uhr auf, macht die Kinder fertig, bringt den Kleinsten zur Tagesmutter und nimmt den Zug um halb neun. Sie hat Ärger mit den Kollegen, weil sie dadurch »erst um halb zehn anstatt um neun Uhr dasein kann«. Ihr Mann braucht jeden Tag vier Stunden Fahr-

* Vergleichbar der von der Stiftung Warentest herausgegebenen Zeitschrift »Test«; Anm. d. Hrsg.

zeit: »Persan-Beaumont, das ist die schlimmste Linie.« Am Abend holt sie »die Kleinen wieder bei der Tagesmutter ab«. In den Kindergärten ist nicht ausreichend Platz, denn »in diesen kleinen Gemeinden ist man auf Zugezogene wie uns nicht vorbereitet«.

Jedes Jahr fahren sie in den Ferien zur Schwiegermutter von Béatrice nach Perpignan. Dieses Jahr aber »gibt es keinen Urlaub«, der Gartenzaun muss gemacht werden: »Das allein kostet uns 8.000 Francs.«* Die weißen Zäune im amerikanischen Stil gefallen ihr ganz besonders gut: »Allein die Türen kosten 5.000 Francs.«*

»Wenn das zehn Jahre so geht und wir immer noch nicht weiter sind, dann stellen wir die Zahlungen ein. Selbst wenn wir alles verlieren. Was mich angeht, ich will nicht mit sechzig unter der Erde liegen, für eine Hütte, um die sich meine Kinder schlagen ...«

Nun muss man gar nicht auf die extremen, noch dramatischeren Fälle als den vorliegenden verweisen, bei denen das Vertrauen auf die Stabilität und Dauerhaftigkeit der Dinge, der Personen und der Beziehungen zwischen beiden, das in der Entscheidung, ein Haus zu kaufen, stillschweigend impliziert ist, durch einen erzwungenen Ortswechsel, eine Entlassung, Trennung oder Scheidung dementiert wird. Es genügt, den statistischen Normalfall all dieser Bewohner von Fertighäusern in sogenannten gehobenen Wohnvierteln zu nehmen, die, durch das Trugbild einer vorgeblich individuellen Form des Wohnens (wie diese Reihenhaussiedlungen mit nahezu allen Abhängigkeiten des sozialen Wohnungsbaus) verlockt, weder die Solidarität der alten Arbeiterviertel, noch die Abgeschiedenheit der exklusiven Wohngegenden kennen. Stundenlange Wegezeiten von ihrem Arbeitsplatz entfernt, sind sie der dort existierenden – in erster Linie durch und für das gewerkschaftliche Handeln entstandenen – Beziehungen beraubt. Auch sind sie nicht in der Lage, die auf freier Wahl beruhenden Beziehungen einer Freizeitgemeinschaft an einem Wohnort einzugehen, der Individuen zusammenfasst, die zwar einen hohen Grad an sozialer Homogenität aufweisen, aber nicht die Affinitäten und die Gemeinsamkeit von Interessen haben, die mit der Zugehörigkeit zur selben Arbeitswelt verbunden sind. Das Eigenheim funktioniert daher wie eine Falle. Und das auf mehrfache Wei-

* Ca. 2.500,- bzw. 1.550,- DM; Anm. d. Hrsg.

se. Es hat, wie an dem nachstehenden Interview gut zu beobachten ist, die Tendenz, nach und nach zum Ort der Fixierung aller Besetzungen und Investitionen zu werden. Derjenigen, welche in der – materiellen und psychischen – Arbeit enthalten sind, die zum Akzeptieren seiner von den Antizipationen oft so weit entfernten Realität erforderlich ist. Derjenigen, welche es durch das Besitzgefühl in Gang setzt, das eine Art von Domestizierung der Wünsche und Vorhaben zur Folge hat, so dass diese fortan nicht mehr über die Türschwelle hinausreichen, auf die Privatsphäre beschränkt bleiben und damit im Gegensatz stehen zu den kollektiven Projekten etwa des politischen Kampfes, die stets gegen die Versuchung des Rückzuges ins Private durchgesetzt werden mussten. Derjenigen, welche es durch das Aufzwingen eines neuen Bedürfnissystems auslöst, das in den Anforderungen an diejenigen enthalten ist, die der (sozial geprägten) Idealvorstellung entsprechen wollen, die sie sich von ihm machen.

Denise, etwas über dreißig, ist Sekretärin. Ihr Mann ist Buchhalter bei der UAP.* Sie hat in einer Siedlung von 97 Eigenheimen in Eragny im Val-d'Oise, in der Nähe von Cergy-Pontoise, ein Fertighaus gekauft. Seit sieben Jahren wohnt sie jetzt dort. Sie hat sich »für ein Eigenheim entschieden«, als sie sah, dass »die Wohnungen in größerer Nähe zur Stadt, im Pariser Umland, genauso teuer waren wie ein Eigenheim in dieser Gegend hier«. Vorher hatte sie zur Miete gewohnt, in einer 1-Zi-K-D-B-Wohnung, wo sie sich »zu beengt« fühlte. »Unser zweites Kind war unterwegs. Und zu viert in einem Zimmer!« Sie hatte einen Sparvertrag, den sie kürzen musste, weil »das Kind ein wenig zu früh kam«: »Das hat uns, was die finanziellen Mittel, über die wir verfügten, betraf, etwas eingeschränkt. Ein Darlehen von der Sparkasse hatten wir nicht bekommen können (...). Deshalb waren wir gezwungen, uns nach etwas anderem umzusehen, die staatlichen Darlehen waren günstiger als die der Banken ...« Mangels finanzieller Mittel haben sie sich dann »in der Banlieue von Hauts-de-Seine, die (ihnen) aber letzten Endes nicht gefiel«, umgesehen. Auch hätten sie ein altes Haus vorgezogen; aber »selbst in dieser Region bringt das viele Probleme mit sich, wegen der

* Union des Assurances Parisiennes, größte Versicherungsgesellschaft Frankreichs; Anm. d. Hrsg.

höheren Zinsen für ein Darlehen«: »Sonst hätten wir gewiss beide, glaube ich, etwas vorgezogen, das mehr Seele hat als dieses Haus in einer Neubausiedlung, wo alle Leute gleichaltrig sind und fast dasselbe Niveau haben... Das ist zu eintönig.« »Trotz der Entfernung« haben Denise und ihr Mann diese Region gewählt, »weil sie mit die besten Verkehrsverbindungen nach Paris hat«, wo beide arbeiten. Vor ihrer Entscheidung haben beide die Anzeigen studiert. (»Aber als wir die Preise sahen, haben wir uns doch nichts Altes angesehen. Wir wollten uns nicht verführen lassen ...«). Statt dessen sind sie zu Baustellen, wo Siedlungen entstanden, gefahren. Freunde, die gerade gekauft hatten, »haben uns herumgeführt, weil sie sich mit dem, was gebaut wurde, auskannten.« Und da ihnen niemand in ihrer Umgebung abriet, haben sie ihre Entscheidung getroffen. Außerdem hatten sie gemeint, dass »wir, wenn wir schon das Ideale nicht fänden, so wenigstens ein Tauschobjekt hätten (...) für den Fall, dass wir später etwas Besseres fänden«. Vielleicht »ein richtiges Einzelhaus« oder ein in einem weniger neuen Viertel gelegenes. Das Haus, das sie aussuchten, war das preisgünstigste und wurde »schlüsselfertig geliefert«.

Am Anfang gab es viele Enttäuschungen. »Der Innenausbau war miserabel.« Die Materialauswahl für die Abschlussarbeiten war nur gering, nur drei oder vier Tapeten, »und dann die Qualität, wirklich sozialer Wohnungsbau«. Das Erdgeschoss mussten sie neu kacheln lassen. »Nach und nach« haben sie noch viele Arbeiten selbst erledigt. »Wir haben jedes Jahr überlegt, was wir nun machen könnten.« Am Wochenende haben sie mit dem Lärm des Rasenmähers Bekanntschaft gemacht, bis er durch eine Verordnung untersagt wurde. »Und dann, die Küche, das Bad und die Toilette hängen mit denen des Nachbarhauses zusammen, und man hört jedes Geräusch in den Leitungen.« Der Kamin, den eine Firma gebaut hat, »die mit der Immobiliengesellschaft in enger Verbindung steht«, hat sehr viel gekostet.

Möbel haben sie »nach und nach« bei Privatleuten, die in Anzeigenblättern inseriert hatten, gekauft. »Wir haben ganze zwei Jahre nach einer Bücherwand gesucht. Vor einem Monat haben wir sie in *»Le Bichot«* gefunden.« Sie haben es sich zur Gewohnheit gemacht, auf dem Pariser Flohmarkt oder den Trödelmärkten der Umgebung nach »allem, was dort an alten Sachen verkauft wird«, Ausschau zu halten. »Früher haben wir daran überhaupt nicht gedacht. Jetzt gehen wir, weil es wegen der Entfernung zu Paris viel weniger Zerstreuungsmöglichkeiten gibt, sonntags, wenn wir Lust haben rauszugehen, gern zu einer der lokalen Verkaufsausstellungen (...), die von Privat- oder von Geschäftsleuten veranstaltet werden. Hin und wieder ist das für uns ein Ausflugsziel.«

In dem kleinen Garten, der 100 m² misst, haben sie etwas anzubauen versucht, »gerademal, um etwas Grünzeug zu haben und auch etwas Obst, Himbeeren, zwei Birnbäume und auch einen Kirschbaum«. »Das ist alles aber noch jung. Viel Obst haben wir darum noch nicht gehabt«. »Der Vorteil des Grüns ist, dass es so gewachsen ist, dass man jetzt ein bisschen weniger merkt, dass man so viele Nachbarn hat ...«

Denise steht jeden Tag um halb sieben auf; ihr Mann um viertel vor sechs. Sie frühstückt mit ihm zusammen. Dann geht sie ins Badezimmer, und ihr Mann begibt sich zur Bushaltestelle. Um acht Uhr fährt sie die Kinder mit dem Wagen zur Schule, danach nimmt sie den Zug nach Conflans. Um halb zehn erscheint sie auf der Arbeit. Abends ist sie nie vor halb acht zurück. Am Wochenende können sie sich nicht dazu aufraffen, wieder nach Paris hineinzufahren. »Wenn wir am Wochenende wirklich einmal nach Paris fahren, dann fällt uns auf, wie selten das noch vorkommt.« Ausgehen ist wohl das, was ihr am meisten fehlt. »Ich gehe sehr gern ins Kino. Mein Mann wollte ›*Amadeus*‹ sehen. Aber wir sind nicht hingekommen ...« Sie bedauert es nicht, das Haus gekauft zu haben, trotz der langen Fahrzeiten. Gut an der Siedlung ist, dass es keine Gefahr für die Kinder gibt; sie können Rollschuhlaufen, Radfahren, sich gegenseitig besuchen. Wie aber wird es sein, wenn sie fünfzehn oder sechzehn sind? »Die Älteste geht gern aus, ins Museum und so. Aber das findet man in Eragny nicht. Für Sport ist es gut, Rollschuhbahn, Schwimmbad, Tanzen usw.«

Sie braucht jeden Tag drei Stunden Fahrzeit, »die ich zum Stricken nutze. Das ist die Beschäftigung vieler Frauen im Zug. Lesen geht auch, wenn man nicht zu müde ist. Aber manchmal ist die Müdigkeit so groß, dass man nur stricken kann, das ist mechanischer. Man muss dabei nicht denken. Lesen, das ist schwieriger. Im Zug kann man nur Zeitschriften lesen oder leichte Romane.«

– »Was lesen Sie im Augenblick?«

– »Nein ... im Augenblick ...« (Schweigen)

– »Und zuletzt?«

– »Zuletzt, das war ein Buch ... wie heißt es denn noch? *Jokastes Kinder* ... ich hab' es noch nicht zu Ende. Es ist ein Buch, das die Theorie von Freud wiederaufnimmt.«

Was an diesem ganz gewöhnlichen und gerade wegen seines repräsentativen Charakters ausgewählten Diskurs und an dem geordneten, resignierten und ein wenig dürftigen Dasein, das er beschreibt, deutlich wird, sind die Folgen einer Politik, die, wiewohl dem Anschein nach auf die Problematik des Wohnens beschränkt, die ganze Gesellschaft zutiefst geprägt hat. Die familiale Zelle, um die als Weg individuellen Aufstiegs verstandene Erziehung zentriert, ist der Ort einer Art von kollektivem Egoismus. Dieser findet seine Legitimation im Kult des häuslichen Lebens, wie ihn all diejenigen in Permanenz zelebrieren, die unmittelbar oder direkt von der Produktion und Zirkulation der für den Haushalt bestimmten Gegenstände leben. Und ohne die Bedeutung, die man ähnlichen Indizien beimessen muss, überzubewerten, kann man doch nicht umhin, ein, wie es zuweilen heißt, Zeichen der Zeit darin zu erblicken, dass die Produktion der Fernsehbilder, die im Begriff sind, das Kleinbürgertum der Vororteigenheime in die trügerische Welt der Werbung für Haushaltsprodukte, der die gleichen Produkte feiernden Spiele und der Shows, in denen sich eine fiktive Geselligkeit um eine Kultur des Kitsches entfaltet, zu bannen, heute in die Hände desjenigen gefallen ist, der besser als irgendein anderer die Sehnsüchte nach dem kleinen privaten Glück auszubeuten wusste, das sich mit dem uralten Streben nach vererbbarem Besitz verbindet und eingebettet ist in die ganz familiären Zerstreuungen, die die Kulturindustrie der professionellen Entertainer in Serienfertigung liefert.[1]

---

[1] Das erste Fernsehprogramm, das die höchsten Einschaltquoten hat, wurde 1987 von Francis Bouygues (Besitzer eines der größten Wohnungsbauunternehmen Frankreichs, das, 1979 gegründet, innerhalb von zehn Jahren zum Marktführer beim Verkauf von Einfamilienhäusern aufgestiegen ist, u.a. dank einer ausgeklügelten Werbestrategie; Anm. d. Hrsg.) gekauft. Es räumt den erfolgreichen Unterhaltungssendungen, wie den Gewinnspielen, bei denen es Komfortgegenstände für den Haushalt zu gewinnen gibt, und dem Spektakel des Showbusiness, präsentiert von Animateuren, die beim breiten Publikum große Popularität genießen, einen hervorragenden Platz ein.

Pierre Bourdieu
unter der Mitarbeit von
Salah Bouhedja, Rosine Christin, Claire Givry

Eine sichere Geldanlage für die Familie

Das Einfamilienhaus: Produktspezifik und Logik des Produktionsfeldes

Viele Eigenarten des Wohnungsbaus und der Beziehungen zwischen den Bauunternehmen ergeben sich aus den eigentümlichen Merkmalen dieses Produkts, bei dem die Symbolkomponente eine besonders starke Rolle spielt. Als materielles Gut, das wie die Kleidung, aber *auf Dauer*, für alle wahrnehmbar wird, äußert oder verrät dieser Besitz aufs Entschiedenste das soziale Sein seines Besitzers, seine »Mittel«, wie man sagt, aber auch seinen Geschmack, das bei seinen Besitznahmen angewandte Klassifikationssystem, das sich nun in sichtbarem Besitzstand objektiviert und damit einen Anhaltspunkt bietet für die symbolische Besitznahme durch die anderen, die ihn im sozialen Raum situieren können, indem sie ihn im Raum des Geschmacks situieren.[1] Unvergleichlich bedeutender wohl als bei den meisten anderen langlebigen Gütern sind außerdem die ökonomischen und affektiven *Investitionen* aus Anlass dieses Besitzes.[2]

In der Tat gilt das Haus meist als ein Konsumgut, das wegen seiner hohen Kosten zu einer der schwierigsten und folgenschwersten ökono-

[1] Bekanntermaßen nahmen z.B. die Mitglieder von Bourgeoisie und Adel im 19. Jahrhundert die soziale Qualität ihrer *Adresse* so wichtig, dass sie lieber in einem »guten« Viertel zur Miete wohnten, als sich in einem weniger geschätzten Viertel einzukaufen.

[2] Einer der besten Belege für dieses Interesse ist der Erfolg der Zeitschriften für Wohnraumgestaltung, die eine ähnliche Funktion haben wie in einem anderen Praxisbereich die Lebensart-Handbücher.

mischen Entscheidungen des gesamten Lebenszyklus eines Haushalts führt, aber auch als »Anlage«, d.h. als nichtfinanzielle Spareinlage und Investition, die Wertbeständigkeit oder Wertzuwachs aufweisen und zugleich einen Sofortbedarf befriedigen soll.[3] Dergestalt wird es zum zentralen Element eines *Besitzstands*, der erwartungsgemäß ebenso lange anzudauern hat wie sein Besitzer, ja ihn als Nachlass überdauern soll.

Aber all die Investitionen in den Gegenstand Haus – Geld, Arbeit, Zeit, Affekte – werden nur dann vollends begreiflich, wenn man sich den Doppelsinn des Wortes klarmacht, das sowohl das Wohngebäude als auch seine Bewohner als Ganzheit bezeichnet. Das Haus ist nicht zu trennen von der Hausgemeinschaft, der Familie als beständiger sozialer Gruppe, und von dem gemeinsamen Vorsatz, sie weiterzuführen. Bekanntlich verweist das Wort Haus in bestimmten, namentlich bäuerlichen und adligen Kulturtraditionen gleichzeitig auf die materielle Behausung und auf die Familie, die dort gehaust hat, haust oder hausen wird, die soziale Wesenheit, deren Transzendenz gegenüber den Einzelpersonen gerade die Tatsache bekräftigt, dass sie einen Besitzstand an materiellen und symbolischen Gütern – insbesondere einen *Namen*, der oft von dem der Angehörigen abweicht – in direkter Linie zu vererben hat.[4]

In vielen Gesellschaften, etwa in der Kabylei, ist ein Hausneubau ein Gemeinschaftsunternehmen, das mit der Gründung einer Familie einhergeht und die gesamte Blutsverwandtschaftsgruppe zu freiwilliger Schwerarbeit mobilisiert, besonders beim Balkentragen. Und noch heute ist das Vorhaben, »bauen zu lassen«, fast immer mit dem Vorsatz verbunden, »einen Hausstand zu gründen« (oder zu erweitern), ein Haus im Sinn einer Hausgemeinschaft zu errichten, d.h. eine soziale Gruppe

[3] Weil das Wohnhaus gleichzeitig eine Vielzahl ökonomischer Funktionen erfüllt, stellt es die volkswirtschaftliche Gesamtrechnung vor schwierige Zuordnungsprobleme.

[4] Zum Modell des »Hauses« siehe P. Bourdieu, »Célibat et condition paysanne«, *Etudes paysannes*, 5-6, April-September 1962, S. 32-136, und »Les stratégies matrimoniales dans le système des stratégies de reproduction«, *Annales*, 4-5, Juli-Oktober 1972, S. 1105-1127; E. Claverie, P. Lamaison, *L'impossible mariage. Violence et parenté en Gévaudan, XVIIe, XVIIIe et XIXe siècles*, Paris, Hachette, 1982; C. Lévi-Strauss, *Paroles données*, Paris, Plon, 1984, S. 177.

zu bilden, die verwandt und verbündet ist und die Bande der Wohngemeinschaft durch diese Bindungen verdoppelt.[5]

Wenn der Erwerb eines Hauses als ökonomische Strategie im engen Wortsinn gefasst und nicht das System der Reproduktionsstrategien beachtet wird, dem sie als ein Aspekt angehört, dann ist es unmöglich, seine volle Bedeutung und Funktion zu begreifen. Mit dem Bau eines Hauses behauptet sich im Stillen der Wille zur Bildung einer bleibenden, durch stabile Sozialbeziehungen vereinten Gruppe, einer Nachkommenschaft von ebenso großer Beständigkeit wie der ortsfeste Dauerwohnsitz; es ist ein Gemeinschaftsvorhaben oder eine gemeinsame Wette auf die Zukunft der Haushaltseinheit, d.h. auf ihren Zusammenhalt, ihre Integration oder, wenn man so will, auf ihre Widerstandsfähigkeit gegen Zerfall und Zerstreuung. Schon das Unternehmen, zusammen ein Haus auszuwählen, es einzurichten und auszugestalten zu einem »Zuhause«, wo man sich unter anderem deswegen wirklich »zu Hause« fühlt, weil man die hineingesteckte Arbeit und Zeit hochschätzt und weil es als sichtbares Zeugnis für ein gemeinsam verwirklichtes Gemeinschaftsvorhaben immer wieder neue gemeinsame Befriedigung spendet, ist ein Produkt des affektiven Zusammenhalts und verstärkt wiederum diesen affektiven Zusammenhalt.

Eine anthropologische Analyse der Investitionen in das Haus müsste auch all das beachten, was ihm als Erbe an kollektiven oder privaten Mythologien (namentlich aus der Literatur) anhaftet, und was, wie wir sehen werden, von der Werbung in ihrer Argumentation andauernd heraufbeschworen, wiedererweckt und erneut aktiviert wird.[6] Doch der Hinweis auf die anthropologischen Invarianten darf nicht über den Wechsel von Bedeutung und Funktion des Hauses je nach Umfeld und Zeitpunkt hinwegtäuschen. Voraussetzung für den sozialen Gebrauch des Hauses als ständiges Heim der bleibenden Hausgemeinschaft

---

[5] So ist zu beobachten, dass die Entwicklungskurve der nichtfinanziellen Spareinlagen (den Immobilien-Investitionen gleichgesetzt) sehr der Entwicklungskurve der Anzahl der Eheschließungen ähnelt (siehe L. Crétin, P. L'Hardy, »Les ménages épargnent moins qu'il y a quinze ans«, *Economie et Statistique*, 219, März 1989, S. 21-26.)

[6] Eine Fallstudie über eine kollektive Mythologie, die zwar insbesondere an den Mittelmeerraum gebunden, aber gewiss weiter im europäischen Unbewussten vorhanden ist, bietet P. Bourdieu, »La maison kabyle ou le monde renversé«, in J. Pouillon, P. Maranda (Hrsg.), *Echanges et communications. Mélanges offerts à Claude Lévi-Strauss à l'occasion de son 60e anniversaire,* Paris-La Haye, Mouton, 1970, S. 739-758 (deutsch: Das Haus oder die verkehrte Welt, in: P. Bourdieu: Entwurf einer Theorie der Praxis, Frankfurt a.M., Suhrkamp, 1979, S. 48-65.)

ist eine Tradition der *Sesshaftigkeit* (im Gegensatz zu allen zeitweiligen oder bleibenden Formen des Nomadisierens) nach Art der agrarischen Ökonomien, die Bodenständigkeit und Unveränderlichkeit in der Zeit favorisieren. Er ist verbunden mit einer konservativen Weltanschauung, die alle Formen von Verwurzelung aufwertet (die *Heimat* und das *Heimliche,** welche die *völkische** Ideologie als Gegensätze zum »Herumtreiben« und zur Entwurzelung stellt) und die verzauberten Sozialbeziehungen der nach einem integrierten Familienmodell konzipierten, idealisierten agrarischen »Gemeinschaft« hochlobt.

In der Bindung an die Familie als *Hausgemeinschaft,* an ihr Fortdauern in der Zeit, das er garantieren soll und das er voraussetzt, ist der Erwerb des Hauses demnach sowohl eine ökonomische Investition (im Gegensatz zum Mietverhältnis) oder wenigstens eine Form von Schatzbildung, als auch Element eines dauerhaften und übertragbaren Besitzstands, als auch eine soziale Investition, insofern er eine Wette auf die Zukunft oder, genauer gesagt, ein biologisches und soziales *Reproduktionsprojekt* einschließt. Das Haus gehört zur Familie als sozialer Einheit, die ihre eigene biologische Reproduktion (es ist Möglichkeitsbedingung in den Fortpflanzungsplänen) ebenso sichern will wie ihre soziale Reproduktion (es zählt zu den Hauptmitteln, mit denen die Haushaltseinheit die Akkumulation und Bewahrung eines bestimmten übertragbaren Besitzstands sichert). Folglich muss der Wandel der Traditionen bezüglich der Bildung oder Auflösung des Hausstands (insbesondere die Häufigkeit der Eheschließungen, der Scheidungen oder des Zusammenwohnens von verschiedenen Generationen) mehr oder minder direkt die Strategien in Wohnungsfragen und insbesondere die Entscheidungen für das Mietverhältnis oder den Erwerb von Wohneigentum berühren.

Die mehr oder minder unbewussten Dispositionen, die dazu verleiten, das Haus praktisch als ständiges Heim einer bleibenden Hausgemeinschaft zu gestalten, bewirken bei den ökonomischen Agenten – gewiss infolge einer metonymischen Kontamination** des Behälters durch seinen Inhalt, der Produktionsweise durch das Produkt – in Hausangelegenheiten eine Vorliebe bei der Produktionstechnologie, wie wir

* im Original deutsch; Anm. d. Übers. *Heimlich* hier in der ursprünglichen Bedeutung von zum Hause gehörig, vertraut.

** Metonymie: übertragener Gebrauch eines Wortes für einen verwandten Begriff; Kontamination: Verschmelzung, Vermengung von Wörtern, die versehentlich zusammengezogen werden; Anm. d. Hrsg.

sie sonst nur bei bestimmten Nahrungsmitteln und, allgemeiner, allen Luxusgütern finden: Als Anhänger einer sogenannten traditionellen Produktionsweise, die nicht nur technische Qualität, sondern auch symbolische *Echtheit* verbürgen soll,[7] bevorzugen sie statt des Fertighauses oder der Mietwohnung ein Haus, das althergebrachte »Handarbeit« anzeigt oder vortäuscht (das nach industriellem Verfahren produzierte »Massivhaus« aus Formsteinen), das ein Eigenheim ist und in real oder fiktiv ländlicher Umgebung (Wohnpark) liegt. Und alles deutet darauf hin, dass dieser sozial konstituierte Wohnbedarf besonders bei denjenigen Konsumenten entwickelt ist, die am stärksten geprägt sind von Erbfolgetraditionen mit dem Ziel, das Haus fortdauern zu lassen, namentlich durch die rechtliche Bevorzugung des ältesten Nachfahren.

Vollständig bestimmen sich die Eigenarten des Produkts nur in der Beziehung zwischen seinen objektiven – technischen wie formellen – Merkmalen und den untrennbar ästhetischen und ethischen Schemata des jeweiligen Habitus, die seine Wahrnehmung und Bewertung strukturieren. So definiert sie die *reale Nachfrage,* mit der die Produzenten zu rechnen haben. Und die ökonomischen Verlockungen oder Zwänge, die zu den beobachteten Kaufentscheidungen führen, ergeben sich als solche nur in der Beziehung zwischen einem bestimmten Stand des Angebots aus dem Produktionsfeld und einem bestimmten Stand der Ansprüche in den Dispositionen der Käufer, die so letztlich zu den ihnen auferlegten Zwängen beisteuern. Es ist nicht falsch zu sagen, dass die Produktion die Konsumtion produziert, denn schon weil das Angebot andere mögliche Arten, den Wohnbedarf zu decken (z.B. Mieten von Einfamilienhäusern oder Appartements in hochwertigen Mehrfamilienhäusern), ganz oder teilweise ausschließt, trägt es dazu bei, eine besondere Art dieser Bedarfsdeckung unter dem Vorwand aufzuzwingen, dass der Geschmack des Königs Kunde respektiert werde; und parallel dazu gelingt die rationelle Ausbeutung des Konsumenten durch die Unternehmen, die ihre Tätigkeit so zu organisieren vermögen, dass eine industrielle Serienproduktion den Anschein traditioneller Hand-

[7] Gewiss folgt deswegen auch der Häusermarkt der charakteristischen Logik des Kunstmarktes, wo der Umstand dominiert, dass die Vorlieben einer durch die Echtheit der »Manifattura« gekennzeichneten und durch die Signatur verbürgten Technologie gelten. Die Signatur bezeugt, dass das Werk von der Hand des Meisters stammt, d.h. »von Meisterhand«.

werksproduktion erweckt, nur in dem Maße, wie sie den Konsumenten sehr teuer für sein mehr oder minder phantastisches Begehren nach einem dauerhaften und zur Vererbung geeigneten Eigenheim bezahlen lassen kann.

Die Werbung ist allein deshalb so effizient, weil sie – wie jegliche Demagogie – den bereits bestehenden Dispositionen schmeichelt, um sie besser ausbeuten zu können; sie zwingt den Konsumenten unter das Joch seiner eigenen Erwartungen und Ansprüche, indem sie vorgibt, sie zu bedienen. (Eine wirklich befreiende Politik würde sich dagegen einer realistischen Kenntnis seiner Dispositionen bedienen, um auf ihre Veränderung oder Hinwendung zu authentischeren Objekten hinzuarbeiten.) Die Werbung nutzt dazu Effekte, die man, so anstößig das wirken mag, »poetisch« nennen muss. Wie die Poesie und mit ganz ähnlichen Mitteln setzt sie nämlich auf die *Konnotationen* der Botschaft und nutzt systematisch das Vermögen der poetischen Sprache, Erlebnisse und Erfahrungen heraufzubeschwören, »die jedes Individuum besitzt, mit Unterschieden von Individuum zu Individuum und auch je nach Zeitpunkt bei demselben Individuum«.[8] Die von ihr mobilisierten Worte oder Bilder eignen sich dazu, die mit dem Haus verbundenen Erlebnisse und Erfahrungen wieder zu erwecken, von denen sich ohne Widerspruch sagen lässt, dass sie gewöhnlich und einzigartig, banal und einmalig sind. Gewöhnlich sind sie durch ihre Verpflichtung auf eine Kulturtradition und insbesondere auf die überlieferten mentalen Strukturen, z.B. diejenigen, welche die strukturale Analyse des Innenraums des Hauses oder des Verhältnisses zwischen häuslichem Raum und öffentlichem Raum aufdeckt. Einmalig sind sie wegen ihrer Teilhabe an der sozial spezifizierten Form, die für jeden von uns im Verlauf einer Individualgeschichte die Begegnung mit Wörtern, Dingen und Situationen der Häuslichkeit angenommen hat.

Sehr deutlich zeigt das Marc Augés Analyse seiner Erfahrungen als Leser von Immobilienanzeigen.[9] Durch die vollständige Darlegung der subjektiven Erlebnisse, die ihm die Anzeigen wieder durch den Kopf

[8] A. Martinet, in: *To Honor Roman Jakobson,* zitiert in: G. Mounin, *La communication poétique*, Paris, Gallimard, 1971, S. 25.

[9] M. Augé, *Demeures et châteaux,* Paris, Seuil, 1989.

(den eines gebildeten Städters) gehen lassen, offenbart er die Mechanismen, bei denen der Diskurs der Werbung (wie im weiteren Sinne jeder poetische Diskurs) ansetzt, um das Universum der privaten Konnotationen wachzurufen: zum einen die verklärte Erinnerung an ursprüngliche Erfahrungen, die orts- und zeitgebunden, also einmalig, und zugleich überörtlich und geschichtsübergreifend sind (insofern als jede Kindheit auch etwas von aller Kindheit in sich hat); zum anderen das Spiel der literarischen Assoziationen, die das Verführerische an erinnerungsträchtigen Wörtern und suggestiven Bilder eher ausprägen als bloß ausdrücken. Die Symbolwirkung der Anzeige ist das Produkt einer Zusammenarbeit zwischen dem Autor, der seinem kulturellen Besitzstand Wörter und Bilder entnimmt, welche bei seinem Leser einmalige Erfahrungen wachrufen können, und dem Leser, der dem verführerischen Text noch die symbolische Kraft oder vielmehr den *Zauber* beigibt, den er auf sich wirken lässt: Gerade der Leser verleiht kraft all seiner früheren Erfahrungen mit der gewöhnlichen und auch mit der literarischen Welt dem vorspiegelnden Text erst die Aura von Entsprechungen, Anklängen und Analogien, die ihm selbst erlauben, sich darin wiederzuerkennen. Und gerade weil er sich in der dargebotenen kleinen Privatmythologie der häuslichen Welt, wie man so sagt, *wiederfindet*, kann er sie sich zu eigen machen.[10] Magie und Zauber der Wörter haben einen unmittelbaren Anteil an Magie und Zauber der Dinge, die sie heraufbeschwören: Das Vergnügen, mit dem der Leser in seine Wort-häuser vom Typ »Priorssitz«, »Alte Mühle«, »Zum Ausspann« oder »Gutshaus Anno 1750« einzieht, ist nur ein symbolischer Vorgriff auf das Vergnügen des Einziehens und »Heimischwerdens« in einem Universum von Dingen, das immer untrennbar verbunden ist mit dem Universum der Wörter, die man braucht, um sie ansprechen und beherrschen, kurz, domestizieren zu können.

Das Haus ist Objekt einer ganzen Menge von Aktivitäten, die wohl nach einem Lieblingsausdruck Ernst Cassirers »mythopoietisch« zu nennen sind, seien sie nun verbal, wie die verzückten Wortwechsel über

[10] So wird verständlich, dass »das System der Anzeigen insgesamt wie eine selektive Falle funktioniert, deren Mechanismen dazu dienen, die verschiedenen Opfergruppen in ihre jeweiligen Haftzellen zu lenken« (M. Augé, *a.a.O.*, S. 79).

getätigte oder vorgesehene Ausgestaltungen,[11] oder praktisch wie die Heimwerkelei, dieser Bereich wahrhaft poetischer Kreationen bis hin zum »Palais des Reitenden Briefträgers«.* Diese schöpferischen Eingriffe tragen dazu bei, das bloß technische Objekt, das immer neutral und unpersönlich, oft auch enttäuschend und nicht angemessen ist, in ein Stück unersetzlicher und geheiligter Realität zu verwandeln, eines jener *Churingas* – wie Familienbilder, -alben oder -gräber –, in denen die Gruppe ihre Einheit und Kontinuität bekräftigt und zelebriert.[12]

Die spezifische Logik des Feldes des Häuserbaus

Die spezifischen Eigenarten, die das Haus zu einem ganz einzigartigen Produkt machen, erklären die besonderen Merkmale des Feldes des Wohnungsbaus und insbesondere das Weiterbestehen kleiner Handwerksbetriebe neben industriell produzierenden Großunternehmen. Um die Logik des Eigenheimmarktes zu begreifen, müssen nämlich zwei methodologische Grundsätze der Objektkonstruktion aufgestellt werden, die zugleich Hypothesen über die Natur der untersuchten Realität sind. Erstens bilden die Gesamtheit der um Anteile an diesem Markt

---

[11] Eine Vorstellung von dieser gewaltigen Aneignungsarbeit, die ihr Äquivalent in der Ordnung des Diskurses hat, vermittelt das aufmerksame Betrachten der Fotos von Ausgestaltungen des Inneren und Äußeren von Phénix-Fertighäusern durch ihre Besitzer. Siehe *Les Honneurs de la maison. Six Photographes dans la maison*, Témoignages réalisés sous la direction de Lucien Clergue, Paris, Pandora, 1982.

* Jean-Pierre Roger, Ex-Rennfahrer, betätigt sich in Südfrankreich als Landbriefträger zu Pferde. Die Innenausstattung seines Ruhesitzes, einer alten Töpferei, hat er selbst gefertigt: Tisch, Sitzbank, Gesimse aus Gips, unverrückbar ortsfest. So könne der Gerichtsvollzieher nichts wegtragen. Siehe L. Lovatt-Smith, *Provence Interiors*, hrsg. von A. Muthesius, Köln, Taschen, 1996, S. 286-293; Anm. d. Übers.

[12] *Churingas* sind bemalte Stein- oder Holzbildwerke, die für die Arandas den physischen Körper eines bestimmten Vorfahren repräsentieren und die sie in jeder Generation feierlich einem als Reinkarnation dieses Ahnen geltenden Lebenden zueignen. Sie werden regelmäßig hervorgeholt, betrachtet und verehrt. So wie sie verdanken die Familienalben und andere von Generation zu Generation weitergegebene Wertsachen, Familienarchive, Familienschmuckstücke und Familienporträts, auch der Eigenname und manchmal bestimmte Vornamen, ihren geheiligten Charakter dem Umstand, dass sie physisch die alte Herkunft und die Kontinuität der Gruppe belegen und damit ihre soziale Einheit bestätigen, die immer untrennbar mit der Fortdauer in der Zeit verbunden ist (siehe P. Bourdieu, *Un art moyen. Essai sur les usages sociaux de la photographie*, Paris, Ed. de Minuit, 1965).

konkurrierenden Hersteller, genauer gesagt, die objektiven Beziehungen zwischen diesen sowohl konkurrierenden als auch einander ergänzenden Instanzen ein Kräftefeld, dessen Struktur zu einem gegebenen Zeitpunkt den Kämpfen um seine Erhaltung oder Veränderung zugrunde liegt. Zweitens spezifizieren sich die allgemeinen Funktionsgesetze, die für alle Felder und speziell für alle ökonomischen Produktionsfelder gelten, nach den charakteristischen Eigenarten des Produkts.

Die Begriffe »Sektor« oder »Industriezweig« bezeichnen *Aggregate* von Unternehmen, die das gleiche Produkt erzeugen; manchmal behandelt man diese wie einen einzigen, auf eine gemeinsame Funktion ausgerichteten Akteur (so etwa im angelsächsischen Begriff der *Profession*), ohne nach der Homogenität der betrachteten Gesamtheit und – eine noch schwerer wiegende Unterlassung – nach den Beziehungen zwischen ihren Komponenten zu fragen. Der Feldbegriff gestattet dagegen besser, die Unterschiede zwischen den Unternehmen (deren Größe zweifellos von »Zweig« zu »Zweig« stark schwankt) und auch die objektiven Komplementärbeziehungen in der Rivalität, die sie zugleich vereinen und in Gegensatz zueinander bringen, zu berücksichtigen. Die Einheit der in demselben Feld engagierten Unternehmen wird durch die Vielzahl und Mannigfaltigkeit der Unternehmen, die sie konstituieren, nicht beeinträchtigt oder beseitigt, sie ist vielmehr Produkt ihrer Konkurrenz um ein gemeinsames Ziel, das somit zum Spieleinsatz ihrer Konfrontation erhoben wird. Jedes Unternehmen wird durch seine *Position* im Raum des Feldes determiniert, d.h. durch die Verteilung der spezifischen Trümpfe, die ihm zufallen und die seinen Strategien ihre Richtung geben.[13]

Das Feld der Eigenheim-Produktion hat seine Besonderheit, die namentlich in der sehr großen Streuung der Betriebsgrößen und vieler anderer Variablen liegt, der Tatsache zu verdanken, dass der Hausbau wegen der Produktspezifik auf halbem Weg zwischen zwei gegensätzlichen Formen der Produktionstätigkeit steht: die eine ist die Produktion von Kunstwerken, wo der Anteil der auf die Herstellung des materiellen Produkts gerichteten Produktionstätigkeit relativ gering ist und dem Künstler selbst zukommt, während der objektiv auf die symbolische

[13] Zum Feldbegriff siehe u.a. P. Bourdieu, *Questions de sociologie*, Paris, Ed. de Minuit, 1980, und *Choses dites*, Paris, Ed. de Minuit, 1986.

Förderung des Werkes (durch Kritiker, Händler usw.) gerichtete Anteil weitaus mehr ins Gewicht fällt; die andere ist die Produktion von materiellen Gütern wie Erdöl, Kohle oder Stahl, wo der Fabrikationsapparat den vorherrschenden Platz einnimmt, während der Anteil der symbolischen Investition sehr gering bleibt. Man hat es natürlich mit einem Kontinuum zu tun; und man könnte eine ganze Reihe von Zwischenpositionen markieren, wie etwa bei der Kunstproduktion die *Haute couture* als halb künstlerischer Tätigkeit, wo sich bereits eine Teilung zwischen Fabrikationsarbeit und Marketingstrategien fast wie im Bereich des Wohnungsbaus zeigt, oder bei der Schwerindustrie die Automobilproduktion, wo die symbolische Produktionstätigkeit am Produkt selbst mit dem Design, der Kreation von Marken, Modellen usw. bedeutsamer wird.

Außer all den schon genannten Eigenarten ist zu beachten, dass das Haus ein doppelt an den Raum und an einen Ort im Raum gebundenes Produkt ist und dass darauf eine Differenzierung des Marktes in teilweise aus der allgemeinen Konkurrenz herausfallende *Mikromärkte auf lokaler Basis* beruht.[14] Als Immobilie wahrgenommen, d.h. als unbewegliches, nicht ortsveränderliches Gut, hat das Haus an Ort und Stelle zu entstehen (das »Fertighaus« verstößt zutiefst gegen dieses Verwurzelungsempfinden). Ferner muss es wegen seiner ästhetischen Dimension der Logik der örtlichen Traditionen folgen, vermittelt durch Verwaltungsvorschriften über architektonische und technische Normen oder durch die Vorlieben der potentiellen Käufer für regionale Stile. Dies alles bewirkt, dass zumindest in ländlichen Gebieten, die noch sehr stark an der traditionellen Vorstellung vom Haus festhalten, und zweifellos weit darüber hinaus der Erwerb eines industriell gefertigten Hauses als Armutszeugnis oder als unbegreifliche Exzentrik erscheint.

Dank der besonderen Merkmale des Produkts und der Dispositionen, die es in seiner Wirklichkeit dadurch mitgestalten, dass sie die vor-

[14] Die Vorliebe für ortsansässige Handwerker bestand lange weiter, selbst in Bereichen, die direkter von der Konkurrenz der Industrieprodukte betroffenen waren, etwa in der Möbeltischlerei dank der Tradition, die Zimmereinrichtung für Jungvermählte beim Dorfhandwerker zu bestellen. Diese Präferenz wirkt besonders stark, wenn es um ein so eigenartiges Produkt wie das Haus geht. In diesem Fall drängt sich der Rückgriff auf Handwerker am Ort wie selbstverständlich auf, und zwar durch das Zusammenspiel von Tradition und Unkenntnis anderer Möglichkeiten.

herrschende Definition der ihm zukommenden Beschaffenheit durchsetzen, findet sich auf diesem geographisch gegliederten Markt ein Nebeneinander von wenigen sehr großen industriellen oder halbindustriellen Gesellschaften, die per Katalog anbieten, jedoch 1981 nur für 10% des Eigenheimmarktes standen, einigen großen Bauträgerfirmen, die »Dörfer« (und zugleich Bürogebäude, Handelszentren und Mietshäuser) realisieren, zahlreichen mittleren Unternehmen, die pro Jahr von etwa zwanzig bis zu Hunderten von Häusern in einer oder bisweilen mehreren Regionen errichten, und einer Vielzahl von kleinen und mittleren Unternehmen (im Durchschnitt eines pro Amtsbezirk), die einige Häuser pro Jahr und mitunter kleine Siedlungen bauen.[15]

Man findet schwerlich Gemeinsamkeiten zwischen einer großen, mit Bankgruppen verbundenen Pariser Bauträgerfirma, einem Franchisegeber, der täglich seine technischen Berater zu den örtlichen Kleinhandwerkern schickt, einem großen Hersteller, dessen Verkaufsteams Finanzierungspläne aufstellen, während er die Produktion an Subunternehmer vergibt, der Tochterfirma eines großen Baukonzerns, die Rohbauten in Serie aufführt, dem regional tätigen Klein- und Mittelunternehmen in Familienhand, das alle Aspekte seiner Häuserproduktion übernimmt, und dem örtlichen Kleinbetrieb, der neben anderen Tätigkeiten einige Häuser baut.

Lässt man die starren und zugleich ziemlich willkürlichen Taxonomien gelten, welche die UCB (*Union de crédit pour le bâtiment* [Baukre-

---

[15] »Maison individuelle: promoteurs et constructeurs résistent bien«, *Le Moniteur des travaux publics et du bâtiment,* Heft 9, 2. März 1984, S. 37. Es ergibt sich, dass sich der »Sektor« als Ganzes durch einen hohen Arbeitskräftebestand auszeichnet, wobei die Personalkosten der Bauhaupt- und -nebenunternehmen mit mehr als 50 Beschäftigten 1981 für 38% des Umsatzes nach Steuern und 90% des Wertzuwachses standen (siehe J. J. Granelle, M. Pelège, *Construction, croissance et crise, réflexions pour une relance,* Paris, Ed. du Moniteur, 1985). Im Übrigen bewirken die Fortschritte der totalen oder partiellen Industrialisierung (auf der Ebene der verwendeten Baumaterialien), dass die eigentlichen Herstellungskosten im Mietshausbau, besonders bei anspruchsvollen Mietshäusern oder Residenzen, immer weniger Platz einnehmen, während der Anteil der Nebenkosten wie Bodenpreise, Notargebühren und vor allem Vermarktungs- und Finanzierungsausgaben anwächst (siehe P. Madelin, *Dossier I comme immobilier,* Paris, Ed. A. Moreau, 1974, S. 265-268, sowie *Le Moniteur des travaux publics et du bâtiment,* Magazin-Beilage 17 vom 28. April 1984: »Die Bodenpreise bewegen sich ständig nach oben. Die Gesamtlasten für Grund und Boden stiegen von 20% der Endkosten der Operation in 1978 auf 30% zu Anfang 1980«.).

ditunion] der *Compagnie bancaire*) für ihre 1983er Erhebung über die Hausbaufirmen verwendete, so bemerkt man, dass diejenigen Unternehmen, die 1982 mindestens 20 Häuser pro Jahr produziert hatten, 38% der Häuser bauten, während die (privaten und öffentlichen) Bauträgergesellschaften 26% der Häuser (in Form von Siedlungen) sowie weitere Gebäude (Büroraum, Handelszentren usw.) errichten ließen. Die übrigen Bauten, also 36%, produzierten kleine Bauunternehmen und örtliche Kleinhandwerker, die einige Häuser pro Jahr realisieren, sowie Privatleute, die einen Architekten bzw. ein Ingenieurbüro beauftragten oder eigenhändig bauten – sei es ganz allein, auf Gegenseitigkeit wie bei den Leuten, die in Nachbarschafts- oder Verwandtenhilfe ihre Häuser bauen, oder mit Hilfe von Handwerkern (der Eigenbau, ob schwarz oder nicht schwarz, steht für fast 10% der produzierten Häuser).[16]

So ist das Feld der Eigenheimproduzenten diversifiziert wie wohl nur wenige »Sektoren« der ökonomischen Produktion:

– nach der Betriebsgröße, von den großen Produktionseinheiten, die pro Jahr Tausende von Häusern auf den Markt werfen (1984 bei den vier Spitzenreitern im Durchschnitt mehr als 4.000), bis zu den kleinen Handwerkern mit einstelliger Jahresproduktion (Anfang der 80er Jahre hatten 93% der Betriebe weniger als zehn Beschäftigte, und weniger als 100 Unternehmen beschäftigten 1.000 oder mehr Lohnabhängige);

[16] UCB, *Regards sur une profession: les constructeurs de maisons individuelles*, Paris, UCB, 1983. Die Wirklichkeit ist viel komplexer, als diese Klassifikation annehmen lässt. Wo soll man etwa die Architektenvereinigungen einstufen, wie die *Architectes-bâtisseurs*? Auf der Eigenheimausstellung *Salon de la maison individuelle* sagte ein Mitglied auf Befragen: »Die *Architectes-bâtisseurs* haben das Bauproblem anders behandelt als der Hausfabrikant (...). Die Architekten haben gemerkt, dass ihnen der Eigenheimmarkt allmählich durch diese Hausfabrikantenverträge wegrutschte, denn die Leute suchten jetzt vor allem die schlüsselfertigen Häuser. Da haben sich die Architekten also zusammengeschlossen. Das Problem ist, dass der Architekt, berufsethisch gesehen, kein Eigenheim verkaufen sollte. Und so haben sie sich unter dem Logo *Architectes-bâtisseurs* zusammengeschlossen. Sie haben einzeln ihre eigene kleine GmbH gegründet (...). Manchmal kann es drei Architekten in einer GmbH geben. Das alles bleibt im freiberuflichen Maßstab, und auf diesem Weg und mit ihrer eigenen Vereinssatzung als Architekten und Baumeister sind sie, wie Sie sehen, ebenso wie die Hausfabrikanten in die Ausstellung hereingekommen, wo sie den Leuten sagen: ›Das Haus, das Sie verkauft bekommen, ist eine Maßanfertigung, und Sie bekommen Ihr Einzelstück schlüsselfertig verkauft (...).‹ Der einzige Unterschied (zu den Hausfabrikanten) ist, wenn Sie so wollen, dass der Plan nicht vorher feststeht, er wird mit dem Kunden gemacht.«

– nach der Finanzierung, von den mehr oder weniger vollständig von Banken abhängenden Großherstellern bis zu den Handwerkern, die Eigentümer ihrer Betriebe sind;
– nach der Bauweise, den Vertriebsstrategien usw.

Diese anscheinend völlig unvergleichbaren Produzenten sind jedoch in demselben Feld engagiert und stehen dort in einer Konkurrenz, die – begrenzt vor allem durch die Effekte der geographischen Konkurrenz, die das Funktionieren der örtlichen Märkte begünstigt, sowie durch die Differenzierung der Nachfrage – nicht so ungleich ist, wie man glauben könnte.[17]

Die Struktur des Feldes der Produzenten

Da nicht alle nötigen Daten über die Gesamtheit der Hausproduzenten zusammengestellt werden konnten, wurde die Analyse zunächst auf die umsatzstärksten Eigenheim-Baugesellschaften und Bauträgerfirmen beschränkt.[18] Zugrundegelegt wurde die Bestenliste des *Moniteur des travaux publics et du bâtiment* vom 18. Oktober 1985, welche die 400 führenden Unternehmen aus dem Gesamtbereich Bauwesen und Umfeldgestaltung (darunter sind nur etwa vierzig Hersteller- und Bauträgerfirmen) nach ihren Umsätzen 1984 geordnet vorstellt, sowie die Ranglisten der UNCMI (*Union nationale des constructeurs de maisons individuelles*) und der FNPC (*Fédération nationale de la promotion et de la construction*). Als Musterbeispiele und zum Vergleich wurden außerdem fünf kleinere Unternehmen in die Analyse einbezogen.

[17] Die Eigenheimbauer – Bauunternehmen (15%), Ingenieurbüros (14%) und spezialisierte Hersteller –, die oft als Kataloghaus-Hersteller bezeichnet werden (66%), sind stark nach dem geographischen Areal ihres Marktes differenziert: Zu 69% beschränken sie sich auf ein oder zwei Départements, 28% operieren in etwa zehn Départements (zwei oder drei Regionen der Wirtschaftsstatistik), 4% in 4 bis 9 Regionen und nur 1% auf dem gesamten Landesgebiet. 45% der Hersteller haben eine andere Tätigkeit (Umbau und Sanierung, Bauträgergeschäft, Anlage von Siedlungen) neben dem Eigenheimbau (siehe UCB, *a.a.O.*).

[18] Obwohl das Eigenheim Gegenstand vieler Publikationen ist, gibt es keine Untersuchung über die Gesamtheit der Hersteller (bis auf einige vertrauliche Datensammlungen wie das *Baromètre UCB*).

Außer den vier großen Gruppen *Phénix, Maison Bouygues, Bruno-Petit* und *Groupe Maison Familiale (GMF)* sowie ihren Filialen – *Maison Evolutive, Alskanor* und *Bâti-Volume* für *Phénix, France Construction, STIM SA* und *Bâtir* für *Maison Bouygues, Pavillon moderne de Sologne* und *SIF et Cie* für *Bruno-Petit* – wurden folgende Hersteller und Bauträger einbegriffen: *Cogedim, Sinvim et Cie, Promogim SA, Férinel, Meunier-Promotion, Kaufman and Broad, Saci, Lagarrigue-Le Clair Logis, Bâti-Service Promotion, Lemoux Bernard, Ast Construction, Sonkad, Etablissements Emile Houot, Kiteco, Maisons Mondial Pratic, EPI-SA, Prisme, Entreprise Vercelleto, Iéna Industrie, Bâti Conseil, Socarel, GTM-MI, GTM et Cie* und *Breguet.* Die fünf einbezogenen kleinen Hersteller sind: *Nord France Habitation, Sergeco, Maison Occitane, AMI* und *OMI-France.* Gespräche wurden mit Leitungskräften und Verkäufern folgender Firmen geführt: *Phénix, Maison Bouygues, Nord France Habitation, Sergeco, Kaufman and Broad* sowie *Bruno-Petit.*

Versucht wurde, so viele objektive Informationen wie möglich über diese Firmen bei ihren beiden Verbänden *UNCMI* und *FNPC,* bei den Unternehmen selbst und aus der Fachpresse zu gewinnen (speziell aus den Erhebungen der Arbeitsgruppe »Leistungen und Strategien« des *Moniteur des travaux publics et du bâtiment*). Die Firma *Ribourel* konnte nicht in die Analyse aufgenommen werden, weil die Informationen über sie zu unvollständig waren. Zum anderen mussten neben den 26 Hersteller- und/oder Bauträgerfirmen, die als Hauptvariablen in die Analyse eingingen, 18 Gesellschaften wegen der zu dürftigen zugänglichen Angaben als Zusatzvariablen behandelt werden.

Für jede dieser 44 Gesellschaften wurden folgende Informationen erfasst: Alter (Gründungsdatum); Rechtsstatus (Aktiengesellschaft, GmbH, Franchisegeber) und Organisation des Unternehmens (Haupttätigkeit – Bauträgerschaft oder Siedlungsbau, Einzelhausherstellung –, Existenz von Tochterfirmen, Anzahl der Marken – nicht zu verwechseln mit der Anzahl der Modelle, denn eine Gesellschaft kann, wie im Regelfall, mit einer Marke auftreten, aber auch mit mehreren); Lage des Firmensitzes (Paris, Pariser Region, Provinz) und Ausdehnung von Einflussbereich und Vertriebsnetz (ganz Frankreich, eine oder mehrere Regionen usw.); gesamter Personalbestand; Bedeutung und Qualität der ökonomischen Tätigkeit (Kapital; Umsatz; Nettoertrag 1984; Anzahl der begonnenen Häuser,[19] Exportanteil am Umsatz); Art der Kontrolle über die Firma (Ausübung der Kontrolle durch eine Familie, die Banken bzw. die großen Bauunternehmen) und Diversifizierung dieser Kontrolle.[20] Diese Informationen wurden sämtlich für das Stichjahr 1984 gesammelt. Gesucht wurden Messwerte für die relative Dynamik der verschiedenen Gesellschaften: Entwicklung der Anzahl der begonnenen Häuser und des Umsatzes. Als Hauptvariable konnte jedoch nur die Umsatzentwicklung von 1983 zu 1984 behandelt werden; die Entwick-

[19] Die Anzahl der tatsächlich gelieferten Häuser wäre ein zuverlässigerer Indikator, aber viele Gesellschaften haben die erforderlichen Angaben nicht mitgeteilt.

[20] Die Kontrolle durch ausländische Gesellschaften wurde in diesem Forschungsstadium nicht berücksichtigt.

lung des Umsatzes von 1979 bis 1984, die Entwicklung der Anzahl der begonnenen Häuser von 1983 zu 1984 sowie die Anzahl der Tochterfirmen und der Exportanteil am Umsatz der Gesellschaften (eine generell kaum erhebliche Aktivität) waren als Zusatzvariablen zu betrachten, da diese Informationen für eine relativ große Anzahl der Gesellschaften fehlten.

In diesem Forschungsstadium gelang es nicht, die unentbehrlichen Angaben über die Struktur der Beschäftigten, die Herkunft der Mitglieder des Führungsteams und des Vorstands, die soziale Struktur der Ziel-Kundschaft, den Produkttyp und die Fabrikationsweise sowie die Investitionsanteile für Forschung, Vertrieb und Produktion zu erhalten.

Hier traten all die Probleme auf, die sich bei der Untersuchung von Unternehmen stellen: Was ist eigentlich eine Firma? Wie ist sie einzugrenzen? Wo aufhören mit der Berücksichtigung von Tochterfirmen? Waren z.B. Ausgründungen zwecks kommerzieller Diversifizierung einzubeziehen, oder Firmen, die, wie *France-Terre* für *Bruno-Petit* (wo Monsieur Petit selbst Generaldirektor ist) oder *France-Lot* für *GMF*, keine juristische Bindung an die Holding erkennen lassen, aber den Herstellerfirmen das Umgehen des Gesetzes erlauben, das diesen verbietet, mit dem Haus auch das Grundstück zu verkaufen? Wie sind die Franchisegeber zu behandeln (drei davon in der Stichprobe: *Lemoux Bernard, Sonkad, Kiteco*), die eine Marke verwerten, sich dabei auf örtliche Kleinunternehmen stützen und diesen technischen Beistand geben? Jeder der verwendeten Indikatoren wirft Probleme auf, die oft daher rühren, dass sich die Identität der Firma schwer bestimmen lässt; beim Gründungsdatum erhebt sich z.B. die Frage nach Fusionen und Übernahmen (mit dem Übergang der Marke von einer Einheit an eine andere). Allgemein stieß man auf das Problem der Vergleichbarkeit der Daten: Manche Hersteller nennen z.B. die Anzahl der verkauften Häuser, andere die Anzahl der gelieferten oder gebauten Häuser. Mit anderen Worten, die Datensammlung ist nach einer enormen Arbeit zur Auswertung der Verbandsjahrbücher, der Bilanzen, der Bestenlisten der Presse und der ergänzenden Direktbefragung der Unternehmen selbst, von Journalisten, Verwaltungsstellen usw. sehr unvollständig, und das Missverhältnis zwischen Arbeitsaufwand und Analyseergebnis ist krass. Aber dieser Befund eines halben Scheiterns hat wenigstens den Vorteil, die Skepsis gegenüber formalen Konstruktionen zu ermutigen, die genau gleichartige Probleme wie die hier benannten als gelöst voraussetzen, da sie diese gar nicht bedacht haben.

Da diese erste Analyse – die nacheinander für die 44 Hersteller- und/oder Bauträgergesellschaften durchgeführt worden war – nur sehr enttäuschende und in gewisser Hinsicht allzu absehbare Ergebnisse brachte, wird sie hier nicht wiedergegeben.[21] Hinter dem darin hervortreten-

[21] Ausführlich vorgestellt wurde sie in dem Zwischenbericht *Eléments d'une analyse du marché de la maison individuelle,* Paris, Centre de sociologie européenne, 1987, S. 53-60.

den Hauptwiderspruch unter den Unternehmen nach ihrer Größe (gemessen an verschiedenen grob korrelierten Indikatoren wie Umsatz, Kapital, Anzahl der begonnenen Häuser und Personalbestand), der im Großen und Ganzen einem Widerspruch nach dem Tätigkeitsbereich (landesweit, regional oder örtlich) und dem Firmensitz (Paris oder Provinz) entsprach, verbarg sich ein quer zu ersterem verlaufender Nebenwiderspruch, der sich mangels Indikatoren für die Fabrikationsverfahren sowie für die Organisation von Produktion und Vermarktung nicht deutlich machen ließ.

Die Differenzierung zwischen Unternehmen gleicher Größe wurde in der ersten Analyse schlecht erfasst, weil zureichende Indikatoren fehlten. Sie hat sich seit 1983, dem Stichjahr für die Daten der ersten Analyse, zweifellos verstärkt. Nachgewiesen wird sie durch die zweite Analysenreihe, die wir anhand der Daten der 1987er Erhebung des INSEE* zur Belegschaftsstruktur der verschiedenen Bauunternehmen realisieren konnten.

Statt mehrere mehr oder minder disparate Indikatoren heranzuziehen, wie in der vorangegangenen Analyse, entschieden wir uns dafür, die Analyse für dieselbe Stichprobe von Herstellern (siehe oben) zu wiederholen, jedoch begrenzt auf die Informationen über den Gesamtbestand an Beschäftigten und seine Verteilung auf die Positionen in der Arbeitsteilung und im geographischen Raum, welche die Jahr für Jahr vom Studien- und Statistikdienst des Ministeriums für soziale Angelegenheiten und Beschäftigung angestellte und vom INSEE verwaltete Erhebung über die Beschäftigungsstruktur der verschiedenen Bauunternehmen liefert.[22]

Da diese Eigenarten recht getreu die Fabrikations- und Organisationsweise anzeigen (sie kommt im relativen Anteil der verschiedenen Beschäftigtengruppen, insbesondere der Angestellten und der Arbeiter, zum Ausdruck), ist die Struktur, welche die Analyse der Entsprechungen aufdeckt, eben jene, die den

---

* *Institut national de la statistique et des études économiques*, Nationalinstitut für Wirtschaftsstatistik und -studien; Anm. d. Übers.

[22] Diese Daten stehen unter dem Geheimhaltungsschutz der Statistik. Um Zugang zu ihnen zu erhalten, war ein Projektantrag an das Komitee für den statistischen Geheimhaltungsschutz zu richten, der freundlicherweise genehmigt wurde, und für jedes behandelte Unternehmen war die Codierung der Dateien zu finden oder zu rekonstruieren – eine oft sehr schwierige Suche. Da wir uns verpflichtet haben, keine Daten unter namentlicher Erwähnung dieses oder jenes Unternehmens zu publizieren, haben wir im Diagramm die Namen der betreffenden Unternehmen durch ihre Schlüsselzahl in den statistischen Tabellen ersetzt.

Raum der Unternehmen organisiert. Zum Beweis sollen im Kommentar die anderen Eigenarten der Unternehmen gemäß ihrer Verteilung nach den von der Analyse berücksichtigten Grundfaktoren angeführt werden.

Es stellt sich heraus, dass der Hauptwiderspruch besteht zwischen den großen, landesweit tätigen, sämtlich mit Bankengruppen verbundenen Bauträger- oder Baugesellschaften für Eigenheime sowie auf entsprechende Entwürfe und deren Verbreitung ausgerichteten Franchisegebern auf der einen Seite und andererseits den regional oder örtlich eingeführten kleinen und mittleren Unternehmen mit Familienkapital (also geringer Bindung an den Finanzmarkt), die Fertighäuser oder solche in Holz- bzw. Stahlskelettbauweise aufführen und alle Berufsgruppen vorweisen.

Den am positiven Pol eingeordneten Bauträgergesellschaften ist gemeinsam, dass ihr Gesellschaftssitz in der Pariser Region liegt (bis auf die in Roubaix ansässige *Férinel,* die aber eine Tochterfirma in der Pariser Region besitzt), dass sie zwischen 1965 und 1975 gegründet wurden – bis auf die *SACI* (1951) – und dass sie durch ihr Kapital (das im Durchschnitt der Unternehmen der Stichprobe liegt) an Bankgruppen, Versicherungsgesellschaften und Großunternehmen des Bauwesens (bei *Kaufman and Broad* an amerikanische) gebunden sind. In ihrer Beschäftigtenstruktur sind Arbeiter und Handwerker praktisch nicht, Ingenieure und Techniker sehr schwach vertreten, dafür die Führungskräfte und Angestellten um so mehr. Das zeigt, dass diese Unternehmen, bei denen die Bereiche Finanzen, Studien bzw. Forschungen und Werbung ein sehr großes Gewicht haben, kaum im Bau selbst (die gesamte Fabrikation wird Subunternehmern übertragen), wohl aber in Vertrieb und Finanzierung tätig sind. Ganz ähnliche Merkmale finden sich bei den Franchisegebern, die sehr wenige Beschäftigte haben (10 bis 15 bei den drei Unternehmen unserer Stichprobe), lauter Führungskräfte und Techniker. Sie haben im Vergleich zum Produktionsvolumen äußerst geringes (und mehrheitlich vom Eigentümer gehaltenes) Eigenkapital. Diese Vertriebsunternehmen bieten, wie Bernard Lemoux sagt, »zuerst eine Finanzierung«, und ihre Produkte sind ganz traditionell.

Die Hersteller, die sich an diesem Pol des Raumes befinden, wirken zwar auf den ersten Blick sehr heterogen, sowohl in Bezug auf die Kapitalstruktur und den Rechtsstatus (Tochterfirmen großer Finanzgruppen oder Hoch- und Tiefbaukonzerne; große Familienunternehmen) als auch bezogen auf die Anzahl der begonnenen Häuser – von 30 bei *Gestion immobilière* bis zu mehr als 4.000 bei *GMF* und *Maison Bouygues*. Gemeinsam ist ihnen aber außer der geographischen Ansiedlung in Paris eine Beschäftigtenstruktur, in der Angestellte, Führungskräfte (mittlere und höhere) und Ingenieure dominieren (zu Lasten der Arbeiter und Handwerker). Das erklärt sich durch den massiven Rückgriff auf Subunternehmer, der wiederum mit der Rückkehr zur sogenannten traditionellen Fertigung zusammenhängt, und den extremen Ausbau der Vertriebsfunktion. Das bezeichnendste Beispiel liefert *Bruno-Petit Construire:* Kurz vor der Erhebung ließ *Bruno-Petit* seine industrialisierte Fertigungsweise, den Einsatz von vorgefertigten Leichtbetonplatten, fallen und ging wieder zu Formsteinen über (behielt aber in seiner Tochterfirma, die das Logo *Maison Bruno-Petit* nutzt, einen Teil des hochqualifizierten Stammpersonals, das für das vorige Verfahren gebraucht wurde, und konnte dadurch die Übergangszeiten zwischen den verschiedenen Rohbauphasen kürzer halten). Parallel dazu wurden der Vertrieb ausgebaut und die kleinen regionalen Filialen vermehrt. Allgemein haben die Marktschrumpfung zu Beginn der 80er Jahre und die verschärfte Konkurrenz der kleinen Handwerker die Produzenten angeregt, ihr Vertriebspotential zu stärken (auf Kosten des Strebens nach technischer Innovation) und verstärkt die geographische Nähe zur Kundschaft zu suchen.

Alle am negativen Pol gelegenen Gesellschaften sind mehr oder minder weit regional eingeführt und selbst vielfach in der Provinz ansässig (*Ast* in Metz, *Vercelleto* in Mamers, *Lagarrigue* in Alençon, *Houot* in Gérardmer). Es handelt sich um unabhängige Klein- und Mittelunternehmen, die großenteils seit längerem bestehen (*Vercelleto* seit 1903, *Houot* seit 1927, *Lagarrigue* und *André Beau* seit 1957) und keinerlei Bindung an Finanzgruppen oder große Bauunternehmen aufweisen. Sie basieren auf Familienkapital und tragen oft den Namen ihres Generaldirektors. Ihnen ist gemeinsam, dass sie keinerlei Subunternehmer für den Rohbau heranziehen und dass sie industrialisierte Bauverfahren (vorgefertigte Tafeln, Betongroßblöcke, Holz- oder Stahlskelette usw., bei manchen nach firmeneigenen Konzepten) anwenden, die speziell angelernte Kräfte (Stammarbeiter) und einen stabilen Personalbestand erfordern (was Subunternehmerschaften und Einstellungen je nach Nachfrage ausschließt). Bedenkt man außerdem, dass sie sehr von den Baustoff-Lieferanten abhängig sind, so wird deutlich, dass diese Unternehmen mit ihrer sehr starren Organisation – *Phénix* ist ein Musterfall – kaum darauf eingestellt sind, »persönlich zugeschnittene« Produkte anzubieten oder sich gar den Marktschwankungen anzupassen. Doch gerade sie sind der Ort der *technischen* – und auch der ästhetischen – *Innovation.*

So ist die 1927 gegründete *Houot*-AG mit Familienkapital ein altes, stark integriertes Bautischlerei-Unternehmen, das 1957 begann, Häuser in Holzskelettbauweise nach einem spezifischen Verfahren herzustellen. *Vercelleto,* 1903 gegründet, eine AG mit Familienkapital, ist ein altes Massivbauunternehmen, das unter der Marke *Ouest-Construction* nach einem Schüttbetonverfahren produziert und hochqualifizierte Arbeitskräfte für den Rohbau benötigt. Die 1967 gegründete AG *Socarel* errichtet nach einem Systemverfahren Massivbauten aus Betonblöcken und hat einen hohen Anteil von Stammarbeitern in der Belegschaft. *Phénix* ist als 1945 gegründete AG das älteste rein auf den Eigenheimbau eingestellte Unternehmen und unter seinesgleichen auch (mit seinen Tochterfirmen) am stärksten industrialisiert; es verwendet ein industrialisiertes System aus Stahlträgern und Betonblöcken, die auf der Baustelle nur von Stammarbeitern montiert werden können, wodurch eine Vergabe an Subunternehmer vollkommen ausgeschlossen ist.

Der zweite Faktor führt zur Unterscheidung zweier Unternehmensgruppen, die nach dem ersten Faktor zusammenfallen: ausschließlich regional ausgerichtete Tochterfirmen von großen Gruppen, d.h. ganz auf die Herstellung von Eigenheimen spezialisierte, integrierte Subunternehmer (im Gegensatz zu den auswärtigen Subunternehmern etwa von *Maison Bouygues*), und integrierte örtliche Kleinunternehmen vom Typ Familienbetrieb mit stärker diversifizierter Produktion. Während erstere einen hohen Anteil von (je nach Fertigungsverfahren) Industriearbeitern oder Handwerkern, die den Rohbau zu fertigen oder zu errichten haben, und einen geringen Anteil von Angestellten aufweisen, da die Vertriebsfunktionen von den Mutterfirmen ausgeübt werden, sind die zweiten integrierte Klein- und Mittelbetriebe, die sämtliche Produktionsphasen vom Rohbau bis zum Service nach dem Verkauf selbst übernehmen.

Die Beschäftigungsstrukturen der verschiedenen Unternehmen erweisen sich somit als wahrhaft enthüllende Indikatoren der grundsätzlichen Entscheidungen zwischen dem Vorrang für Forschung oder für Absatz, für die Innovation in der Verfahrenstechnik oder in der Produktions- und Vertriebsorganisation, wo sich einerseits die Rigiditäten der von ständig beschäftigtem spezialisiertem Personal ausgeführten integrierten Produktion und andererseits die Freiheiten der Vergabe an Subunternehmer auswirken. Anhand dieser Analyse kann man drei große Klassen von Hausbauunternehmen unterscheiden, die, weil sehr ungleich mit Trümpfen ausgestattet, in der Konkurrenz untereinander sehr unterschiedliche Zukunftsaussichten haben.

Zuerst wären die Unternehmen zu nennen, die dank einer ganzen Reihe von Innovationen in der Organisation den Eigenheimmarkt dominieren. Mit der Glanzleistung, ohne eigene Maurer »gemauerte Häuser« zu produzieren, können sie traditionelle Produkte industriell fertigen. Stark auf den Vertriebsbereich und ganz speziell auf die Werbung setzend, schaffen sie es überdies, einer industriellen Fertigung von Serienprodukten den Anschein traditioneller Handwerksarbeit zu geben und die Illusion vom Haus als Heim auszubeuten. Dazu nutzen sie reale Merkmale der traditionellen Fertigungsweise, die allerdings ihren traditionellen Sinn verlieren.[23]

Gleich ob sie nach Umfang und Gewicht ihrer Tätigkeit den Vorgenannten nahestehen wie *Phénix*, das älteste und stärkste Unternehmen der Gruppe, oder sowohl nach Anzahl der produzierten Häuser wie Kapitalvolumen oder Personalbestand weniger gewichtig sind – die integrierten Unternehmen, deren Organisation auf die Nutzung eines industriellen Fertigungsverfahrens ausgerichtet ist, unterliegen äußerst starren technischen Zwängen, die sich wiederum in sozialen Zwängen äußern, weil ständig ein hochspezialisiertes Stammpersonal beibehalten werden muss. Mussten sie von jeher gegen den Trend der landläufigen Nachfrage nach Häusern als Heimen angehen, so sind sie jetzt gewissermaßen Gefangene der organisatorischen Bedingungen, die zeitweilig für ihren technologischen Vorsprung gesorgt hatten. Da sie am wenigsten darauf eingestellt sind, der durch Krise und Marktschrumpfung entstandenen neuen Situation zu begegnen, geraten sie oft in schwierige Lagen. Zwar behalten die Größten noch die Trümpfe, die ihnen ihr Umfang sichert – maßstabbedingte Einsparungen, Streuung der Risi-

[23] Dieses auf der modernen Eingliederung einer traditionellen Produktion basierende System erinnert an ein Gegenstück anderer Ordnung: die Produktionsweise der Agrar- und Nahrungsgüterunternehmen (namentlich Molkereien oder Käsereien), die Kleinbauern *de facto* in Subunternehmer verwandeln.

ken –, doch ein Großteil dieser Unternehmen, besonders der kleinsten, wurde auf den Status von Tochterfirmen großer Gruppen reduziert.

Bleiben schließlich die kleinen und mittleren Familienunternehmen, die nach der traditionellen Produktionsweise verfahren. Die Analyse gestattet, sie zu kennzeichnen, obwohl sie in ihr kaum hervortreten. Zahlenmäßig sind sie dominant, und sie haben die ganze Logik der Nachfrage für sich, d.h. die traditionellsten Erwartungen und Ansprüche *in puncto* Wohnen. Sie bieten ein Produkt an, das von höchst traditionsgemäß mit der Idee der »Echtheit« verbundenen Handwerkern, Maurern und Bautischlern, »in Handarbeit« aus Baumaterial – Ziegeln, Holz, Formsteinen, Mörtel usw. –, nach bewährten Fertigungstechniken hergestellt wird und das ideell für Beständigkeit und Festigkeit steht. Auch ihre »Baupläne«, obwohl oft von Kunden aufgedrängt, die als Amateurarchitekten agieren, reproduzieren fast immer unbewusste Vorbilder. Bei alledem haben sie die gesamte traditionelle Logik der traditionellsten Nachfrage für sich.

Man kann sich jedoch fragen: Werden in einem Bereich, in dem die Kunst, einen äußeren Schein zu produzieren, eine so wichtige Rolle spielt, die industriellen Großproduzenten von dem Anschein nach traditionellen Häusern es nicht schaffen, hier wie anderswo auch die Oberhand über die kleinen Unternehmen zu bekommen, die wirklich Traditionelles produzieren – allerdings schon mehr oder minder verfälscht, weil die verwendeten Bauelemente großenteils Industrieprodukte sind? Werden die kleinen Unternehmen nicht um des Überlebens willen einwilligen müssen, sich als Subunternehmer oder Franchisenehmer in Riesenunternehmen einzugliedern, die das erwartete Aussehen ihrer »traditionellen« Produkte auch industriell fertigen können? Wie dem auch sei, einstweilen sind die Kleinunternehmen in einer Hinsicht unentbehrlich für das Funktionieren des Gesamtsystems, dem sie die symbolische Rechtfertigung liefern: Mit den »gutbürgerlichen Häusern«, die sie oft in einem mehr oder minder annähernd historisierenden Lokalstil den Gutshäusern, provençalischen Bauernhäusern, Herrensitzen usw. nachbilden, erhalten die handwerklichen Kleinunternehmen das Idealmodell des traditionellen Hauses am Leben und verleihen diesem Modell konkrete Gestalt, das im Unbewussten so vieler Käufer wirkt, und zwar weit über die Grenzen derjenigen Kundschaft hinaus, die es sich leisten kann.

Die Werbestrategien

Das relative Gewicht, das der Vertriebsfunktion beigemessen wird, ist zweifellos einer der stärksten und bezeichnendsten Indikatoren für die Position eines Unternehmens im Feld der Hersteller. Das versteht sich, sobald bedacht wird, dass der Produzent bei einem Produkt mit einem so hohen Symbolgehalt wie dem Haus nur Erfolg haben kann, wenn er die Erwartungen der Konsumenten berücksichtigt, genauer gesagt, die sozial konstituierten Wahrnehmungs- und Bewertungskategorien (des Geschmacks), die sie auf sein Produkt anwenden werden, auf seine physische Wirklichkeit als der Wahrnehmung ausgesetztes Gesamtobjekt, aber auch auf die Materialien, aus denen es hergestellt wurde, und auf die Fertigungsverfahren, die seine sinnlich fassbare Gestaltung der Prüfung durch einen besorgten oder beunruhigten Kunden darbietet oder verrät.[24] Mit anderen Worten: Sobald das, was er anbietet, in all diesen Aspekten mehr oder minder weit von den Erwartungen und Ansprüchen der Kundschaft abweicht, steht jeder Produzent vor folgender Alternative: Entweder wirkt er darauf hin, diese Wahrnehmungs- oder Bewertungskategorien zu transformieren, eine echte Sichtumkehr z.B. dadurch auszulösen, dass die Vorurteile gegen das industriell gefertigte Haus entschärft, die gewöhnlichen Gedankenverbindungen zwischen Haus und Altem, Traditionellem aufgebrochen, statt dessen neue oder ungewöhnliche Gedankenverbindungen zwischen Haus und Moderne, Avantgardismus, technischer Forschung, Komfort usw. geschaffen werden; oder er geht umgekehrt darauf aus, die Schere zwischen dem unwillkürlich vom Produkt erzeugten Eindruck und dem Anschein zu schließen, der ihm verliehen werden soll.

Die erstgenannte Strategie musste nicht unbedingt scheitern, und die Hersteller von industriell gefertigten Häusern hätten stärker darauf setzen können, dass ihre Produkte Zustimmung bei jenen Gruppen fänden, die am wenigsten an der Mythologie vom bleibenden Heim hängen. Nach einer INSEE-Erhebung von 1984 unter Personen, die kurz zuvor ein Haus erworben hatten und dessen Erstbesitzer waren, äußerten ungelernte Arbeiter aus Industrie und Handwerk,

[24] Ein Verkäufer von *Maison Bouygues* bringt das gut zum Ausdruck: »Bei *Phénix* zum Beispiel, gut, da gibt's ein Stahlskelett (...). Bei uns, da ist das Gebälk aus Holz. Also, die Leute, ja, das finden sie traditioneller. Das ist 'was Traditionelles (...). Also, der Formstein, *der ist im Kopf der Leute 'was Traditionelles.* Wie der Maurer, nich'!«

Facharbeiter aus Transport und Verkehr, Handelsangestellte und öffentliche Bedienstete der mittleren Laufbahnen (lauter zum »linken« Sektor des sozialen Raumes, zum »öffentlichen Sektor« gehörende Gruppen) am häufigsten, dass sie ein Hausmodell aus Angebotskatalogen gewählt hatten, und zwar zu mehr als 48% in jeder dieser Gruppen; für Landwirte, Handwerker, Kleinhändler, Firmenchefs und freiberuflich Tätige (Gruppen, deren Reproduktion auf dem ökonomischen Kapital beruht) war diese Herstellungsweise am wenigsten akzeptabel (zu weniger als 25% in jeder dieser Gruppen). Bekannt ist außerdem, dass die Neigung zu einer funktionalen Vorstellung vom Haus, zu einer Höherbewertung des technischen und einer geringeren Bewertung seines symbolischen Aspektes, um so stärker zunimmt, je weiter man in der sozialen Hierarchie hinabsteigt (siehe Tabelle im Anhang). Das *Institut français de démoscopie* befragte 1984 eine repräsentative Stichprobe von 998 Personen; und die Analyse zeigt bezüglich der Vorstellungen vom Fertighaus einen besonders starken Gegensatz zwischen Individuen aus den oberen Rängen der ökonomischen (höchste Einkommen), sozialen (höhere Führungskräfte und Freiberufler) und kulturellen Hierarchie (Inhaber der höchsten Diplome, Hochschulabsolventen) einerseits und andererseits den Individuen mit den geringsten Einkommen, die Arbeiter oder nicht erwerbstätig sind und nur Grundschulbildung besitzen (siehe Ballester, *Maison préfabriqué,* Paris, Institut français de démoscopie, November 1984). Erstere haben die negativste Vorstellung vom Fertighaus: Sie meinen am häufigsten, dass sich die Leute ein Fertighaus bauen lassen, weil sie sich kein traditionelles Haus leisten können oder die ganzen administrativen Formalitäten los sein wollen. Letztere sind meist der Ansicht, dass man aus guten Gründen ein Fertighaus wählen kann und dass diejenigen, die sich so entscheiden, Sinn für moderne Dinge haben; sie meinen, dass dieser Haustyp solider und leichter persönlich auszugestalten ist. Natürlich ohne hiermit eine wirkliche Parteinahme zu verbinden, scheinen doch insgesamt die ökonomisch und vor allem kulturell am meisten Benachteiligten einer Ästhetik anzuhängen, die man funktionalistisch nennen könnte. Dies kommt gewiss daher, dass sie nicht den Bildungsstand haben, mit dem die Widerstände verbunden sind, und somit davon unbelastet bleiben. Sie betrachten das Haus als ein Instrument, das bequem, sicher, solide, rasch zur Hand und gegebenenfalls veränderbar sein muss. Ihre Sichtweise ist technizistisch, um so mehr, als sie ihre technische Kompetenz für Umbauten einsetzen können. Und all dies legt die Vermutung nahe, dass unter den Lohnabhängigen die Facharbeiter, Techniker und kleinen Ingenieure – weil diesen wegen ihrer technischen Bildung oder/und ihrer sozialen Herkunft die dominierende Vorstellung vom Haus gewiss besonders fernliegt – das größte Interesse am industriell gefertigten Haus und jedenfalls (relativ) am wenigsten Sinn für all das haben, was die Vertriebsagenten für hochtrabend benannte »Residenzen« betreiben.

Die industriellen Großunternehmen haben nie wirklich den Weg der Umgewöhnung und des konsequenten, offen verkündeten Modernismus beschritten. Bezeichnend für sie ist daher vor allem das Ausmaß der symbolischen Verklärung, die ihre Vertriebsabteilungen, insbesondere ihre Werbung, aber auch ihre Verkäufer vollziehen, um die eventuelle Schere zwischen wahrgenommenem und gewünschtem Produkt zu schließen. So versuchen die Verkäufer, den Kunden während der Verhandlungen davon zu überzeugen, dass das angebotene Produkt für ihn und dass er für dieses Produkt geschaffen sei.

Je größer das Unternehmen, desto stärker seine Bürokratisierung, und auch die Personalstruktur verändert sich sehr. Das Baustellenpersonal wird von der Mehrheit zur Minderheit, der Anteil der Verwaltungskräfte steigt leicht, jener der Vertriebskräfte stark an (von 10,5% auf 12,5%, 18%, 21,5% und 23,2%, je nachdem, ob das Unternehmen 20 bis 50, 50 bis 100, 100 bis 250, 250 bis 1.000 oder, wie die größten, mehr als 1.000 Häuser pro Jahr herstellt). Mit zunehmender Firmengröße scheint der Aufbau eines ausgedehnten Vertriebsnetzes dringlicher zu werden: Direktes Ansprechen und Weitersagen genügen nicht mehr, Marktbearbeitung und Werbung müssen mehr Raum einnehmen. Die Anzahl der pro Händler getätigten Verkäufe sinkt jedoch mit der Firmengröße, während die Anzahl der stornierten Aufträge zunimmt (1984 wurden fast 40% der von den Verkäufern der größten Gesellschaften entgegengenommenen Aufträge im Nachhinein von den Kunden storniert, bei den kleinsten Unternehmen dagegen etwas weniger als 10%). Begreiflich wird, dass die Frage der Einstellung und Ausbildung von Verkäufern für die größten Baugesellschaften Vorrang erhält; überdies erweisen sich die Verkäufer als äußerst mobil (sechs bis acht Monate mittlere Beschäftigungsdauer bei demselben Hersteller, laut *Moniteur des travaux publics et du bâtiment* vom 20. April 1987). Mehrere Hersteller, darunter *Bruno-Petit* und *Phénix,* haben deshalb eigene Verkäuferschulen eingerichtet. Andere versuchen, ihre Einstellungsmethoden zu verbessern.

Bekanntlich »kommt« Werbung, wie jede symbolische Aktion, nie besser »an«, als wenn sie bereits bestehenden Dispositionen schmeichelt, sie anreizt oder neu belebt und ihnen Gelegenheit bietet, sich wiederzufinden und in Erfüllung zu gehen. So wird begreiflich, dass fast alle Unternehmen in nahezu gleicher Weise auf den Fundus jener Wörter und Themen zurückgreifen, die wie geschaffen sind, die traditionellsten Vorstellungen vom Haus und der Hausgemeinschaft zu wecken. Angeführt werden z.B. die Vorteile des Eigentums gegenüber dem Mieten

(»Kaufen kostet weniger als mieten«) oder die Reize der *Natur* – gewiss, um das Haus mit einem Ensemble attraktiver Assoziationen zu umgeben, aber auch und vor allem, um vergessen zu lassen, wie weit der angebotene Wohnsitz vom Stadtzentrum oder vom Arbeitsort entfernt liegt, wobei dann nahegelegt wird, die Notwendigkeit zur Tugend zu erheben und die Abschiebung in ein fernes Randgebiet als frei gewählte Rückkehr aufs Land anzusehen.

Die angewandten Verfahren bleiben sich fast immer gleich. Eines der üblichsten besteht darin, zwei radikal gegensätzliche Situationen miteinander zu vergleichen: jene des Besitzers von Wohneigentum und jene des Nichtbesitzers. Ein anderes läuft auf einen fiktiven Dialog zwischen dem potentiellen Kunden und dem Fachmann hinaus, der zum Schein eine unmittelbare und persönliche Beziehung herstellt und doch nur sein Produkt präsentieren will. Ein weiteres Verfahren wird oft eingesetzt, um weniger wünschenswerte Eigenschaften des Produkts zu vertuschen; sozusagen mit rhetorischen Taschenspielertricks wird dabei auf wirkliche oder vorgebliche Vorzüge, Qualitäten, Komfortmomente usw. aufmerksam gemacht, und die nachteiligen oder unangenehmen Seiten werden kaschiert.

Die Immobilienwerbung scheut auch nicht immer vor zweifelhaften finanziellen oder technischen Argumenten, ja vor groben Desinformationen über die Umgebung des Hauses und das Haus selbst zurück. Mehrere große Hersteller mussten sich aufgrund des Gesetzes vom 27. Dezember 1973 juristisch verantworten. Dessen Artikel 44.1 untersagt »jegliche Werbung, die falsche oder irreführende Behauptungen, Angaben oder Prätentionen bezüglich eines oder mehrerer Elemente (...) enthält«. So wurde die Firma *Maison Bouygues* 1983 von einer Strafkammer verurteilt, weil ein von ihr verbreiteter Katalog »Häuser nach Maß« anzeigte, während in Wirklichkeit nur Häuser »bestimmter Typen« offeriert wurden, und weil ein »Gebälk in echter Zimmermannsarbeit« angepriesen wurde, »obwohl die verwendeten Materialien industriell hergestellt und vorgefertigt werden und das Gebälk nicht nach den alten Techniken zusammengebaut wird«.

Die Unternehmen brauchen jedoch um so weniger auf Werbung und Rhetorik der Altväterlichkeit und Sicherheit zurückzugreifen, je mehr sie diesen mit ihrem Produkt und ihrer Produktionsweise nahekommen. Und wenn die Werbestrategien mit der Unternehmensgröße an Intensität zunehmen, so ändert sich vor allem ihre Form, sobald man in der zweiten Dimension des Raumes von Unternehmen wie *Maison Bouygues*, die ihre Strategie auf die Produktion des Anscheins von »Traditionellem« bei Produkt und Produktionsweise gründen, zu den Firmen übergeht, die zwar auch Konzessionen an den Schein machen müssen – etwa durch Imitation von Putz auf vorgefertigten Wandtafeln –, aber stärker auf die technischen Qualitäten ihres Produkts setzen.

Wie das Gewicht des Vertriebssektors, wird mit zunehmender Unternehmensgröße auch der Rückgriff auf die verschiedenen Mittel des Marketing und der Werbung immer stärker. Nach der UCB-Umfrage von 1983 wächst der Anteil der Hersteller, die nach eigenen Angaben häufig Anzeigen in Zeitungen schalten, von 48% bei den kleinsten (die 20 bis 49 Häuser herstellen) auf 69% bei den Erbauern von 50 bis 99 Häusern, 72% bei denen mit 100 bis 249 und 74% bei jenen mit 250 und mehr hergestellten Häusern.[25] Dabei wächst der Anteil der Firmen, die Stände auf Messen und Ausstellungen einrichten, von 26% auf 44%, 59% und 74% an. Die Abstände wären weit größer, wenn man den Anteil derjenigen Hersteller berücksichtigen könnte, die Werbung in den großen Wochenzeitungen, im Rundfunk und/oder im Fernsehen betreiben. Die größten Gesellschaften organisieren große »Werbekampagnen« und setzen eine sehr breite Skala von Marketingmitteln ein: Faltblätter als Postwurfsendung, Prospekte, Werbekataloge, Broschüren, Inserate in regionalen und überregionalen Tageszeitungen, Wochenzeitungen und Zeitschriften, Plakate, Ausstellungsstände auf Salons und Messen, Musterhäuser in Zentren oder »Dörfern« bzw. an strategischen Punkten wie Warenhäusern, Bahnhöfen usw., Werbespots im Rundfunk und seit neuerem (1985) im Fernsehen.[26]

Aber man müsste vor allem eingehend analysieren, wie der Einsatz der verschiedenen Themen und rhetorischen Verfahren mit der jeweiligen Position im Feld der verschiedenen Firmen variiert. Die Strategie, dem verkauften Produkt die »Qualitäten« des Produzenten zuzuschreiben, tritt zweifellos in den Werbemitteln der größten und ältesten Gesellschaften häufiger auf. Mit der Unterstellung, dass nur ein solides Haus solide Häuser fertigen kann bzw. dass ein solides Haus nur solide Häuser fertigen kann, dass also die von einem alten und beständigen Haus gefertigten Häuser mit Notwendigkeit solide und beständig sind, wird eine Logik der Teilhabe bemüht, um das Produkt durch den Produzenten zu kontaminieren.

So beruft sich *Maison Bouygues,* eine noch junge Firma, auf das schon höhere Alter der *Groupe Bouygues* als Garant für die Qualität der gleichnamigen Häuser. Man geht davon aus, dass der Käufer den Schlenker von der Teilgesellschaft

---

[25] UCB, a. a .O.

[26] Unter den Kunden der größten Herstellerfirmen ist der Anteil derer, welche die betreffende Firma nach eigenen Angaben durch die Werbung, das Radio oder die Zeitung kennengelernt haben, am größten.

LOCATAIRES, VOUS ÊTES PERDANTS

MAISON PHENIX
La liberté de choisir

- En 1987, libération des loyers.
- Répercussion de l'augmentation des charges locatives.

NOUVEAUX PROPRIÉTAIRES, VOUS ÊTES GAGNANTS

- Vous payez moins d'impôts.

Exemple : Famille de 2 enfants payant 36000 F ou plus d'intérêts par an, pour l'achat d'un logement principal.

Le plafond de déduction des intérêts d'un emprunt pour l'achat d'un logement est doublé. Il est passé de 15.000 F à 30.000 F par ménage, plus 2.000 F pour le 1er enfant à charge, plus 2.500 F pour le 2e et 3.000 F pour le 3e.

Revenu mensuel net		9000 F	12000 F	15000 F	19000 F
Locataire impôts payés annuels	1987	3915 F	8400 F	14170 F	20994 F
Propriétaire impôts payés annuels	1987	pas d'impôts pendant 5 ans	pas d'impôts pendant 5 ans	5545 F	12369 F

Werbezettel, Phénix, 1987

»Maison Phénix – Die Freiheit der Wahl
Mieter, Ihr seid Verlierer
- 1987 Freigabe der Mieten.
- Auswirkung der Erhöhung der Nebenkosten.

Neue Eigentümer, Ihr seid Gewinner
- Ihr zahlt weniger Steuern.

Beispiel: Familie mit 2 Kindern, die 36.000 F oder mehr Jahreszins für den Kauf einer Hauptwohnung zahlt.
Der Freibetrag für das Absetzen von Darlehenszinsen für den Kauf einer Wohnung wurde verdoppelt. Er stieg von 15.000 F auf 30.000 F pro Haushalt, plus 2.000 F für das erste zu versorgende Kind, plus 2.500 F für das zweite und 3.000 F für das dritte.

Monatl. Netto-einkommen	9.000 F	12.000 F	15.000 F	19.000 F
Mieter Steuern pro Jahr (1987)	3.915 F	8.400 F	14.170 F	20.994 F
Eigentümer Steuern pro Jahr (1987)	Fünf Jahre keine Steuern	Fünf Jahre keine Steuern	5.545 F	12.369 F

«

zur Holding kaum bemerken kann. »*Maison Bouygues* zieht Nutzen aus der 30jährigen Erfahrung der *Groupe Bouygues* und ihrer gesamten Einkaufsstärke. Daher gelang *Maison Bouygues* die Kostensenkung beim Massivhaus« (Werbebroschüre *Une maison de maçons, oui, vous pouvez,* 1984, 46 S.).

Für die größten Gesellschaften, die den breitesten und am wenigsten bemittelten Kundenkreis haben und deshalb zuerst einen Kredit und einen Finanzierungsplan verkaufen, fällt die Werbung für das Haus oft zusammen mit der Werbung für den Erwerb von Hauseigentum, und hinter der Operation, das Haus zu verkaufen, steckt in Wirklichkeit die Operation des Kreditverkaufs.

Der Leiter einer für die Firma *Phénix* arbeitenden Werbeagentur erklärt freimütig: »Die landesweit tätigen Hersteller wenden sich an Leute zwischen 28 und 35 Jahren, aus einer Schicht mit relativ bescheidenen Einkommen: 6.000 bis 10.000 Francs zu zweit, außer in der Ile-de-France, wo der Boden teuer ist. Im Allgemeinen müssen sie 60 km von Paris wegziehen (...). Für diese Leute mit bescheidenen Einkommen ist die Finanzierung wesentlich. Häufig sind sie davon überzeugt, dass sie nicht Eigentümer werden können. Allerdings, hinterher sind sie ein bisschen klamm, aber man ermöglicht ihnen, Eigentum zu erwerben (...). Man nutzt die allgemeine Stimmung aus. Jetzt läuft etwas, was fabelhaft funktioniert: ›Mieter, ihr seid Verlierer, Eigentümer, ihr seid Gewinner.‹ Das hält sich an die Aktualität.« Und auf den Faltblättern, die in die Briefkästen gesteckt werden, liest man zuerst die Schlagzeile: »1987 brauchen Sie überhaupt keine Miete mehr zu zahlen«. Innen wird ein Fragebogen präsentiert, der sich u.a. nach den Einkommen erkundigt, und ein »kostenloser persönlicher Finanzierungsplan« angeboten. Genannt werden Beispiele von Ehepaaren, »die schon ›Nein‹ zur Miete gesagt haben«, so etwa: »Herr und Frau B. sind seit 4 Jahren verheiratet. Beide arbeiten, ihr Monatseinkommen beträgt 12.000 Franc. Sie haben 3 Kinder. Im September '86 wurden ihnen die Miete und die Nebenkosten zu hoch. Sie gingen zu *Phénix,* nur um sich zu informieren. Sie dachten nicht, dass sie ihr Haus kaufen könnten. Der *Phénix*-Berater hat alles für sie durchkalkuliert. Mit einem sehr vorteilhaften Baudarlehen mit staatlich festgesetztem Höchstzinssatz war es möglich, Eigentümer zu werden. Sie haben nicht gezögert. ›Jedes Kind bekommt sein Zimmer‹, und Frau B. freut sich schon auf ihre ›hübsche Küche‹. Hören Sie Herrn und Frau B.: ›Von uns aus – Nein zur Miete, das macht Sinn.‹« So erfährt der Leser zwar, wieviel Herr und Frau B. verdienen, aber nicht, wieviel Miete sie zahlen, und ebensowenig, wieviel sie wie lange erstatten müssen, bis sie Eigentümer sind.

Die großen Herstellerfirmen versuchen demnach vor allem, Widerstände und Befürchtungen, die bei ihren am wenigsten bemittelten Kunden auftreten können, zu entschärfen (»Leichter als gedacht werden Sie Eigentümer eines *Grand-Volume*-Hauses«). Sie rühmen ihren Service, ihren Beistand in Finanz-, Rechts-, Behörden- und anderen Angelegenheiten, sie unterstreichen die Garantien, die sie bieten, sie wollen, alles in allem, Vertrauen erwecken.

»Wo immer Ihr Problem liegt – Kredit (neue PAP- und APL-Darlehen*), Grund und Boden (Grundstücksberatungsdienst), Behördenfragen oder anderes –,

* Prêt d'accession à la propriété, Bauspardarlehen mit staatlicher Hilfe; Aide personnalisé de logement, Wohnungsbeihilfe; Anm. d. Hrsg.

unsere Spezialisten dokumentieren alles genau für Sie. So lernen Sie Ihre Möglichkeiten kennen, ein Eigenheim im Sektor Ihrer Wahl zu erwerben« (*Maisons Alkanor,* 1979). Wenn die großen Gesellschaften mitunter dazu neigen, die Kaufsituation ein wenig zu dramatisieren (*GMF*: »Das ist der ernsthafteste Kauf Ihres Lebens« – *Bruno-Petit:* »Wenn man sich entschließt, bauen zu lassen, setzt man etwas von seinem Leben daran«), wollen sie ihre Fähigkeit herausstreichen, für alles Sorge zu tragen, und dazu aufrufen, ihnen das zu überlassen, wofür ihr Ruf bürgt: »Jeder ahnt und fühlt, dass ein Maurerhaus unvergleichlich ist. *Maison Bouygues* bietet Ihnen außerdem alle Vorzüge eines großen Herstellers und beseitigt alle Sorgen um Preise, Garantie und Qualität« (*Maison Bouygues,* 1984). Die »*Phénix*-Charta«, das »*Bruno-Petit*-Gesetz« wie die von *GMF* oder *Maison Bouygues* angebotenen Garantien würden die Kunden schützen, »was auch immer geschehen mag«.

Zwar starten die verschiedenen Hersteller nahezu gleichzeitig Werbekampagnen zu verwandten Themen (»Das persönliche Haus«; »Werden Sie Eigentümer!«), zwar verwenden sie mehr oder minder dieselben Argumente, aber entgegen den Annahmen, die sich daraus ergeben könnten, definieren sich ihre einschlägigen Strategien zum großen Teil in der Konkurrenz mit den anderen Unternehmen.

Man kann z.B. ein Gutteil der von *Maison Bouygues* herangezogenen Argumente nicht begreifen, wenn man außer Acht lässt, dass diese Gesellschaft in ihrem Bemühen, *Maison Phénix* vom ersten Platz zu verdrängen, sich dazu entschlossen hat, Traditionelles in Serie zu produzieren, während *Phénix* bei mehr oder minder »modernistischen« technischen oder finanziellen Argumenten verharrt und doch zugleich beim Produkt wie bei der Werbung Konzessionen an die Nachfrage nach Traditionellem macht: »Seriosität und Kompetenz von *Maison Bouygues* erlauben ihm heute, Eigenheime für jeden anzubieten, auch für jene, deren Finanzmittel bescheiden sind. Ihr *Bouygues*-Haus wird kein Fertighaus [zu verstehen: wie die *Phénix*-Häuser], sondern ein von den besten Arbeitern Ihrer Region gebautes Massivhaus.« (Francis Bouygues, Einleitung zu einer Präsentationsbroschüre der Gesellschaft *Maison Bouygues,* 1984)

Der Vorteil, den die modernsten Unternehmen aus der Anwendung industrieller Leichtbau-Vorfertigungstechniken und dem Einsatz industriell gefertigter Bauteile wie Trennwände oder Fenster- und Türrahmen ziehen, wird aufgewogen, also eingeschränkt, weil sich die Kundschaft für die traditionellen Fertigungsweisen begeistert, die zwar selbst immer stärker den Einsatz industriell gefertigter Elemente einschließen, jedoch ein beruhigendes Bild der Solidität abgeben. Die Prägnanz des Bildes vom gemauerten Haus ist so stark, dass die Hersteller von industriell gefertigten Häusern sämtlich sowohl in der Realität der Häuser als auch in dem Diskurs, der sie zur Geltung bringen soll, auf Tarnstrategien zurückgreifen und die industriellen Komponenten vertuschen müssen. So konnten sie sich nie wirklich dazu entschließen, die Modernität der Materialien, der Verfahren und des Stils ihrer Konstruktionen herauszustellen.

In Wirklichkeit tarnen die Hersteller mit allen Mitteln die industriell gefertigte Innenstruktur durch das Vorsetzen von Fassaden aus Mauerwerk oder Ziegeln mit rein dekorativer Funktion, durch die Hervorhebung der Balken, durch alle möglichen Merkmale eines traditionellen Hauses. Und in der Sprache wird zu demselben Zweck die Rhetorik des »Lokalen«, des »Traditionellen«, des »regionalen Stils« usw. bemüht. Der Wortschatz, den die Gesellschaft *Maison Bouygues* in ihrem Prospekt für den Haustyp *Grand-Volume* (besonders geräumig) verwendet, bietet ein extremes Beispiel für die Strategie, die »modernen« Züge des Hauses zu verdecken. Die Schlagzeile verspricht eine »Kathedrale von Wohnzimmer mit sichtbaren Balken«. Das ist Gegenstand einer langen Beschreibung. Erst danach und diskret werden eher funktionale Aspekte erwähnt: »Aber das ist nicht alles: Die *Grand-Volume*-Häuser von *Maison Bouygues* bieten Ihnen auch eine sehr gute Trennung zwischen ›Tages‹-Trakt und ›Nacht‹-Trakt für besseren täglichen Komfort und eine originellere äußere Ästhetik.« Sehr selten finden sich Unternehmen wie *Cosmos*, deren Wortschatz und Rhetorik ziemlich hiervon abweicht und die den modernen und funktionalen Charakter ihrer Häuser freimütiger zu verkünden scheinen.

Die Lage war in gewisser Hinsicht so lange relativ eindeutig, wie die Verteilung der technischen, an den Industrialisierungsgrad gebundenen Trümpfe unter den Firmen im umgekehrten Verhältnis zur Verteilung der symbolischen Trümpfe variierte, derjenigen also, die vom Grad der Übereinstimmung mit dem Vorbild des Handwerksprodukts und der handwerklichen Produktionsweise abhängen. Diese Art von Gleichgewicht ließ den kleinen Familienunternehmen und Handwerksbetrieben ihre vollen Chancen. Entscheidend gestört wurde das Gleichgewicht durch die organisatorische Innovation, Bauunternehmen zu gründen, die es verstanden, eine Besonderheit ihrer Betriebsorganisation, die massive Vergabe an Subunternehmer oder Franchisenehmer, zum symbolischen Vorteil zu wandeln und derart das Unvereinbare zu vereinen, nämlich die technischen Vorteile der Serienproduktion und die symbolischen Vorteile der handwerklichen Fertigung.

Und daher finden sich ebensoviele große Klassen von Werbestrategien, wie Klassen von Positionen im Raum der Produzenten zu unterscheiden waren. Die Schwierigkeiten, die aus dem Widerspruch zwischen den industriellen Fertigungsverfahren und den Erwartungen der Kundschaft entstehen, offenbaren sich in aller Klarheit in den Werbediskursen und -bildern der örtlich eingeführten mittleren Unternehmen, die Produkte aus einem industriellen Verfahren anbieten. So stützt sich die Werbung für das *Dégut*-Haus im Wesentlichen auf technische Argumente wie die Festigkeit der »tragenden Wandtafeln aus Dreischichten-Sperrholz« (»17 Tonnen Knickfestigkeit einer Tafel von 2,50 Meter Höhe und 1 Meter Breite«), die im Querschnitt dargestellt sind und deren Herstellung ausführlich beschrieben wird, oder auf deren Effizienz in bezug auf Dämmung und Atmung sowie psychologischen und biologischen Komfort (»Das Holzstruktur-Haus von A. Dégut ist gesund, weil es nicht das für das biologische Gleichgewicht des Individuums notwendige kontinuierliche Feld der atmosphärischen Strahlungen zerstört«). Doch andererseits wird sogleich das Prestige des Vornehmen und Alten bemüht, um ein mit Gold- und Bronzemedaillen ausgezeichnetes, patentiertes Verfahren zu rechtfertigen. »Das Verfahren von A. Dégut nimmt Traditionen zum Vorbild (Holztäfelungen der Schlösser), die sich seit 500 Jahren bewährt haben.« Und garantiert wird, dass »der äußere Anblick dank Elastfaser-Außenputz auf Titanbasis rustikal« ist. Die semantische Kollision ist offensichtlich, und das Unternehmen der Anpreisung kann nur noch auf die ferne Zukunft vorgreifen: Dann werde der technologische Vorsprung von heute die »Tradition von morgen« sein.

Derselbe Widerspruch, aber sozusagen roh, ohne Beschönigungen und Verklärung, erscheint in der Werbung der *Maisons Emile Houot,* eines kleinen Familienunternehmens, 1957 gegründet, mit Sitz in Gérardmer, das Siedlungen und Eigenheime in Lothringen und nördlich der Alpen aufführt. Das Bild – das Unternehmen hat keinen eigenen Werbeslogan – zeigt hier unumwunden die Wahrheit des Vorgangs: Das im Werk nach einer industriellen Technologie, dem Houot-Verfahren, hergestellte Haus kommt »direkt vom Werk«; es fällt vom Himmel, fix und fertig, und seine vier Kanten gehen in die üblichen Striche über, die in den Superman-Comicstrips den schnellen Flug ausdrücken. Lauten Beifall (»Bravo, die Houot-Häuser!«) spendet ihm der Familienkreis, samt Hund,

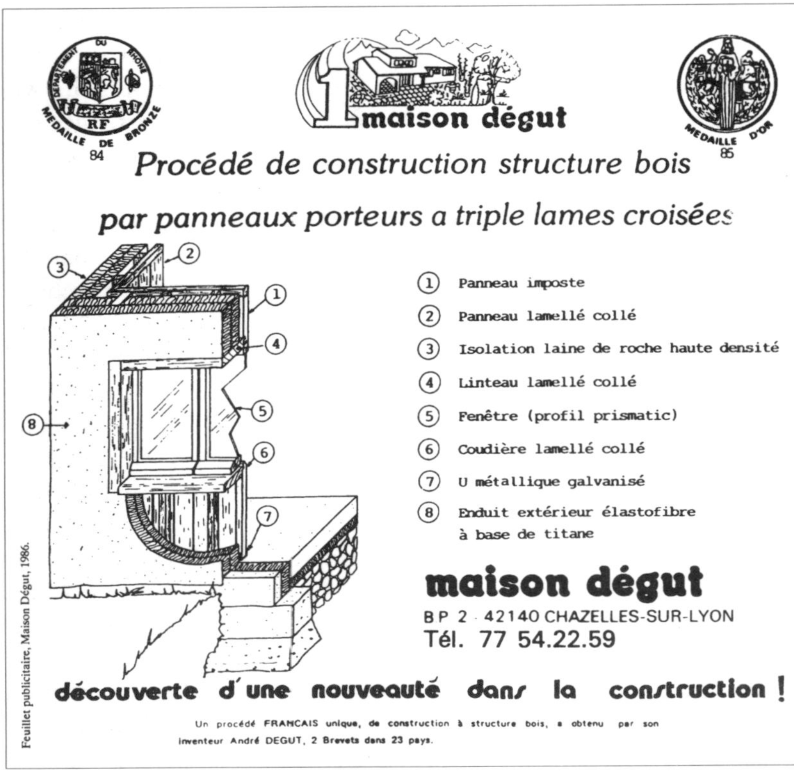

Feuillet publicitaire, Maison Dégut, 1986.

Werbezettel, Maison Dégut, 1986

»Bronzemedaille 84 Goldmedaille 85

Holzstruktur-Bauverfahren mit tragenden Platten aus Dreischicht-Sperrholz

1. Abdeckplatte
2. Sperrholzplatte
3. Hochdichte Mineralwolldämmung
4. Sperrholz-Fenstersturz
5. Fenster (Prismenprofil)
6. Sperrholz-Fensterbrüstung
7. Verzinkter U-Stahl
8. Elastfaser-Außenputz auf Titanbasis

maison dégut

...

Entdeckung einer Neuheit im Baufach!

Ein einzigartiges französisches Holzstruktur-Bauverfahren erwarb durch seinen Erfinder André Dégut 2 Patente in 23 Ländern.«

der es im passenden Dekor eines kleinbürgerlichen »Salons«, jedoch seltsamerweise im Freien, erwartet. Deutlicher lässt er sich gar nicht zeigen, dieser Kontrast zwischen dem industriellen Produkt aus einer anderen Welt, die man erwähnen und zugleich durch die Verklärung verdrängen muss, und der »Familien«seite, die im Vordergrund präsentiert wird, nach ganz konventioneller sozialer Definition: das Ehepaar vereint, der Vater in seinen Sessel gelehnt, eine Zeitung in der Hand, die Mutter in einer Pose wie im Foto-Roman auf der Lehne sitzend, den Arm (gewiss) um seine Schulter geschlungen, die beiden Kinder – ein Junge, stehend, den Arm hochgereckt zu dem Flugobjekt, als Verkünder der Modernität, und ein sitzendes Mädchen – die spiegelbildliche Reproduktion des Elternpaars, von ihm getrennt durch einen niedrigen Tisch und einen Blumenstrauß, wie er in vielen Traditionen den Frühling des neubeginnenden Lebens symbolisiert ... Es ist die ikonographische Konstruktion, die angewandt wird, um das *Wunder* auszudrücken, und wenn man nicht vor der Pedanterie eines Verweises zurückscheut, den manche bei dieser Comicstrip-Kunst unterster Stufe unpassend finden werden, könnte man sich

Werbezettel, Maisons Houot, 1986

»Fantastisch
Die Houot-Häuser direkt vom Werk
Die neuen Houot-Häuser kommen. Für einen besseren Komfort ist ihre Struktur ganz aus Holz. Alle haben ausbaufähige Dachgeschosse. In drei Monaten gefertigt, in einer Woche geliefert. Bravo, die Houot-Häuser!
... Um mehr über diese erstaunlichen Häuser zu erfahren, schicken Sie diesen Gutschein an die obige Adresse.«

Maisons de l'Avenir
des maisons en «Superparpaings»

Votre Maison de l'Avenir,
assise sur des fondations (1)
traditionnelles de maçonnerie,
est construite en "Superparpaings", (2)
spécialement fabriqués dans notre
bétonnerie.
Son enduit extérieur, (3) d'aspect taloché,
bénéficie d'une préparation en sous-face
éliminant les risques de fissures.
Sa charpente en bois massif (4), chevillée à
l'ancienne est réalisée par nos charpentiers
compagnons du Tour de France. Traitée
fongicide et insecticide, elle reçoit,
selon les régions, une toiture en
ardoise (5) ou en tuile.
Toutes ses menuiseries sont soigneusement
fabriquées et assemblées dans nos ateliers
par des compagnons menuisiers :
Portes (6) et fenêtres (7) à double vitrage
sont en bois exotique.
Volets (8) à assemblage par languettes
incorporées avec barre et écharpes sont
en Sapin du Nord de finition "Lasure"
Escalier (9) à quartier tournant avec marches
et contremarches, limon et crémaillères
réalisé selon l'épure traditionnelle
en bois exotique sélectionné.
Cloisons intérieures autoportantes (10),
isolation (11) (laine minérale et polystyrène),
chauffage électrique, électricité, sanitaires,
revêtements de sols, ravalement, sont
réalisés par nos propres équipes et des artisans
sélectionnés et contrôlés par nos soins.

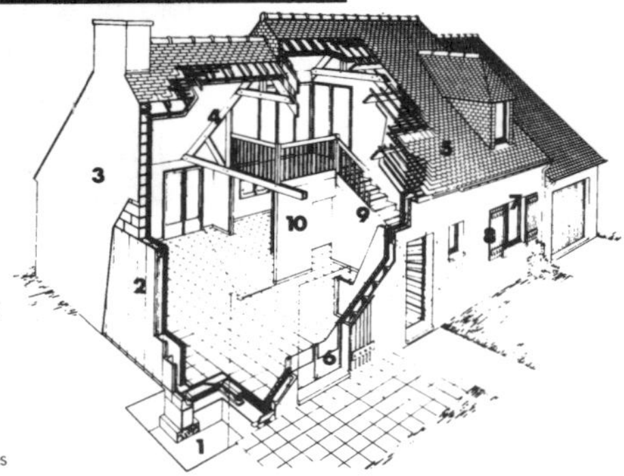

Le superparpaing
est fabriqué en béton armé
dosé à 370 kg de ciment au m³.
"Superparpaing"
est une marque déposée.

Dépliant publicitaire,
Maisons de l'Avenir, 1986.

Werbefaltblatt, Maisons de l'Avenir (dt.: Häuser der Zukunft), 1986

»Maisons de l'Avenir
Häuser aus ›Superparpaings‹
Ihr Haus der Zukunft, auf traditionellen Fundamenten (1) aus Mauerwerk ruhend, wird aus speziell in unserem Betonwerk gefertigten ›Superparpaings‹ (2) errichtet.
Sein Außenputz (3), der wie glatt verstrichen aussieht, wird durch einen Putzträger rissfest gehalten. Sein Dachstuhl aus nach alter Art verzapftem Massivholz wird von unseren Zimmerleuten gefertigt, die zünftig auf die Walz durch Frankreich gegangen sind. Gegen Pilz- und Insektenbefall imprägniert, erhält er je nach Region eine Bedachung aus Schieferplatten (5) oder Dachziegeln.
Sein gesamtes Tischlerwerk wird in unseren Werkstätten sorgfältig von Tischlergesellen angefertigt und zusammengebaut: Türen (6) und doppelt verglaste Fenster (7) sind aus Tropenholz. Die Fensterläden (8) aus Latten mit Nut und Feder, mit Querhölzern und Diagonalstrebe, bestehen aus lasiertem nordischem Fichtenholz. Wendeltreppe (9) mit Trittstufen und Setzstufen, Wangen und Widerlagern nach traditionellem Plan in ausgewähltem Tropenholz ausgeführt. Selbsttragende Innenwände (10), Dämmung (11) aus Mineralwolle und Polystyren, elektrische Heizung, Elektro- und Sanitäranlagen, Fußbodenbeläge und Putz werden von unseren eigenen Kolonnen und durch von uns ausgewählte und kontrollierte Handwerker realisiert.
Der Superparpaing wird aus Stahlbeton mit 370 kg Zement pro m³ gefertigt.
›Superparpaing‹ ist ein eingetragenes Warenzeichen.«

auf Erwin Panofskys Analyse der Heiligen Drei Könige von Rogier Van der Weyden berufen: Das *Houot*-Haus hat beinahe den Platz des von einem goldenen Strahlenkranz umgebenen Kindes, von dem man sofort weiß – da man ja in die Bildwahrnehmung eine räumliche Perspektive hineinsieht –, dass es in der Luft schwebt wie eine Erscheinung.[27]

Werbefaltblatt, Sergeco, 1986

»Ein Haus zum Verlieben
Sergeco – Ihr Haus in der Ile de France«

Der Widerspruch, der seine symbolische Lösung in der vollkommen zweckentsprechend auf die Botschaft der Werbung abgestimmten Rhetorik des Wunders findet, führt oft zu Konfusionen der eigentlichen Intention. Die *Maisons de l'Avenir* (dt.: Häuser der Zukunft), ein regional ausgerichtetes kleines Unternehmen mit Sitz in Rennes, 1967 gegründet und auf stark industrialisierte Fertigung setzend, vermengen zum Beispiel in ihrer Werbung die üblichen Bilder des fertigen Hauses unter Bäumen, das von Kindern bewohnt wird, mit Fotografien von Herstellungsverfahren, die eher auf die Industrie als auf das traditionelle Handwerk verweisen. Das Verfahren selbst, der Sache nach industriell, aber als traditionell ausgegeben, wie der bizarr konstruierte Name »Superparpaing« (Superformstein) anzeigt, wird erst auf der verdeckten Seite des Faltblatts vorgestellt.

Diese Widersprüche und die dadurch hervorgerufenen semantischen Kollisionen im Diskurs verschwinden sämtlich bei denjenigen Unternehmen, die traditionelle Herstellungsverfahren anwenden, ob nun in der Organisation der Serienproduktion per Subunternehmerschaft oder in mehr oder minder modernisierten Formen traditioneller Handwerks-

[27] Siehe E. Panofsky, *Essais d'iconologie. Les thèmes humanistes dans l'art de la Renaissance*, übersetzt von C. Herbette und B. Teyssèdre, Paris, Gallimard, 1967 (1. Auflage 1939), S. 24-25.

arbeit. Ein Unternehmen wie *Sergeco* (Paris, 1962 gegründet), das Eigenheime der »Mittelklasse« anbietet und sie nach traditionellsten Methoden in Maßarbeit mit traditionellen Materialien wie Hohlziegeln, Kupferarmaturen usw. baut, kann problemlos das gesamte symbolische Arsenal des Hauses als Heim mobilisieren: vom Slogan »Unsere Häuser sind für die Dauer geschaffen« bis zum Titelblatt mit der gewiss absichtlich mehrdeutigen Schlagzeile »Ein Haus zum Verlieben«. Dort wird im Kinderbuchstil ein Haus dargestellt, das aus einer Blume hervorkommt, ganz wie die Babys aus den Kohlköpfen.* In vollendeter Harmonie wird zum einen die Fertigung – zwei Maurer beim Hochziehen einer Ziegelmauer – und zum anderen das fertige Haus herangezogen, wobei erstere die »Langlebigkeit« des letzteren zu verbürgen hat, und damit auch das »Wohlbefinden der Familie« und den langfristigen Nutzen ihrer vernünftigen Geldanlage.

In den Werbematerialien für das kleine, 1966 in Marseille gegründete regionale Unternehmen *Maisons Sprint* stört einzig der Name, der auf schnelles Tempo verweist, die begeisterte Anrufung des traditionellsten Bildes vom Haus. Sie bieten zum einen die Garantien, die mit der Vorstellung vom »großen Unternehmen« verbunden sind, d.h.: nicht nur »die Erfahrung« und das rationelle Management mit »Einsatz der Informatik, um die Baustellen zu leiten, den Arbeitseinsatz zu koordinieren, den Einkauf zu optimieren«, sondern auch die »interdisziplinäre« Gemeinschaftsarbeit von Spezialisten, deren Titel wissenschaftlich klingen, »Betoningenieur, Thermiker, Geologe, Vermessungsingenieur«, nicht nur die Mitgliedschaft im Fachverband *UNCMI*** und die Kontrolle durch die *Socotec* (Technische Überwachungsgesellschaft des Bauwesens), sondern auch die Kaution einer Großbank und den Schutz einer großen Versicherungsgruppe. Zum anderen werden alle Garantien geboten, die zur traditionellen Fertigungsweise gehören, vom »echten Kunstgriff« eines »Gesellen«, der beim Einpassen einer Trennwand zu sehen ist, bis zum »raffinierten und harmonischen Finishing«. Die Illustration kann die Handwerker, Maurer, Putzer, Dachdecker, Fliesenleger, und ihre »noblen« Materialien herausstellen, der begleitende Dis-

* So jedenfalls nach den französischen Ammenmärchen; Anm. d. Übers.

** Union Nationale des Constructeurs de Maisons individuelles = nationaler Verband der Hersteller von Eigenheimen; Anm. d. Hrsg.

kurs kann sich auf die Einzigartigkeit des angebotenen Produkts (»pro Jahr bauen wir nur eine begrenzte Anzahl von Häusern«) und seine vollkommene Ausrichtung auf den Geschmack des Kunden berufen (»eine Lebenskunst nach Maß«), und er kann sich zum Lob dieser »von Meisterhand geschaffenen Häuser« ungeniert aus dem Reservoir der talmi-poetischen Stereotype bedienen, das den literarisierenden Diskurs über das Haus speist, »Mysterium«, »Zauber«, »Natur«, »Proportionen«, »Tradition«, »Region«, »Scholle«, »Heim«, »Räume«, »Volumen«, »Patio«, »Mezzanin«, »Pergola«, »Barbecue«, »Außenschornstein«, »Holzbalken«, »Terrakotta«, »römische Dachziegel«, »Seele«, »Kaminecke«, »Geschichte«.

Die Auswirkungen der Wohnungspolitik und der Krise

Die Nachfrage, mit der die Produzenten zu rechnen haben, ist selbst ein soziales Produkt. Sie beruht nicht nur auf den Wahrnehmungs- und Bewertungskategorien, die sozial konstituiert und sozial aufrechterhalten und reaktiviert werden, namentlich durch das Wirken der Werbefachleute und all derer, die in den Frauenzeitungen und den Magazinen für Haus und Wohnen die betreffenden Erwartungen ausgestalten, prägen und verstärken, indem sie ihr Muster ethisch fortgeschrittener Lebensart zum Exempel erheben. Vielmehr verfügen die Hersteller über wirksamere Möglichkeiten zur Gestaltung der Nachfrage als die bloße Werbung, die vorschnelle Analytiker so fasziniert. Die anfänglichen Dispositionen der potentiellen Kunden können durch administrative Maßnahmen mehr oder minder Auftrieb oder Dämpfung erfahren, je nachdem ob die Realisierung erschwert oder dadurch erleichtert wird, dass z.B. bereitgestellte Finanzmittel erlauben, die imaginäre Nachfrage in reale Nachfrage zu transformieren.

Sowohl die Hersteller, namentlich die größten, als auch die Banken, mit denen sie liiert sind, haben die Möglichkeit, Entscheidungen zu beeinflussen, die geeignet sind, die Präferenzen der Akteure zu lenken. Tatsächlich werden wohl nur wenige Märkte so sehr wie der Häusermarkt vom Staat nicht nur kontrolliert, sondern regelrecht *konstruiert*, und zwar ganz besonders durch die Vergabe von Fördermitteln für Privatpersonen. Je nach Umfang und Modalitäten der Vergabe wird dabei diese oder jene Kategorie von Eigentümern – und mithin von Baumeistern – mehr oder weniger begünstigt.

So wurde in den 60er Jahren eine Politik des Sozialliberalismus durchgesetzt, die sich gut dazu eignete, zwei Tendenzen miteinander zu versöhnen: Für die einen bindet nach alter Tradition der Erwerb von Eigenheimen die neuen Besitzer an die bestehende Ordnung, und sie sichern jedem »das individuelle Recht auf Erlangung eines Mindesteigentums« zu, wie Valéry Giscard d'Estaing in *Démocratie française* schreibt. Die andern ziehen zwar manchmal über Politik und Mythologie der »Häuslebauerei« her, bieten aber keinerlei politische Perspektive zur Überwindung der herkömmlichen Alternativen zwischen individuellen und kollektiven, vom nationalen oder lokalen Gemeinwesen gestützten und diffus mit dem Kollektivismus assoziierten Wohnformen.

Der im September 1966 eingerichtete Hypothekenmarkt ermöglichte es den Banken, langfristige Kredite anzubieten und den Eigenbeitrag der Einsteiger zu reduzieren. Er ergänzte die neuen Tätigkeitsfelder von Banken und anderen Finanzinstituten (Einführung des Bausparkontos; Sonderdarlehen des *Crédit foncier* [Boden-Kreditanstalt] mit Rückzahlungsaufschub, 1972 ersetzt durch die Immobiliendarlehen mit staatlich festgelegtem Höchstzinssatz; Ausdehnung der Bank- und CCF*-Kredite auf Mittelfristigkeit; Bauträgerkredite usw.). Dies alles förderte eine massive Finanzierung der Bautätigkeit durch die Banken, und davon profitierten vor allem die wichtigsten Hersteller. Während die Banken 1962 nur 21,7% der Kredite für das Wohnungswesen vergaben, belief sich ihr Anteil 1972 auf 65,1%. Dagegen sank der Anteil des öffentlichen Sektors von 59,7% auf 29,7% und jener der Darlehensgeber außerhalb des Finanzbereichs von 18,5% für 1962 auf 5,2% für 1972.

Die 1945 gegründete, älteste Herstellergesellschaft, *Phénix,* kam erst ab 1960 auf eine Jahresproduktion von bedeutendem Ausmaß (etwa 200 Häuser). Die meisten Hersteller treten in den 60er Jahren erstmals auf, beginnen aber gleich zu Anfang des Jahrzehnts, sich zu organisieren und bei den öffentlichen Gewalten auf eine Politik hinzuwirken, die das Eigenheim favorisiert.

So vereinigt der Generaldirektor der Gesellschaft *Phénix* 1961 einige Unternehmer, die »an die Entwicklung des Eigenheims glauben«, im

* Crédit Commercial de France, französische Kreditbank; Anm. d. Hrsg.

Syndikat der Hersteller von Eigenheimen (*SMI*), des späteren Nationalen Verbandes der Hersteller von Eigenheimen (*UNCMI*). 1962 konstituiert sich mit Unterstützung des *SMI* das Interprofessionelle Komitee des Eigenheims (*CIMINDI*), das alle zur Förderung des Eigenheimbaus beitragenden professionellen Initiativen unterstützen soll. Das *SMI* beteiligt sich an der Ausarbeitung der Berufsregulative, wie des Gesetzes vom 16. Juli 1971, und übt kollektiven Druck insbesondere auf die Bürgermeister aus, statt auf Großsiedlungen zu setzen, eine Politik der Eigenheimförderung zu betreiben. 1968 finden diese Fachleute ihren Verbündeten (oder Sprecher) in der Person des Ministers für Bau- und Wohnungswesen, Albin Chalandon. Dieser setzt sich das Ziel, das 1966 mit der Einführung des Hypothekenmarktes usw. begonnene Disengagement des Staates zu beschleunigen, das Wohnungswesen der Marktlogik anzupassen, den Erwerb von Eigentum zu fördern (durch den Ausbau der Immobilienkredite, die Ausdehnung der Wohnungszuschüsse auf weitere Nutznießergruppen, die Bereitstellung von Bauland für Herstellerfirmen), den Bau von Wohnhochhäusern einzuschränken (Rundschreiben vom 30. November 1972) und den Bau von Eigenheimen zu fördern (namentlich durch den am 31. März 1969 ausgeschriebenen internationalen Eigenheim-Wettbewerb).

Die Bauunternehmen, die Typenhäuser nach Katalog anbieten, entwickeln sich in den 70er Jahren rapide dank der Erleichterungen, die der Kundschaft durch die öffentlichen Kredite und die Ermäßigung der verlangten Anzahlung geboten werden: Während das Bauen nach Kundenauftrag (an ein kleines Unternehmen, an einen Architekten usw.) die Fähigkeit voraussetzt, große Sparguthaben zu bilden, wird bei der Bestellung nach einem Typenkatalog der größtmögliche Anteil per Darlehen gedeckt und die niedrigste persönliche Anzahlung gefordert. Das Gesetz vom 16. Juli 1971, das die Gesamtheit des Immobilien-Gewerbes reorganisiert, erhebt den Eigenheim-Bauvertrag zur Institution. Damit wird den Käufern von Eigenheimen ein Bündel von Garantien gegenüber den Baugesellschaften zugesichert; zugleich erhalten die Banken, die den Herstellern ihre Kaution geben und enge Beziehungen zu den großen Herstellern knüpfen, neue Interventionsmöglichkeiten. Die Kräfteverhältnisse zwischen den industriellen Großunternehmen und den kleinen oder mittleren Unternehmen, die auf demselben Markt koexistieren, sind also abhängig von der »Wohnungspolitik« und insbesondere von den Bestimmungen, nach denen die öffentliche Förderung des Bauens und die Kreditvergabe erfolgen. Mit ihnen fallen lauter Entscheidungen zwischen den Inhabern unterschiedlicher Positionen im Produktionsfeld.

Des weiteren hängen diese Kräfteverhältnisse auch von der ökonomischen Gesamtkonjunktur ab, die sie übrigens ihrer spezifischen Logik zufolge *brechen*. Am deutlichsten zeigt sich der Feldeffekt anlässlich der Krise, die den Eigenheimmarkt etwa in den 80er Jahren trifft. Die industriellen Großunternehmen müssen in ihren Fertigungs- und Marketingstrategien mit der Nachfrage nach »traditionellen« und »persönlich zugeschnittenen« Konstruktionen rechnen, die vermeintlich von den kleinen handwerklichen Produzenten befriedigt wird. Sie selbst aber können ihre Kosten nur per Produktionssteigerung senken, was wiederum die Standardisierung des Produkts verlangt. Sie müssen also ihre Strategien vervielfältigen – die technischen z.B. durch die Diversifizierung der Modelle, die organisatorischen durch den groß angelegten Ausbau einer nach Handwerk aussehenden Fertigung, die symbolischen durch den Rückgriff auf eine Rhetorik des Traditionellen, des Originellen, des Einmaligen –, um die Auswirkungen der Serienproduktion einzuschränken oder zu vertuschen.[28]

Die Krise zwang viele landesweit tätige Unternehmen, ihre Politik integrierter und industrialisierter Produktion aufzugeben, dafür Produktionsstrategien nach Art der ganz oder halb handwerklichen Kleinunternehmen zu übernehmen und zu traditionellen Fertigungsverfahren zurückzukehren. Dazu stützten sie sich auf Subunternehmer.

Die bedeutendsten landesweit tätigen Hersteller, vor allem *Phénix,* wurden zuerst getroffen und mussten größtenteils einen Rückgang ihrer Aktivität hinnehmen. Besonders heftig war der Einbruch im Fall von *Phénix,* das gegen Ende der 70er Jahre mehr als 16.000 Häuser, 1984 jedoch nicht mehr als 8.000, 1985 nur 7.200 und 1986 gar nur 6.200 Häuser herstellte.[29] Zweifellos ist die sehr rasche Neugründung von Unternehmen eines der Hauptmerkmale dieses

[28] Der Konkurrenzdruck, der die Großproduzenten zwingt, den standardisierten Charakter ihrer Produktion abzuschwächen oder zu verschleiern, wirkt sich besonders stark in Zeiten der Marktschrumpfung aus.

[29] Bestimmte kleine und mittlere Hersteller schafften es in demselben Zeitraum, ihre Produktion zu steigern. 1985 traten jedoch auch sie auf der Stelle, während ein kleiner Bruchteil weiter vorankam. Generell haben die kleinen und mittleren Hersteller anscheinend die Krise besser überstanden.

Feldes: Nach einer Erhebung des *UCB (Baukreditunion)*, die im Frühjahr 1983 80% derjenigen Hersteller erfasste, welche 1982 mindestens 20 Häuser begonnen hatten, waren 59% der Herstellerfirmen vor weniger als zehn Jahren, d.h. nach 1976, gegründet worden oder produzierten – was seltener vorkam – 1976 noch weniger als 20 Häuser. Es handelte sich fast durchweg um kleine oder mittlere Unternehmen mit lokaler Reichweite; die bedeutendsten Produzenten waren auch die ältesten (z.B. *Phénix* 1945, *GMF* 1949 gegründet). In einigen Fällen war allerdings ein sehr rascher Aufstieg zu beobachten. So lag *Maison Bouygues*, 1979 gegründet, bereits 1982 an zweiter Stelle auf dem Markt der nach Katalog verkauften Eigenheime. Desgleichen hatten die 1981 gegründeten *Architectes-bâtisseurs* schon 1984 etwa 400 in kleinen Firmen organisierte Architekten vereinen können. Doch noch zahlreicher als die vor allem in den 70er und selbst in den 80er Jahren getätigten Neugründungen waren die Betriebsschließungen und Konkurse. So ging laut der *UCB*-Erhebung die Zahl der Hersteller von 1.100 in 1976 auf nur noch 800 in 1982 zurück. Nach einer Periode starker Expansion – die Zahl der begonnenen Häuser war von 107.000 in 1962 auf 281.000 in 1979 gestiegen – ging der Eigenheimbau ab 1980 sehr stark zurück; 1985 wurden nur noch 192.000 Häuser begonnen. Zweifellos setzte dieser Rückgang verzögert ein und war auch nicht so stark ausgeprägt wie beim Bau von Mietshäusern.[30]

Die Krise hat das Kräfteverhältnis zugunsten der kleinen Unternehmen verändert. »Die kleinen und mittleren Hersteller haben die Situation genutzt, um die in ihre Gebiete eingedrungenen Großen auszustechen. Die Klein- und Mittelunternehmen, die der Kundschaft näher stehen und mit deren Erwartungen vertraut sind, haben in den letzten Jahren ihre geballte Verkaufskraft eingesetzt und zumeist in der tiefsten Krise achtbare Ergebnisse erzielt. 1984 realisierten z.B. *Vercelleto* in Mamers 350 begonnene Neubauten (gegenüber 250 für 1983), *Cleverte* in Lyon 226 (gegenüber 158), *Maison Chapel* in Brignoles 107 (gegenüber 60), *Maisons Lachambault* in Tours 50 (gegenüber 22). Dieser Aufschub war anscheinend von kurzer Dauer, denn 1985 treten generell auch die kleinen und mittleren Hersteller auf der Stelle; viele zeigen sogar eine merklich rückläufige Aktivität. Außerdem hatten die Großen ihre Lehren

[30] 1979, auf dem Höhepunkt der Anzahl fertiggestellter Eigenheime, war die Zahl der gebauten Wohnungen bereits binnen vier Jahren um fast 50% gesunken. Der nachfolgende Rückgang bei den Eigenheimen war langsamer. Danach zeigt sich ab 1985 eine merkliche Zunahme im Mietshausbau, während der Eigenheimbau weiter zurückgeht (C. Taffin, »L'accession à tout prix«, *Economie et statistique*, 202, September 1987). Laut der *UCB*-Erhebung bei 220 Herstellern mit je mindestens 20 begonnenen Häusern pro Jahr soll der Auftragseingang bei Eigenheimen jedoch im zweiten Halbjahr 1986 wieder zugenommen haben.

aus dem Kampf gezogen und machten seit Jahresbeginn eine Kehrtwendung; ihre Strategie kopiert jetzt diejenige der Klein- und Mittelunternehmen.«[31] Um den Kampf gegen die kleinen und mittleren Hersteller durchzustehen, reorganisieren sich die großen Hersteller, geben sich durch die Gründung von regionalen Tochterfirmen oder besondere Formen von Subunternehmerschaft ähnliche Strukturen wie die Klein- und Mittelunternehmen und versuchen, näher an die Verbraucher und deren Erwartungen heranzukommen. So verteilt *Bruno-Petit* seine Marken *Bruno-Petit* und *Chalet Idéal* auf selbständigere Klein- und Mittelunternehmen und tritt deren neuen Geschäftsführern einen Minderheitsanteil am Kapital ab. Auch *Maison Phénix* richtet kleinere Strukturen in den verschiedenen Regionen ein. Diese innere Diversifizierung der großen Unternehmen geht mit einer starken Tendenz zur Konzentration einher: 1982 errichten 5% der Hersteller jeweils mehr als 250 Häuser im Jahr, haben aber einen Marktanteil von 50% an den von allen Herstellern gebauten Häusern, und die landesweit tätigen Hersteller, nur 1% ihrer Gesamtzahl, erreichen allein einen Marktanteil von 33%.

Manche der sehr großen Unternehmen versuchen, die Standardisierung der Produktion und die persönlichere Aufmachung des Produkts durch technische und kommerzielle Strategien miteinander zu vereinbaren, mit dem Ziel, einmalige Kombinationen von mehr oder minder standardisierten Elementen, einen ganzen Fächer von Fertigungsmethoden (die wirksamste Innovation bestand darin, durch Subunternehmerschaft traditionelle Fertigung im Massenmaßstab zu organisieren: das »Maurerhaus«) und eine ganze Skala von Lieferungsarten anzubieten (schlüsselfertig lieferbare Häuser; ausbaufähige Häuser; Bausätze zur Selbstmontage usw.). So zitierte Claude Pux, seinerzeit Präsident der Nationalunion der Eigenheimhersteller (*UNCMI*), 1984 eine Erhebung, die bei 34 Herstellern 985 Modelle verzeichnete und sagte voraus, dass diese Zahl noch weiter steigen werde.[32] Manche Hersteller verzichten auf ihren Ka-

[31] »La maison individuelle se personnalise«, *Le moniteur des travaux publics et du bâtiment,* 2. Mai 1986, S. 30-34; siehe auch »Des constructeurs sur mesure«, *Le moniteur des travaux publics et du bâtiment,* 30. April 1987, S. I-XVIII.

[32] »Kommen wir jetzt zur Frage nach der Anzahl der Modelle, bei der ich auch verweilen möchte, denn das Stichwort ›Modell‹ wurde unter der Form der Baureihe verstanden. Ich möchte Ihnen sagen, dass wir zur Vertiefung dieser vom *Moniteur,* vom *CIMINDI* und den Eigenheimherstellern begonnenen Arbeit eine weit gründlichere Arbeit betreiben, die eine weit längere Erhebung verlangt, und dass diese Erhebung in den 34 untersuchten Katalogen (ich spreche von 34 Herstellern) 985 Modelle erkennen läßt. Soeben hörte ich einen der Hersteller von mehr als hundert Modellen allein bei seiner Gesellschaft reden; wir haben bei der ersten Zu-

talog und bieten nur noch persönlich aufgemachte Häuser an. Der *Moniteur des travaux publics et du bâtiment* vom 2. Mai 1986 bringt folgende Überschriften: »Das Eigenheim wird persönlicher. Die landesweit tätigen Hersteller haben ein neues Schlachtross gefunden: ›die persönlich zugeschnittenen Projekte‹. Ein Gegenangriff auf die kleinen und mittleren Hersteller, der die eigene Regionalisierung begleitet«. Und 1987 erläutert der für den Werbeetat der *Maisons Phénix* zuständige Leiter die neue Vertriebsstrategie in einem Gespräch: »Vor ein paar Jahren verkauften alle Hersteller Häuser nach Katalog. Alle Vertriebsinstrumente haben sich verändert. Man kann nicht mehr so verkaufen. Die Leute wollen jetzt ein persönlich auf sie zugeschnittenes Haus. Wenn Sie die Leute in einen Katalog einsperren, haben sie den Eindruck, unter vorgeschlagenen Häusern wählen zu müssen. Dagegen kämpft man nun an, man will, dass jemand das Gefühl hat, wirklich sein Haus zu bauen und vollständig das zu wählen, was er will. Erster Schritt: Die Häuser haben bei *Phénix* keinen Namen mehr. Das ging vor einem Jahr los. Jeder Verkäufer bekommt Hausansichten (Fotos), die er den Kunden zeigen kann, Häuser, die er realisiert hat oder die realisiert werden können. Es wird keinen Katalog mehr geben. Es wird ein Dossier ›Bauvorhaben‹ geben. Man wird ihnen Karteiblätter mit Hausansichten ohne Namen präsentieren, das wird z.B. das Haus mit ausbaufähigem Dach sein, vielleicht mit einem Planvorschlag, der sich abändern lässt. Man wird für jeden Kunden ein Dossier ›Bauvorhaben‹ zusammenstellen. Man wird ihm anfangs nichts aufzwingen. Das ist eine Arbeit, die ziemlich nahe bei der des Architekten liegt. Man muss auf die Motivation der Leute eingehen, sie wollen wählen. Alle Hersteller schlagen sich um das persönlich zugeschnittene Haus, sie sind sich klar, dass die Nachfrage sich verändert hat.«

Diese Diversifizierung schließt nicht aus, dass die Produkte eines Unternehmens offenkundig standardisiert[33] und diejenigen von Unterneh-

---

sammenkunft Zahlenangaben gehört, die noch erheblicher sind als die aus der Erhebung hervorgehenden Zahlen. Wenn man von Modellfamilien redet, hat man offensichtlich 2, 3, 4, 5, 6 Baureihen, aber wenn man von Modellen redet, ist es ganz anders. Sobald die Buchung wirklich die Adaptationen erfaßt, die bei jedem Modell vorgenommen werden, sind das Tausende, Zehntausende, vielleicht Hunderttausende von Lösungen. Obwohl wir Wiederholbarkeit wünschen, um die Kosten zu senken, erscheint uns diese Mannigfaltigkeit als Notwendigkeit, wenn wir dem Baumeister und dem Kunden ein Endprodukt anbieten wollen, das nicht industriell ist. Das ist sehr wichtig für morgen, die Bewegung hat für uns begonnen, und ich glaube, wenn diese Erhebung angefangen hat, sie zu zeigen, so war das vielleicht noch nicht genug.« (Claude Pux, Rede auf der Tagung des *CIMINDI*, Oktober 1984.)

[33] Man braucht nur zu hören, wie der Architekt eines kleinen Herstellerunternehmens von dessen letztem Katalog spricht: »Es gab darin 14 neue Modelle, die ich zwischen Dezember und März komplett mit Planskizzen und perspektivischen Ansichten herausbringen mußte. Die ersten zwei oder drei ließen sich gut machen, aber danach kamen Wiederholungen. Man muss versuchen, unterschiedliche Dekors, unterschiedliche Farben zu finden (...). Man muss diversifizieren.«

men mit benachbarten Positionen im Feld gleichförmig sind.[34] Resultiert der erste Effekt direkt aus der technischen Notwendigkeit, die Kosten zu senken, so scheint der zweite mindestens zum Teil aus der Konkurrenz zu folgen, da die größten Unternehmen ihren Kunden Produkte anbieten, die mit den erfolgreichsten Erzeugnissen der unmittelbaren Konkurrenten rivalisieren können. (Hier spielen die Kunden selbst zweifellos eine Hauptrolle im Informationsfluss, wenn sie das, was sie bei dem einen Hersteller erfahren haben, dazu nutzen wollen, um die anderen auf die Probe zu stellen, und so die Verkäufer von den Verkaufsargumenten der Konkurrenten unterrichten.) Dass die konkurrierenden Unternehmen einander in ihrem Kampf unaufhörlich belauern, ja ausspionieren oder auch Leiter oder Verkäufer abwerben, womit ein Transfer des in diesen verkörperten technischen Kapitals stattfindet,[35] trägt zweifellos dazu bei, dass nahezu gleichzeitig ähnliche Modelle bei Gesellschaften mit benachbarten Positionen erscheinen, wie bei dem Absteiger *Phénix* und dem Aufsteiger *Bouygues:* So kam etwa das *Grand-Volume*-Haus, das bei seinem Start 1984 für *Bouygues* ein Schlager wurde, ganz kurz vor dem *Spacio*-Haus heraus, mit dem *Phénix* zur selben Zeit einen enormen Einbruch erlitt.[36] Im Großen und Ganzen kann man sagen, dass die Krise die traditionellste Nachfrage auf technischem und ästhetischem Gebiet hat triumphieren lassen: Formsteine für die Mauern, industriell gefertigte Gauben im Dachstuhl, Holz für die außen sicht-

[34] Deutlich sagt das eine Verkäuferin einer Baugesellschaft: »Im Vergleich zu den Konkurrenten ist das Jacke wie Hose (...). Man hat dieselben Unternehmen, man verwendet dieselben Materialien, und dann versucht man, Extras zu bieten ... « (Verkäuferin, *Kaufman and Broad*).

[35] Eine kaufmännische Sekretärin der Gesellschaft *Bouygues,* die nach neun Jahren Arbeit bei *Phénix* von ihrem zu *Bouygues* übergewechselten ehemaligen Vertriebsleiter dorthin nachgeholt wurde, erläutert: »*Bouygues* ist ein bisschen von meinem ehemaligen Regionalchef bei *Phénix* gestartet worden (...). Der Regionaldirektor von *Bouygues* hat *Phénix* verlassen. Er hat also *Maison Bouygues Ile-de-France* gestartet, was sehr gut gelaufen ist, und er hat einige Kollegen, mit denen er gut zusammenarbeitete, mitgenommen.« Sie erwähnt dann, dass mehrere Verkäufer von *Phénix,* die sie kannte, zu *Bouygues* gegangen sind.

[36] Die Gesellschaft *Breguet-Construction* wurde Ende 1973 verurteilt, weil sie die Modelle der amerikanischen Gesellschaft *Kaufman and Broad* kopiert hatte. Sie hatte sich auf billige Art zahlreiche Modelle zugelegt, die *Kaufman and Broad* vorher lange getestet hatte (siehe P. Madelin, *Dossier I comme immobilier, a.a.O.*, S. 226; der Autor nennt viele weitere Beispiele von Prozessen, von abgeworbenen Kadern und plagiierten Modellen).

baren Tischlerarbeiten (mit den sehr teuren und sehr empfindlichen, mehrfach unterteilten Fenstern im Ile-de-France-Stil).

Um die von der Krise herbeigeführte Neuverteilung der Trümpfe besser zu begreifen, muss man auch berücksichtigen, dass sich das Schrumpfen des Marktes wiederum in einem *Schrumpfen der sozialen Streuung* der Kundschaft äußert. Die größten industriellen Unternehmen, insbesondere *Phénix,* das den Markt beherrschte, hatten eine Politik der Massenproduktion betrieben, um die Kosten durch die Standardisierung des Produkts und die Absatzsteigerung durch die Eroberung der am wenigsten bemittelten sozialen Gruppen zu senken (die landesweit tätigen Großproduzenten, die einen erheblichen Anteil am Eigenheimbau hatten, bauten vor allem Häuschen mit vier bis sechs Räumen auf 50 bis 120 Quadratmetern Wohnfläche, ebenerdig und ohne Keller, während die regionalen Hersteller geräumigere Häuser mit fünf bis acht Räumen und 110 bis 210m² zu höheren Quadratmeterpreisen anboten).[37] Man begreift, dass eine Schwächung der Nachfrage der am wenigsten zahlungsfähigen Gruppen zuerst die größten Unternehmen trifft und den regionalen Herstellern, die sich immer an eine wohlhabendere Kundschaft gewandt haben, wieder Vorteile verschafft. Die auf die »Unterklasse« spezialisierten Hersteller (*Maison Phénix, Maison Mondial Pratic*) versuchen nun, besser gestellte Kundenkreise zu gewinnen. Umgekehrt können nun bedeutende Gesellschaften, die vor allem für eine wohlhabende Kundschaft produzierten, ihre Position nur halten, indem sie ihre Tätigkeit aufgliedern. So müssen sich *Kaufman and Broad,* die eigentlich auf die Errichtung von »Dörfern« für Leitungskräfte und Ingenieure spezialisiert sind, auf den Bau von Wohnungen, Büros und Residenzen für Ruheständler werfen, und die *Société des constructions modernes Lagarrigue,* die 1982 noch für eine eher wohlhabende Kundschaft baute, bietet, um die Auswirkungen der Krise und des Rück-

[37] Anhand einer Analyse der Bauanträge an die Gemeindeverwaltung von Taverny im Département Val-d'Oise lässt sich der Vorrang der kleinen und mittleren örtlichen Unternehmen unmittelbar belegen. Von den 32 im Jahr 1984 und den 30 im Jahr 1985 gestellten Bauanträgen für Eigenheime (die weniger als 20% der Anträge aller Art, auf Genehmigungen für Mietshaus- und Ladenbauten, Abrisse usw., ausmachten) entfällt nur ein geringer Anteil, weniger als 25%, auf landesweit tätige Hersteller (*Phénix, Bâti-Service, Maison Bouygues,* die *Nouveaux Constructeurs* und *Alskanor*).

gangs ihrer Geschäftstätigkeit aufzufangen, weniger teure Häuser für eine anspruchslosere Kundschaft an (mit der *Record*-Reihe, deren Anfangspreis 1986 bei 221.000 Franc für 73m² Wohnfläche lag).

Die Strategien des Unternehmens als Feld

Hier müsste man jetzt die Ebene wechseln. Um umfassender Rechenschaft vom Kräfteverhältnis zwischen den Unternehmen und von seiner Evolution in der Zeit, d.h. von ihren Strategien zu seiner Transformation oder Konservierung und ihrer Wirksamkeit abzulegen, wäre vom Gesamtfeld der Unternehmen zu jedem einzelnen Unternehmen als relativ autonomer, selbst als Feld funktionierender Einheit überzugehen. Das Unternehmen ist keine einheitliche, homogene, organische Einheit, die von einem rationellen Subjekt wie »dem Unternehmer« oder »dem Management« repräsentiert werden könnte; es ist nicht auf eine einzige und vereinheitlichte objektive Funktion ausgerichtet. Es ist in Organisationen unterteilt, die hauptsächlich auf die Produktion, die Forschung, den Vertrieb, die Finanzierung usw. abzielen, und bildet ein Gefüge von Akteuren, deren spezifische Interessen jeweils an eine dieser Organisationen und Funktionen gebunden sind und die aus vielen Gründen miteinander in Konflikt geraten können, insbesondere wenn es um die Entscheidungsbefugnis über die Orientierungen des Unternehmens geht. Die Strategien des Unternehmens werden durch zahllose Entscheidungen determiniert, kleine, große, gewöhnliche, außergewöhnliche. Diese sind in jedem Fall Produkt der Beziehung zwischen Interessen und Dispositionen, die mit den Positionen in den Kräfteverhältnissen und dem Durchsetzungsvermögen im Hinblick auf diese Interessen und Dispositionen zusammenhängen, die wiederum vom Gewicht der jeweiligen Agenten in der Struktur abhängen. Das heißt, dass das »Subjekt« dessen, was man manchmal die »Politik des Unternehmens« nennt, nichts anderes ist als das Feld des Unternehmens oder, genauer gesagt, die Struktur des Kräfteverhältnisses zwischen den verschiedenen dazugehörenden Akteuren bzw. zumindest zwischen denen, die in der Struktur das größte Gewicht haben. Fallstudien, die sich der Entstehung einer Entscheidung widmen, bleiben solange nahezu sinnlos, wie sie an den sichtbaren Bekundungen der Machtausübung – den Diskursen, den Interaktionen – kleben, die Struktur der Kräfteverhältnisse zwischen den um die Entscheidungsbefugnis kämpfenden Institutionen und (oft als »Zünfte« organisierten) Akteuren übersehen und sich der Mühe entheben, die Dispositionen und Interessen der verschiedenen Leiter sowie die Trümpfe zu analysieren, die sie ausspielen können.

Die Strategien der Leiter, die im Kräftefeld eines Unternehmens im Konkurrenzkampf stehen, und die Zukunftsvisionen, Prognosen, Projekte oder Pläne, die sie durchsetzen wollen und die immer etwas mit ihrem Bestreben zu tun haben, die eigene Position durch die Beibehaltung oder Entwicklung der mit ihren Interessen verbundenen Aktivitäten zu halten oder zu verbessern, sind daher namentlich abhängig von Volumen und Struktur ihres Kapitals – eher ökonomischer Art (Aktien usw.) oder eher aus der Schulbildung stammend – und auf dieser Ebene insbesondere von der Art ihres schulischen Kapitals sowie von ihrer – selbst mit den vorigen Eigenschaften verbundenen – Stellung im Unternehmen (Finanzdirektor, Vertriebsdirektor, Produktionsingenieur usw.). Nun ist in den größten und am stärksten bürokratisierten Gesellschaften die Orientierung auf diese oder jene Hauptfunktion des Unternehmens im finanziellen, kommerziellen, technischen Bereich eng an die Art des schulischen Kapitals, das jemand besitzt, und damit auch an soziale und schulische Werdegänge gebunden, die spezifische Dispositionen herausbilden. Wenn man das weiß, begreift man auch, dass die Kämpfe, die bei gewöhnlichen und außergewöhnlichen Entscheidungen und ganz besonders bei Nachfolgekrisen in den Führungsteams stattfinden, weitgehend dem Streben der verschiedenen »Zünfte« (Berg- oder Brücken- und Straßenbauingenieure, Finanzinspektoren, Absolventen der Handelshochschule usw.) nach Erhaltung oder Verbesserung ihrer Position durch Wahrung oder Wandlung des Gleichgewichts zwischen den Funktionen, an denen ihre Interessen hängen, geschuldet sind.

Um die Strategien der um die Herrschaft auf dem Eigenheimmarkt kämpfenden Unternehmen, insbesondere der größten unter ihnen – wie *Maisons Bouygues* und *Maison Phénix* – zu begreifen, müsste man demnach imstande sein, die gesamte Sozialgeschichte der Veränderung der Kräfteverhältnisse zwischen den verschiedenen Kategorien von Führungskräften zu rekonstruieren. Genauer gesagt: Um z.B. erfassen zu können, aus welchen Gründen oder Ursachen das Unternehmen *Maison Phénix,* selbst als es schon kriselte wie ein immer weiter abdriftendes Schiff, noch die Richtung hielt, die ihm sein Gründer gewiesen hatte, müsste man die Entwicklungsgeschichte der Struktur der Verhältnisse zwischen den Führungskräften, die aufgrund ihrer Dispositionen und Interessen eher für ein Kurshalten oder im Gegenteil für einen Kurswechsel des Unternehmens kämpfen, rekonstruieren (und dies bedeutet, dass in diesem Fall, aber zweifellos auch ganz generell, die Akteure, die im Unternehmen die Macht haben, dessen »Interessen« preisgeben können, um ihre eigenen Interessen innerhalb des Unternehmens zu wahren).

Maison Phénix, das anfangs als kleine Ingenieursfirma hauptsächlich für die *Electricité de France* tätig gewesen war, nahm einen raschen Aufschwung und befand sich Ende der 60er Jahre quasi in einer Monopolstellung auf dem Markt des Eigenheimbaus. Sein Niedergang wird zwar erst ab 1980 sichtbar, aber Vorzeichen finden sich bereits Mitte der 70er Jahre, als *Maison Phénix* eine Nachfolgekrise durchstehen muss, weil André Pux in den Ruhestand tritt. Er besaß die Legitimität und Autorität des Firmengründers (»Wenn er sagte: ›Ihr macht die Häuser weiter so wie bisher, ihr ändert nichts‹, dann wagten die Leute nicht, etwas zu sagen. Oder: ›Verdient erstmal Geld, dann dürft ihr reden.‹ Er hatte die Autorität, um das zu sagen.«). Als er ausscheidet, nehmen die Finanzgruppen unverzüglich das Kapital unter ihre Kontrolle. Der neue Generaldirektor Roger Pagezy ist Bergingenieur und Repräsentant der großen Gruppe *Pont-à-Mousson.* Claude Pux, der Sohn des Gründers, hat zwar seit 1965 den Vertriebsbereich der Gesellschaft aufgebaut, besitzt aber weder einen prestigeträchtigen Hochschulabschluss noch, wie es scheint, Rückhalt bei seinem Vater. Er will sich auf die regionalen Filialen stützen, um sich gegenüber dem neuen Generaldirektor durchzusetzen. Wurde aber die Autonomie dieser Tochterfirmen zunächst gefördert (49% ihres Kapitals waren an ihre Generaldirektoren verkauft worden, während 49% weiter von der Muttergesellschaft und 2% von Claude Pux gehalten wurden), so schwindet sie in der Folgezeit (Ablösung der Präsidenten der regionalen Filialen, Rückkauf ihres Kapitals durch die Gruppe 1982). Die Auswirkungen der Nachfolgekrise wiegen um so schwerer, als diese in dem Moment eintritt, wo sich die Konkurrenten entwickeln, erheblich in die Werbung investieren und zunehmend an Boden gewinnen.

Ausscheiden des Gründers, Nachfolgekrise, Konflikte zwischen Zentrale und regionalen Filialen, Zunahme der Konkurrenz, allgemeiner Rückgang der Aktivität in der Branche seit 1980 – solche u.a. Faktoren lassen das Vertrauen zum Unternehmen, zum Wert seiner Produkte schwinden. Der Fehlschlag, den *Phénix* mit seinem Modell »Spatio« zu eben der Zeit erleidet, als das Modell »Grand-Volume« von *Bouygues,* obwohl technisch und finanziell sehr ähnlich, sehr großen Erfolg hat, ist untrennbar verbunden mit dem gesamten Universum der Beziehungen innerhalb des Unternehmens (bei dem sich Mitte der 80er Jahre die Gewerkschaften gemeldet haben): Während der »Geist des Hauses« bei *Phénix* einem starken Verfall ausgesetzt war und die »demoralisierten« Verkäufer nicht mehr an ihr Produkt zu glauben schienen, hielten die unter straffer Kontrolle stehenden Verkäufer bei *Bouygues* (»Man tritt Ihnen mehr in die Hacken«, sagte eine Überläuferin von *Phénix*), fester zu ihrem Unternehmen, waren aggressiver und effizienter. In den Vertriebsstrategien (der Entscheidung für das Traditionelle, das »Maurerhaus«, bei *Bouygues* im Gegensatz zur verschämten Moderne bei *Phénix*) und den Dispositionen derer, die sie auszuführen haben, wie insbesondere der Verkäufer, wird die gesamte Sozialpolitik des Unternehmens einschließlich der Beziehungen zwischen den Bereichen Vertrieb, Werbung, Forschung usw. praktisch aktualisiert – mit den bekannten praktischen Folgen.

Der Nachfolgekrise folgen dann noch mehrere andere, und *Phénix* trudelt unaufhörlich von einer Reorganisation zur nächsten, von einer Schwierigkeit in die andere. 1979 tritt *Saint-Gobain-Pont-à-Mousson* 45% seiner Beteiligung am Gesellschaftskapital an mehrere Investoren ab, hauptsächlich an die *Compagnie générale des eaux,* was Veränderungen im Führungsteam nach sich zieht. 1984-1985: erneute Reorganisation. *Maison Phénix* erlebt zahlreiche Fehlschläge, besonders bei seinen Versuchen zur Erweiterung oder zum Erwerb von Gesellschaften im Ausland, und muss schließlich ganz darauf verzichten. Alle spezifischen Trümpfe, die ihm eine beherrschende Position im Feld verschafft hatten, das technische Kapital (das relativ wirtschaftliche Herstellungsverfahren, die frühere Erfolgsgrundlage, die jetzt durch die Konkurrenten disqualifiziert worden ist, usw.), aber auch das symbolische Kapital, das innerhalb wie außerhalb des Unternehmens die Autorität und Legitimität des Gründers, der stark entwickelte Unternehmensgeist und der Glaube an das Produkt darstellten, haben nach und nach ihre Kraft verloren, und niemand verstand und vermochte die neuen Trümpfe zu finden, geschweige denn durchzusetzen, die eine Umstellung der Produktionsweise und eine Umwälzung der Hierarchie der verschiedenen Funktionen und Bereiche des Unternehmens – namentlich von Technik und Vertrieb – ermöglicht hätten.

Die Gesamtheit der Bauunternehmen funktioniert somit wie ein Kräftefeld und ein Kampffeld: Die verschiedenen Unternehmen, die in objektiven Beziehungen antagonistischer Komplementarität stehen, müssen, um ihre Position in der Struktur zu halten oder zu verbessern, Strategien entfalten, die wiederum davon abhängen, welche Position ihnen ihre Trümpfe sichern. Es besteht Homologie zwischen dem Raum der Unternehmen (oder ihrer Akteure, von den Führungskräften bis zu den Verkäufern), dem Raum der angebotenen Häuser, dem Raum der von den Werbemitteln nahegelegten Vorstellungen und dem Raum der Hauskäufer. So erfolgt die Anpassung von Angebot und Nachfrage zum Teil gewissermaßen automatisch, weil die am wenigsten bemittelten Käufer sowohl von den Schranken ihres Budgets als auch von den Vorlieben ihres Geschmacks zu den Gesellschaften gelenkt werden, welche die (vor allem ästhetisch) dürftigsten Produkte anbieten, während sich die anderen »spontan« denjenigen Unternehmen zuwenden, deren Positionen im Raum der Hausproduzenten homolog zu ihren eigenen Positionen im sozialen Raum sind, d.h. denjenigen Produzenten und Produkten, die ihren Geschmack, ihren Sinn für Komfort, Tradition, Originalität, kurz, für Vornehmheit, am besten treffen.[38] Die Übereinstimmung zwischen den sozialen Merkmalen der Unternehmen, den sozialen Merkmalen der Verkäufer (die Gesellschaften, die Häuser der sogenannten Unterklasse für die am schlechtesten gestellte Kundschaft – Arbeiter, Angestellte – anbieten, haben die Verkäufer mit den niedrigsten Abschlüssen) und den sozialen Merkmalen der Käufer liegt einer ganzen Reihe von halbbewussten strategischen Wirkungen zugrunde, so auch der Neigung der Verkäufer, ihre Interessen mit denen ihrer Kunden zu identifizieren oder sich selbst als Bürge für die Transaktion aufzuführen.

[38] Eine der Vermittlungen, die für Übereinstimmung zwischen der Position der Unternehmen im Produktionsfeld und Inhalt und Form ihrer Werbebotschaft sorgen, besteht darin, dass die Werbestrategien eng mit der sozialen Qualität der Kundschaft zusammenhängen, die wiederum oft mit der Position der Gesellschaft in jenem Feld zusammenhängt. Unternehmen, die vorzugsweise für Ingenieure und Leitungskräfte bestimmte »Dörfer« anlegen, präsentieren ihre Häuser ein wenig in der Art einer Modekollektion oder jener Luxusobjekte, die *Connaissance des arts* anpreist. Erfahrung, Tradition, Originalität, Prestige des Namens werden ins Treffen geführt: »Die Früchte der Erfahrung, *Abricot* [Aprikose], *Cerise* [Kirsche] oder *Golden* [Apfelsorte] – die neuen Häuser von *Kaufman and Broad* tragen zu Recht ihre Namen. Inmitten von Obstgärten gelegen, sind sie die Früchte einer langen Tradition, jener der gut gebauten und komfortablen Häuser. *Abricot,* das größte (7 Räume, 212m²), ist ideal für eine große Familie; *Cerise* (7 Räume) ist originell mit seinem Spiel der Volumina und Ebenen; *Golden* zählt 5 sämtlich ebenerdig gelegene Räume. Mit nur 44 Häusern, jedes in seinem Garten, ist Les Clos d'Aigremont das jüngste der *Kaufman-and-Broad*-Dörfer im Westen von Paris, 7 km von Saint-Germain-en-Laye und 3 km von Chambourcy (A 13, Anschlussstelle Poissy).« (Anzeige in einer Wochenzeitung, 1979.) Die Texte können länger sein, wollen aber nicht zu aufdringlich wirken; sie streichen die Nähe zu Paris, den aus dieser Nähe folgenden »künftigen Wertzuwachs« des Hauses, das Raumangebot heraus: »*Breguet* baut nur geräumige Häuser (...). Sie sind für das Familienleben wie auch für Empfänge konzipiert: sehr große Wohnzimmer von 30 bis 65 m², große Küche, Eltern›suite‹ wie ein selbständiges Appartement ausgelegt.« Nur mit einem beiläufigen Satz werden die Krediterleichterungen erwähnt: »Und denken Sie daran, dass (noch) außergewöhnliche Kreditbedingungen (neue Baudarlehen mit staatlich festgelegtem Höchstzinssatz) Ihnen den Kauf erleichtern werden.«

Eine Marke setzt sich durch

Das Unternehmen *Maison Bouygues* wird am 5. Februar 1979 gegründet. Schon nach zehn Jahren besetzt es den ersten Platz auf dem Eigenheimmarkt. Es entwickelt sich äußerst schnell: Von drei gelieferten Häusern und 31 Millionen Franc Umsatz 1979 auf 3.500 gelieferte Häuser und 1.200 Millionen Franc Umsatz 1987.

Während dieser ganzen Zeit stützt eine relativ einfache, aber in sich stimmige Werbestrategie, von der Agentur *Synergie* konzipiert, den außerordentlichen Vertriebserfolg.

In den ersten Jahren des Bestehens von *Maison Bouygues* zielt die Werbung darauf, Bekanntheit und Marken-Image durchzusetzen. So prägt schon die allererste Anzeige, im Februar 1979 beim Start in der Region Nord-Picardie geschaltet, das Logo, die hellrote Farbe und den Slogan »Massivhaus« ein. Man sieht bereits, wie sich links vom Logo eine Silhouette abhebt (als Strichzeichnung in Schwarzweiß), der Maurer, in lässiger Haltung stehend, einen Fuß auf zwei aufgestapelte Formsteine gesetzt. Diese Anzeige betont zugleich die Spezifika eines »traditionellen« Produkts – im Gegensatz zu den

»Nord-Picardie: Februar 1979
Maison Bouygues bietet Ihnen von Maurern gebaute Häuser für den Preis einer Miete.«

»industriellen« Häusern der Hauptkonkurrenten, wie namentlich *Phénix* – und bekundet deutlich die eigene »Positionierung« auf dem Markt als Produzent der »unteren Mittelklasse«.

1980-1981 wird die Person des Maurers immer gewichtiger: Es handelt sich jetzt um einen echten »Gaston« und nicht mehr um eine Silhouette; er bekommt Farbe und wächst bis zum First des Logos; die Person ist sympathisch und vertrauenerweckend. Der Slogan »Massivhaus« behauptet sich, er schließt alle anderen Botschaften ein. Die endgültige Formel ist gefunden: rotes Logo, Slogan, Maurer, weißer Text auf königsblauem Grund werden die bleibenden Erkennungszeichen der Marke.

1980 rechtfertigt die Eröffnung einer siebenten Filiale das Schalten von Anzeigen in der Magazinpresse (*Télé 7 jours, Match, Parents, Maison individuelle*).

Jeden Lebensabschnitt des Unternehmens begleitet eine passende »Medienstrategie«: 1981 Gründung einer neunten Filiale (*Maison Bouygues* deckt über 75% des Territoriums ab) und Rundfunkkampagnen; 1982 erstmals Milliardenumsatz, Eröffnung der dreizehnten Filiale und landesweite Plakatwerbung für *Maison Bouygues*.

1983 soll das neue Thema »Die Jungverheirateten« einen wichtigen Teil der Kundschaft ansprechen, die jungen Haushalte. Der

»Kostenloser Voranschlag für den Bau eines Massivhauses«

»Ein gemauertes Haus.
Ja, das können Sie.«

»Entdecken Sie die neuen
›Imagination‹-Häuser
Ein gemauertes Haus, 100% vorteilhaft.«

Maurer ist verschwunden, seine Haltung wird von dem jungen Ehemann übernommen, der Slogan bleibt, aber die Betonung liegt jetzt auf der Zugänglichkeit.

1984 ist die Marke gut eingeführt, und das Unternehmen nimmt den zweiten Rang auf dem Eigenheimmarkt ein. Nachdem *Maison Bouygues* fünf Jahre darauf verwendet hat, Bekanntheit und Marken-Image auszubauen, wird jetzt in das Produkt investiert und eine neue Modellreihe gestartet: das Großraum-Haus.

Die Werbestrategie wechselt: Mit der »Kathedrale von Wohnzimmer« und dem Mezzanin soll der Verbraucher zum Träumen gebracht werden. Mit dem Schwung des »Grand-Volume« geht es dann 1985 in das Jahr der »Imagination«; so heißt ein Modell. Diese

»Zum neuen Schuljahr.
Werbefernsehen:
Startschuss am 10. September!«

Kampagne verwendet vorwiegend Fotos von Interieurs, aber die landesweite Plakatwerbung präsentiert weiterhin den Maurer, jetzt in Nahaufnahme, immer größer, die Kelle in der Hand und den Daumen erhoben. Das Unternehmen strebt zügig nach dem Platz des Marktführers.

Mit der Öffnung des Fernsehens für den Eigenheimsektor und dem Aufkauf des Senders TF1 durch Bouygues konzentriert sich die Aktivität des Vertriebsbereichs auf den Bildschirm. In der audiovisuellen Werbung gewinnt *Maison Bouygues,* obwohl es weniger als halb soviel investiert wie *Phénix,* 1986 die Oberhand beim Fernsehpublikum. Dafür sorgt der Film »Der

»Ich steh' auf OM im Fußball 87/88«

Freund der Familie«, der sehr auf das Produkt orientiert (eingehende Besichtigung eines Hauses) und stark mit der Marke identifiziert (»Gaston« sitzend mit der Familie, wohl als ihr Freund, Logo, Musik ...). Der Aufkauf von TF1 bringt natürlich gleich eine starke Werbepräsenz in diesem Sender. Kreiert wird ein von TF1 und *Télé-Star* veranstalteter Wettbewerb. Dieser feste Platz im Fernsehen wird 1986 erweitert durch das Sponsoring für Bernard Tapies Fußballclub »OM«. Dessen Spiele werden in Sondersendungen und in den Nachrichten gezeigt. Auf den Trikots der Marseiller Spieler ist das orangerote Logo von weitem zu sehen und in Nahaufnahmen ausgezeichnet lesbar.

1987, nunmehr als Nummer Eins bei Eigenheimen in Frankreich, überträgt *Maison Bouygues* seine Werbung der berühmten Agentur *RSCG,* Roux, Ségéla, Cayzac und Goudard.

Anhänge

(1) Erhebung über die Erhebung

Eine lange Suche bei den verschiedenen Diensten, die Statistiken über die Hersteller von Eigenheimen produzieren oder besitzen können, hat letzten Endes gezeigt: Dieses Universum besitzt zwar durchaus ökonomische Realität, und diese wird durch die Anerkennung seitens der Presse effektiv bekräftigt (besonders durch die »Bestenliste« im *Moniteur,* der die Hersteller große Bedeutung beimessen), aber es hat keine statistische Existenz, wenigstens nicht in der staatlichen Bürokratie. Einen Sektor »Eigenheim« gibt es weder beim *INSEE* noch bei den Diensten der Ministerien für Wohnungswesen oder für Soziales und Beschäftigung. Nach einer Aufstellung, die der Bereich Wirtschaftsdatenauswertung des *INSEE* anhand der Datei »*SIRENE*« für uns angefertigt hat, beläuft sich die Anzahl der in den vier einschlägigen Sektoren (Massivbau aus Mauerwerk und Stahlbeton, Hausbau, Bauherrenmodelle, Architektenbüros) erfassten Unternehmen mit mehr als 20 Beschäftigten auf 5.757. Die (vertraulichen) Daten aus der Erhebung über die »Beschäftigungsstruktur«, die jedes Jahr vom Studien- und Statistikdienst (*SES*) des Ministeriums für Soziales und Beschäftigung durchgeführt und vom *INSEE* analysiert wird, würden ihren vollen Sinn erst dann ergeben, wenn sie mit den Angaben aus der Datei »Tätigkeit der Hoch- und Tiefbauunternehmen« kumuliert werden könnten; letztere beruht auf der Erhebung, die unter Federführung des Ministeriums für Bau- und Wohnungswesen, Raumordnung und Verkehr (*MELATT*) bei den Hoch- und Tiefbauunternehmen (d.h. bei 10.000 Unternehmen mit mehr als 20 Beschäftigten und einer Stichprobe der Unternehmen mit weniger als 20 Beschäftigten) angestellt wird. In der Tat ließen sich nur anhand dieser Erhebung alle mit der Subunternehmerschaft verbundenen Erscheinungen erfassen (wie die jährlichen Schwankungen in Volumen und Struktur der verschiedenen Beschäftigtengruppen, die sich in der Erhebung »Beschäftigungsstruktur« abzeichnen). Aber – neue Quelle von Schwierigkeiten – die Taxinomien der Erhebungen weichen voneinander ab; drei Viertel der Bauträger und alle Franchisegeber fehlen in der Datei und müssen aus der vom *INSEE* verwalteten Datei »Dienstleistungsunternehmen« herausgesucht werden, wo Bauträger mit Friseuren usw. zusammengestellt sind. Die jährliche Erhebung des *INSEE* über die Dienstleistungsunternehmen erfasst in der Rubrik »Bauträger« 1.480 Unternehmen (unter insgesamt 9.241 Dienstleistungsunternehmen), davon 155 mit mehr als 20 und 1.325 mit weniger als 20 Beschäftigten; das bedeutet, dass sie einen erheblichen Teil der Bauträger übergeht, deren Gesamtzahl bei etwa 3.000 liegt. Um die Daten für die in der Studie behandelten Unternehmen einzusehen, hat man dem einschlägigen Tätigkeitscode zu folgen; dem *APE*-Code, der auf drei Quellen zurückgeht: auf die Jahrbücher der Nationalunion der Eigenheimhersteller (*UNCMI*) und der Nationalen Föderation der Bauträger und Hersteller (*FNPC*), auf die Mitteilungen der Unternehmen und auf direkte Erkundigungen bei den Unternehmen. Man entdeckt dann, dass die Bauunternehmen zwar vor allem in den Sektoren »Produkte der industrialisierten Bauweise« (Code 55.50), »Massivbau aus Mauerwerk und Stahlbeton« (Code 55.60) und »Bauträgerschaft« (Code 79.01) zu finden sind, aber auch in etwa zehn andere Sektoren eingestuft sein können (wobei man nicht weiß, ob die Einstufung auf die Statistiker des *INSEE* zurückgeht oder auf das Unternehmen selbst – wie man annehmen könnte, wenn *Maison Bouygues* unter Code 77.05 fungiert, der Schlüsselzahl für die besonders prestigeträchtige Kategorie »Architektenbüro«). Außerdem sind viele Hersteller in der einen oder der anderen Datei nicht aufgeführt oder in Dateien hineingerutscht, in die sie nicht gehören. Alles in allem belegt die Verteilung der Datensammlung auf diverse Dienste, Dateien und Analytiker, die jede systematische Suche äußerst schwierig, wenn nicht unmöglich macht, dass die verschiedenen staatlichen Stellen, die sich nach unterschiedlichen Aspekten der Bauunternehmen erkundigen wollen, als Institutionen keinen Anlass sehen, eine statistische Gesamtheit namens »Feld der Eigenheimproduzenten« oder dergleichen als solche zu bilden, obwohl das einer der sozialen Orte ist, wo die staatliche Politik in Wohnungsfragen bestimmt und verwirklicht wird.

(2) Die Art des Hausbaus (neue Eigentümer)*

	Alles selbst gebaut	*Nach eigener od. fachmänn. Planung*	*Haus nach Katalog*	*vom Bauträger*	*Summe*
Landwirte	4,2	75,8	18,3	1,7	100
Angelernte Arbeiter	8,4	31,8	48,1	1,7	100
Facharbeiter	9,4	34,9	43,6	12,1	100
Werkmeister	12,5	36,8	35,9	14,8	100
Arbeiter im Ruhestand	9,1	55,5	29,2	6,3	100
Handwerker	25,5	49,3	19,7	5,4	100
Händler	10,6	56,0	24,0	9,5	100
Handwerker, Händler i.R.	9,9	52,7	27,9	9,4	100
Polizisten, Militärs	3,6	35,7	38,8	21,9	100
Angestellte Handel	5,1	36,1	49,9	8,9	100
Angestellte Verwaltung/ Unternehmen	3,2	33,2	46,1	17,6	100
Angestellte öffentlicher Sektor	4,8	36,5	38,3	20,4	100
Angestellte i.R.	3,3	60,0	34,9	1,8	100
Mittlere Leitungskräfte Unternehmen	3,2	40,7	38,6	17,4	100
Mittlere Leitungskräfte öffentlicher Sektor	1,5	27,3	48,4	22,8	100
Techniker	6,2	41,7	34,1	18,0	100
Grundschullehrer	4,3	52,8	26,9	16,1	100
Mittlere Leitungskräfte i.R.	4,1	48,0	43,0	5,0	100
Firmenchefs	18,1	49,5	21,6	10,8	100
Leiter Privatsektor	0,9	47,7	33,1	18,3	100
Ingenieure	5,8	39,3	32,9	*21,9*	100
Leiter öffentlicher Sektor	1,3	40,0	38,8	19,9	100
Professoren (Oberstufen- und Hochschullehrer)	8,0	47,8	25,9	18,3	100
Freie Berufe	–	*75,1*	19,0	5,9	100
Leiter im Ruhestand	2,3	*72,2*	22,7	2,8	100
Gesamt	*7,6*	*42,0*	*37,1*	*13,2*	*100*

* Nicht einbezogen wurden »die Nicht Dazugehörenden«, d.h. die Haushalte, die nicht Ersteigentümer ihres Hauses sind. – Quelle: *INSEE*-Erhebung, 1984. Tabelle auf unsere Bitte hin angefertigt.

Der Interviewer gab den Hauseigentümern eine Karteikarte mit folgenden Sätzen:

1. Sie haben Ihre Wohnung vollständig selbst gebaut.

2. Sie haben einen Unternehmer oder Handwerker bauen lassen und den Plan Ihres Hauses selbst erstellt oder von einem Vermesser bzw. Architekten erstellen lassen.

– Sie haben ein Hausmodell aus dem Katalog einer Gesellschaft (eines Eigenheimherstellers, eines Konstruktionsbüros usw.) ausgewählt und dieses Haus bauen lassen:

3. auf einem Grundstück, das Ihnen gehörte oder das Sie gekauft haben, ohne sich an die Herstellerfirma Ihres Hauses zu wenden;

4. auf einem Einzelgrundstück, das Ihnen die Herstellerfirma vorgeschlagen oder zu finden geholfen hat;

5. auf einem Grundstück in einer Siedlung, die Ihnen die Herstellerfirma vorgeschlagen oder zu finden geholfen hat.

6. Sie haben eine Wohnung (Appartement oder Haus) bei einem Bauträger (einer Gesellschaft, einem Konstruktionsbüro, einer Kooperative usw.) gekauft, der die Initiative zu Standortwahl und Bau ergriffen hatte, ehe Sie sich an ihn wandten.

Pierre Bourdieu
unter Mitarbeit von Salah Bouhedja und Claire Givry

Ein Vertrag unter Zwang

Kaum eine andere verbale Interaktion als die zwischen Käufern und Verkäufern von Häusern vermag besser daran zu erinnern, dass die Wahrheit der Interaktion nicht in der Interaktion selbst liegt und dass all jene, die sich, wie die Verteidiger der »Diskursanalyse«, der Illusion der Selbstgenügsamkeit des Gegebenen hingeben, sich damit dazu verurteilen, das Wesentliche außer Acht zu lassen. In der Tat nämlich verführen diese Interaktionen selbst die bedächtigsten Geister dazu, keine anderen Realitäten zu erkennen und anzuerkennen als diejenigen, auf die man mit dem Finger zeigen kann, und liefern gerade nicht die objektiven Beziehungen, die sie begründen und die sie möglich machen, gerade weil sie sich in Erscheinungen verbergen, die sich als solche vergessen machen.[1]

Kaum etwas von dem, was die Ökonomie des Hauses ausmacht, was in den hier wiedergegebenen Dialogen nicht im Spiel wäre: angefangen bei den Verwaltungsbestimmungen oder den gesetzlichen Maßnahmen, die die Politik des Immobilienkredits lenken, über die Konkurrenz

[1] Bizarrerweise neigen die Soziologen dazu, den Einfluss zu ignorieren, den die technischen und organisatorischen Veränderungen auf ihre Praxis haben. Es ist nämlich schwierig, zum Beispiel die außerordentliche Verstärkung nicht wahrzunehmen, die das Aufkommen von Tonbandgerät und Videorecorder für eine Sichtweise gehabt hat, die man phänomenistisch nennen muss (selbst wenn sie sich oft heutzutage mit theoretischen Rechtfertigungen tarnt, die der Phänomenologie entliehen sind) und die, in der wissenschaftlichen Welt immer präsent, manche Forscher dazu bringt, sich so an das Gegebene zu halten, wie es sich gibt, d.h. an Verhaltensweisen und Diskurse, die als ihr augenscheinlicher Wert genommen werden. Mit diesen Äußerungen, die es wert sind, aufgenommen, gefilmt und öffentlich gezeigt zu werden, haben die Anhänger der sogenannten »qualitativen« Methode ihre geheiligten *data* gefunden, die sie den statistischen Tabellen der Verteidiger der sogenannten »quantitativen« Tradition, die heutzutage vorherrscht, entgegenstellen können, in völliger Übereinstimmung mit diesen in der positivistischen Epistemologie der Unterwerfung unter das »Gegebene«.

zwischen den Herstellern und den Banken, die jene unterstützen, bis hin zu den objektiven Beziehungen zwischen den regionalen oder städtischen Instanzen und den unterschiedlichen Verwaltungsbehörden, die damit befasst sind, den Bauvorschriften Geltung zu verschaffen: Dies können wir beobachten sowohl im ersten Gespräch zwischen einem Besucher der Ausstellung des Einfamilienhauses von 1985, Herrn S., und einem Verkäufer als auch im zweiten Gespräch aus derselben Zeit zwischen einem Verkäufer und einem Paar (Herrn und Frau F.), das mit zwei seiner Kinder an einem Sonntagnachmittag nach Florélites gekommen war, um ein Haus auszuwählen. Die nach Person, Situation und Zeitpunkt einzigartige Interaktion ist letztlich nichts anderes als die konjunkturelle Aktualisierung der objektiven Beziehung zwischen der Finanzmacht der Bank, verkörpert in einem Angestellten, der diese taktvoll einbringen soll (um zu verhindern, dass der Kunde, der keine andere Freiheit als die Flucht hat, erschrickt), und einem Kunden, der durch eine gewisse Kaufkraft definiert ist und in zweiter Linie durch eine gewisse Macht, diese zur Geltung zu bringen. Diese ist mit seinem kulturellen Kapital verknüpft, was wiederum sehr stark von seiner Kaufkraft abhängt.

Nachdem wir mehrmals das stereotype Drehbuch beobachtet hatten, nach dem sich der Austausch abspielte, d.h. der Vorgang, an dessen Ende sich das Kräfteverhältnis, das ursprünglich den potentiellen Käufer zu begünstigen schien, mehr und mehr umkehrte, um sich allmählich in ein Verhör zu verwandeln, wurde ein Forscher gebeten, sich, versehen mit jeweils gleichbleibenden Kennzeichen (denen des ersten tatsächlich beobachteten Kunden), den Verkäufern verschiedener Herstellerfirmen vorzustellen.[2] Wir hatten übrigens von den Beteiligten die Erlaubnis

[2] Um die Beziehungen zwischen den Verkäufern und den Kunden zu studieren, haben wir systematische Beobachtungen gemacht über die Art und Weise, wie die Verkäufer eingerichtet waren, wie sie sich dargestellt haben, den Kunden »belämmerten«, dies vor allem in den Ständen von Phénix, Sergéco, Bouygues, Manor, GMF, Cosmos, Espace, Kiteco, Clair Logis in der Ausstellung des Einfamilienhauses im Palais des congrès in Paris und im »Ausstellungsdorf« von Florélites Nord. Überdies haben wir Dialoge zwischen Verkäufern und Käufern und Kauftransaktionen mit verstecktem Mikrophon aufgenommen, wo wir uns wie potentielle Käufer verhalten haben. Außerdem haben wir eine Reihe von Tiefeninterviews mit Verkäufern, Sekretärinnen, Verantwortlichen für Verkaufslehrgänge bei den großen nationalen Herstellerfirmen geführt, und wir haben von einem Hersteller Hinweise über den Kenntnisstand der Verkäufer erhalten können.

Herr S.

In der Ausstellung über das Einfamilienhaus läuft Herr S., ersichtlich auf der Suche nach einem Haus, durch die Gänge, stellt an einem Stand Fragen, nimmt sich in einem anderen Unterlagen, nähert sich schließlich dem Stand C. Sobald er dort auftaucht, kommt ein jugendlich aussehender Mann in korrektem Anzug auf ihn zu und fragt ihn, ob er eine Beratung möchte. Nach seiner Bestätigung bittet er ihn, ihm zu folgen und lässt ihn in einer etwas abseits gelegenen Box Platz nehmen, setzt sich dann ihm gegenüber.

Verkäufer: Wissen Sie schon in etwa, worauf Sie *ein Anrecht* haben? Wir sollten uns, sagen wir mal, zuerst einmal kennenlernen, um in etwa zu sehen, was Sie wünschen. Dann kann ich Ihnen eine kleine Materialsammlung darüber zusammenstellen.

Es beginnt also ein straffes Verhör über den Ort der Wohnung, Zahl und Alter der Kinder, den Status – Mieter oder Eigentümer –, die Höhe der Miete (»Ein bisschen mehr als das und Sie sind Besitzer«), den Arbeitsort und den Beruf der beiden Eheleute, welche Verkehrsmittel sie besitzen, ihren persönlichen Eigenbeitrag, die Zahl der gewünschten Zimmer, die Fläche und den gewünschten Ort. Der Besucher bescheidet sich damit, jede Frage bestmöglich zu beantworten.

»Hören Sie, ich kann Ihnen sagen, Sie werden fünf Personen sein, die in diesem Haus wohnen werden, tja, für fünf Personen brauchen Sie ... 80 ... Moment, damit ich keinen Blödsinn rede ... 88 oder 99 m², sowas in der Art ... (sucht in seinen Unterlagen und liest vor) fünf Personen = 88 m² *Minimum, um Anrecht auf ein Darlehen zu haben* ... (Er nimmt seinen Taschenrechner, fragt nach dem Einkommen des Ehepaares und folgert) »Also 13.000 im Monat, davon können Sie bis zu 33% als Rückzahlung nehmen; *das ist es, was die Banken zulassen*, d.h. (er benutzt seinen Rechner) ... Sie können 4.290 FF zurückzahlen. *An welche Rückzahlungssumme haben Sie gedacht?*

Besucher: Naja, auf jeden Fall ... ich, also, ich habe beschlossen, ein Haus zu haben, *ich bin zu Opfern bereit.*

Verkäufer: Gut, ich schreibe Ihnen jetzt alles genau auf.

Er nimmt ein Formular, stellt noch einmal alle schon einmal gestellten Fragen, schreibt diesmal alles auf und erklärt dann dem Besucher, dass zwei Darlehensmöglichkeiten existieren, das PAP-Darlehen* oder das Bausparkassendarlehen, was er auf eine obskure und konfuse Weise und zugleich voller Autorität präsentiert: »Also,

* PAP: Prêt d'accession à la propriété, staatliches Darlehen zum Erwerb von Wohneigentum; Anm. d. Übers.

erhalten, einige dieser Unterhaltungen mit dem Tonbandgerät aufzunehmen. So konnten wir feststellen, dass sich die Sondierungsarbeit zu den vergleichbaren Vorzügen verschiedener Hausmodelle von unterschiedlichen Herstellern, mit der der Kunde versucht, die Verkäufer und über sie die Hersteller zueinander in Konkurrenz zu setzen, aufgrund der technischen und vor allem finanziellen Zwänge mehr oder weniger schnell in eine Ermittlung der durch den Käufer gebotenen Sicherheiten verwandelt, wobei diese von dem Hausverkäufer durchgeführt wird, der auch ein Kreditverkäufer ist. Und die Unterhaltung, zunächst dazu bestimmt, den Verkäufer zu prüfen, endet fast immer in einer Art Lektion über ökonomischen Realismus, in deren Verlauf der Kunde, unterstützt und ermutigt durch den Verkäufer, daran geht, das Niveau seiner Erwartungen dem Niveau seiner Möglichkeiten anzunähern, um sich so dazu zu bringen, das Urteil des Tribunals der Ökonomie zu akzeptieren, d.h. das wirkliche, oft weit vom erträumten entfernte Haus, das ihm gemäß guter ökonomischer Logik zusteht.

Der Austausch geht nach einer Struktur mit drei Zeitabschnitten vonstatten, die man, mit bestimmten Abweichungen, in allen beobachteten Fällen vorfinden kann. Was variiert, ist jeweils die Schnelligkeit – und Brutalität –, mit der der Verkäufer der Transaktion seine Handschrift aufdrückt, und, allgemein, das Tempo der Verwandlung, in der der Verkäufer das Heft in die Hand nimmt, manchmal unverzüglich, manchmal allmählich, aber auch die Bemühungen des Kunden, die Initiative zurückzugewinnen, die mehr oder weniger von Erfolg gekrönt sind, also mehr oder weniger lange Zeit durchgehalten werden können. Der Verkäufer ist der Agent der ökonomischen Notwendigkeit. Doch diese Notwendigkeit kann er auf eine sanfte und allmähliche oder umgekehrt auf eine schnelle und brutale Weise durchsetzen. Wie in allen Situationen mit im voraus feststehender Abfolge von Handlungen, sei es aufgrund von Traditionsprinzipien – beispielsweise beim rituellen Austausch von Geschenken, Worten etc. –, sei es aufgrund der Zwänge einer externen Notwendigkeit, besteht der einzige Spiel- und Freiheitsraum bei Zeit und Tempo. Hier muss der Verkäufer, strategisch klug, der Notwendigkeit Geltung verschaffen, indem er vermeidet, sie allzu brutal spürbar werden zu lassen, d.h. indem er bestimmte Formen einhält. Daher die Bedeutung der Zeit, die er sich nimmt, um die Verhandlung zu einem guten Ende zu bringen, und die notwendig ist, um dem Kunich werde es Ihnen erklären. Das PAP-Darlehen, wenn Sie so wollen, ist ein staatlich unterstütztes Darlehen, zu einem Zinssatz, der am Anfang sehr günstig ist, was aber niemals die gesamte Operation finanziert. Das heißt, dass zu diesem PAP-Darlehen ein zusätzliches Bankdarlehen kommen müsste, das das PAP-Darlehen komplettieren würde. Sie haben jetzt eine andere Möglichkeit, nämlich ein Darlehen mit einem staatlich festgelegten Höchstzins, das am Anfang etwas teurer ist, aber über zwanzig Jahre auf dasselbe herausläuft wie ein PAP mit einer Ergänzung. Also das PAP, das ist die Bodenkreditanstalt, der PAP-Ergänzungskredit, das ist Ihre Bank oder eine Finanzierungsgesellschaft oder sogar auch die Bodenkreditanstalt, die den geben kann ..., eh .. das Darlehen mit staatlich festgelegter Zinsobergrenze, das ist eine Finanzierungsgesellschaft oder Ihre Bank«. *Besucher*: »Und wer kümmert sich darum? ... Und Sie, kümmern Sie sich um nichts? Bin ich es, der all die Anträge stellen muss?«

Der Verkäufer gerät nun in Fahrt mit der Sequenz *Man-kümmert-sich-um-Sie-von-A-bis-Z*, die zum strategischen Arsenal aller Verkäufer gehört und explizit in allen Verkaufsschulungen unterrichtet wird. »Wir, wenn Sie wollen, wir kümmern uns um alles. Sie müssen nur die Papiere lesen und sie unterschreiben. Das ist alles. Man wird sich von A bis Z um Sie kümmern.« Und ohne dem Besucher auch nur die Zeit zum Atemholen zu lassen, wechselt er über zur Präsentation des Herstellers und stimmt die zweite Pflichtübung an, *Wir-sind-in-Frankreich-die-Ersten-für:* »Ich muss Ihnen mal einen Überblick geben ... (...) Wir waren die Ersten, die das Gütezeichen für Isolierung hatten ... Wir sind die Ersten bei der Herstellung öffentlicher Bauten und bei der Herstellung von Hochhäusern und Mietshäusern (...) An Einfamilienhäusern machen wir etwa 3.500 Häuser im Jahr ... in ganz Frankreich. Da sind wir nicht die Ersten, weil die Ersten, das ist eine Gesellschaft, die sich nur um Einfamilienhäuser kümmert. Wir machen noch viele andere Sachen. Also können wir nicht die Ersten sein. Aber wir sind die Zweiten.« Und er endet, indem er die zu erwartende Frage des Kunden vorwegnimmt:»Also, wie unsere Häuser gebaut sind? Wenn Sie so wollen, die Mauern sind aus Betonplatten, die ein Meter vierzig mal siebzig Zentimeter groß und acht Zentimeter dick sind. Warum? Weil wir nicht mit Mauersteinen bauen wollen. Wir gehen davon aus, dass Stein kein solides Material ist. Sie werden kein ..., aber auch *gar kein* großes Gebäude sehen, das aus Steinen errichtet ist. Alles ist aus armiertem Beton. Warum? Es gibt einen Grund dafür. Es ist *solider.*« Der Besucher hört nur zu.

den zu ermöglichen, nach und nach die Kluft zwischen seinen Erwartungen und seinen Möglichkeiten zu schließen.

Die Beschreibung der Tätigkeit der Verkäufer, die ein Verkaufsverantwortlicher für Bouygues-Häuser gibt, bestätigt vollkommen unsere Beobachtungen und bietet zugleich einige Elemente für eine Stellenbeschreibung, die die Verhaltensweisen erklären helfen: »Es gab Leute, die es akzeptierten, Tritte in den Hintern einzustecken, sich einfach so, ganz schnell, an einer Tischecke empfangen zu lassen. Man sortierte die Guten und die Nichtguten nach je einer Seite, die, die Geld hatten und die, die keines hatten, und die anderen liefen so rum, das hatte keine Bedeutung. So hat sich das abgespielt, das ist keine Karikatur. Man hat immer so gearbeitet, auch heute wird es noch so gemacht. Überzeugen Sie sich selbst, gehen Sie in die Häuserausstellungen in den Dörfern, Sie werden feststellen, dass Sie kommen, Sie, mit Fragen, die Sie zu stellen haben, weil Sie sich erkundigen wollen. Der Verkäufer dreht alles völlig um. Er ist es, der Ihnen sagt: ›Setzen Sie sich, wieviel verdienst Du, wieviele Kinder hast Du‹. Zack, um sofort in zwei Minuten 30 Sekunden zu sehen, ob Sie die Mittel haben oder nicht. (...) Man muss wissen, dass bei Einfamilienhäusern diese Haltung der Verkäufer ziemlich häufig ist und in etwa dem entspricht, was heißt: Seht mal, es gibt eine Menge Leute, ich kann nicht jeden empfangen, also muss man zuerst sehen, ob sie das nötige Kleingeld haben.«

Nach einem mehr oder weniger langen Vorgeplänkel übernimmt im Allgemeinen der Verkäufer die Leitung des Geschäfts und setzt sich, vor allem mit dem Verhör wegen der Garantien, als eine quasi-bürokratische Instanz ein, die als Richter über das finanzielle Leistungsvermögen des Kunden agiert, seine Rechte und seine Möglichkeiten. In manchen Fällen geht sie so weit, sich schlicht und einfach an dessen Stelle zu setzen und sich dessen Entscheidungsmacht zu bemächtigen; dies dank der rhetorischen Strategien der »Verzweideutigung«, die versuchen, ein Unterfangen der Enteignung als umfassende Sorge erscheinen zu lassen, und die den Paternalismus des Experten, der fähig ist, für das Glück des Kunden besser als dieser selbst zu sorgen, mit der Identifikation des alter ego vermengen, dem es ein Leichtes ist, sich in die Lage des Interessenten zu versetzen und seine Angelegenheiten so in die Hand zu nehmen, »wie er es für sich selbst tun würde.« So sieht man ihn folgendermaßen rasch entscheiden: »Man macht ein PAP-Darlehen* über 20 Jahre und ein ergänzendes Darlehen.« Diese Verwendung des *man*, das den

* PAP: Prêt d'accession à la propriété; Bauspardarlehen; Anm. d. Übers.

Zweiter Anlauf: Der Besucher ergreift allmählich die Initiative, anlässlich der technischen Vorstellung des Produkts. Der Verkäufer, der eine eher technische Information über die Häuser, die er vertritt, entwickeln möchte, sieht sich gezwungen, Schlag auf Schlag die praktischeren Fragen zu beantworten, die ihm der Besucher bei diesem Anlass stellt: »Ist es innen gut isoliert?«; »Wieviele Fenster gibt es pro Zimmer?«; »Und die elektrische Heizung?«; »Gibt es einen freien Raum für Rohrleitungen?«; »Auf dem Boden, ist das Linoleum?«; »Gibt es eine Zuzahlung dafür, Sie haben mir für ... nicht den Preis genannt«; »Und die Küche, ist sie eingerichtet oder nicht?«; »Im Badezimmer, kann man dort Schränke aufstellen?«

Durch die Fragen des Besuchers etwas aus der Fassung gebracht, gibt der Verkäufer Antworten, die er immer wieder durch Versuche unterbricht, die Gesprächshoheit wiederzugewinnen (»Nun kommen wir dazu, wie unsere Häuser gebaut sind«), und beginnt eine sehr technische Beschreibung, der der sichtlich überforderte Besucher kaum Aufmerksamkeit schenkt. »Die Isolierung? Aber unsere äußere Isolierung reicht aus«; »Ob wir keinen freien Platz für Rohrleitungen haben? Weil freier Platz für Rohrleitungen, das ist eine Wertsteigerung für das Haus«; »Ich gebe Ihnen diesen Ratschlag, mein Herr ... *Beunruhigen Sie sich nicht«;* »Die Küche ist nicht eingerichtet, aber es liegen alle Anschlüsse für den Kühlschrank, die Gefriertruhe, die Waschmaschine, es gibt alles, alles ist vorbereitet. Das heißt, Sie müssen nur Ihre Möbel reinstellen und können dann in dem Haus wohnen«; »Das Badezimmer? Das heißt praktisch, dass Sie in das Haus reingehen, Ihre Jacke ablegen, Ihre Zahnbürste auspacken und dann in dem Haus wohnen. Genau so«.

Besucher: Und das Modell, welches könnte mir passen?

Verkäufer: Wir könnten das abhängig von den *finanziellen Rahmenbedingungen* festlegen.

Er nimmt seinen Rechner, macht alle Kalkulationen nochmal, nimmt noch die Wohnbeihilfe dazu, beginnt wieder von vorne, macht einen Fehler, korrigiert sich, endet dann:«Also, nun sind *wir* soweit, um bauen zu lassen, was *wir* wollen.«

Verkäufer: »Gut, Sie wünschen ein Grundstück...

Besucher: »Also ich, was für mich zählt, ist das Haus. Sie, Sie kümmern sich um die Grundstücke? Das Grundstück, kommt das zu dem Haus noch dazu?

Verkäufer: Ja, aber *wir* behalten die Ruhe. Was ich sagen will ist, dass wenn man eine Finanzierung wie die hat ... Wenn ich die jeden Tag hätte, wäre ich zufrieden. Manchmal ist man gezwungen ...

Vorschlag, um den es geht, aufgrund seiner unpersönlichen Eigenschaften anonymisiert und verallgemeinert, indem es die Fusion von Käufer und Verkäufer in einem kollektiven Subjekt vollzieht (allerdings in einer weniger offensichtlichen Manier als ein »wir«), taucht sehr oft, mit genau dieser Funktion, in der Sprache der Verkäufer auf. (So in dem schon genannten Interview: »Also, da hat *man* es absolut leicht, zu bauen, was *man* will.«)

Die offensichtliche Brutalität der Verkäufer wird verständlich, wenn man weiß, dass die meisten ihre Laufbahn in einer Periode der Expansion begonnen haben, wo die Kunden sich drängelten, um ein Haus zu erhalten, und sie somit den ersten Kontakt wie eine Art *Filter* betrachten, der dazu dient, die »ernsthaften Kunden« auszusieben und so zu verhindern, Zeit zu verlieren und Kraft in gescheiterten Versuchen zu verschwenden (die Erfolgsquote schwankt zwischen 1:10 und 1:20). Folglich kommen sie, immer bedacht darauf, den Zeitverlust mit denen, die sie »Touristen« oder »Spaziergänger« nennen, zu vermeiden, unverzüglich zum Wesentlichen und fragen diejenigen, die sie als mögliche Kunden wahrnehmen (Paare, vor allem in Begleitung von Kindern), nach ihren Einkünften etc., um so schnell wie möglich diejenigen zu eliminieren, die nicht die Mittel haben, sich das Haus zu leisten, von dem sie träumen. Oft von alten, von überall hergekommenen Verkäufern ausgebildet, neigen sie zu einer Art von Soziologismus, die sie dazu bringt, mit einer Mischung aus Zynismus und Resignation all diese Kunden mit »Augen, größer als der Magen«, »voller Flausen«, zu betrachten, die sie sofort einteilen und die sie auf fast immer gleiche Weise empfangen, immer in Eile, herauszubekommen, ob sie »ernsthaft« sind, und sie für diesen Fall so schnell wie möglich mit den Realitäten vertraut zu machen.

Diese Strategien der Verzweideutigung, die Misstrauen und Distanz zwischen Verkäufer und Käufer zu zerstreuen trachten, finden eine natürliche Stütze in der banktechnischen Neuerung, die mit der »Personalisierung des Kredits« eingeführt worden ist: So wurde *eine neue Art von Sicherheiten* eingerichtet, vor allem jene, die das *Gesamteinkommen* darstellt, die Gesamtheit der im Laufe des Lebens oder über einen langen Zeitraum erreichbaren Einkünfte. Diese neuen Sicherheiten in Gestalt kalkulierbarer Verdiensterwartungen können bestimmte Kategorien von Angestellten anbieten, die über eine *Karriere* und geregelte und planmäßig über die Zeit verteilte Einkommen verfügen. Auf der Basis dieser Garantien, die typisch sind für das Zeitalter von Berechenbarkeit und Vorhersehbarkeit, die Max Weber für den Prozess der Bürokratisierung für kennzeichnend hielt, kann die Bank von nun an Geld verleihen, ohne »reale« Sicherheiten (»sichtbare Vermögenswerte«) zu verlangen und einen Kredit anbieten, der in seiner Höhe, seiner Laufzeit

Der Verkäufer zeigt nun dem Besucher einen Katalog, der die unterschiedlichen Hausmodelle enthält. Sie haben alle eine Garage (»aber die Garage, das ist zusätzlich«). Dem Besucher, der gerne ein Haus mit einer Etage hätte, wegen der »Unabhängigkeit«, antwortet er:«Das ist einfacher ohne Etage. Wenn sie eine Etage haben, ändert sich alles.« Der Katalog enthält nur ebenerdige Häuser, aber »wir können Ihnen einen Keller hinzufügen, wenn Sie wollen«.

Der Besucher kommt wieder auf das Grundstück zu sprechen: »Was für eine Fläche wird es haben?«

Verkäufer: »Was für eine Fläche würden Sie wollen?«

Besucher. »Eine, um das Haus bauen zu können und dann noch für ein kleines Gärtchen, das reicht.«

Der Verkäufer schlägt eine Fläche von 700 bis 800 m² vor: Wegen »des Budgets, das wir haben«.

Besucher. »Ist das eine ausreichende Fläche?«

Verkäufer. »Naja, wenn Sie das alles haben, wenn Sie das haben, um mit dem Rasenmäher drüberzugehen ... natürlich wenn ... nein, das ist schon korrekt, Sie haben 7 bis 800 m² ... was ich sagen will, das ist schon etwas.«

Besucher.« Und der Strom? Das Wasser? Das Abwasser?«

Der Verkäufer stimmt nun einen neuen vorbereiteten Sermon an: *Sie-wissen-auf-den-Franc-genau-was-Sie-bezahlen-werden* (Variante bei einem anderen Verkäufer: »Wir zählen alles zusammen, damit Sie vor allem keine Überraschungen erleben«). »Also, die Häuser verstehen sich ohne Anschlüsse ..., der Preis des Hauses. Aber wir berücksichtigen das im Finanzierungsplan. Das heißt, dass, wenn Sie hier weggehen, dann *wissen Sie auf den Franc genau, wieviel Sie zahlen werden*«.

Besucher. Und die Tapete, kann man die auswählen?

Der Verkäufer legt los mit dem Sermon der *Drei-Ebenen-der-Fertigstellung:* »Wir haben das, was man die zu *dekorierenden Häuser* nennt, wo Sie die Tapeten anbringen und auch die Anstriche machen Sie selbst. Das ist die erste Sache. Dann haben wir das, was eine *übliche Ausführung* genannt wird, das ist eine Übergabe mit Tapeten, Anstrichen, mit Teppichboden in den Zimmern. Sie haben dann noch das, was man *Luxusauslieferung* nennt, wo alles im Haus vollständig gefliest ist, mit Plüschteppichen in den Zimmern, mit Kacheln über der Spüle und über der Badewanne, mit Tapeten überall. Es gibt drei Ebenen der Fertigstellung.«

Besucher. »Die Dächer, sind die aus Ziegeln? Zu welchem dieser Häuser raten Sie mir?«

und seinem Preis einem Ensemble von Kennzeichen *der bürokratisch definierten Person* angepasst ist, wie Einkommenserwartung, Familiengröße etc. Diese Banktechnik (oft als »Demokratisierung des Kredits« beschrieben) hat es der Bank ermöglicht, einen neuen Kundenkreis zu erobern: die *bürgerlichen Gehaltsempfänger* der (höheren und mittleren) Führungskräfte, die durch die ihnen bürokratisch garantierte Laufbahn bestens geeignet sind, »persönliche« Garantien zu bieten, in Gestalt eines ständigen, völlig gesicherten und kalkulierbaren Einkommens. Dank der Möglichkeiten des ihnen angebotenen Kredits können sie nun, in einer Zeit starker Urbanisierung, den Ehrgeiz entwickeln, ihre Unterkunft, Einfamilienhaus oder Wohnung, zu besitzen, was bislang eher den Eignern ökonomischen Kapitals vorbehalten war.

Die Bank interessiert am Kunden, was er ökonomisch *wert* ist: Sie setzt den Wert der Person mit ihrer allgemeinen Verdiensterwartung gleich, d.h. der jährlichen Verdienstaussicht multipliziert mit der Lebenserwartung, oder sogar, vor allem, wenn sie sich auf Berufsgruppen einlässt, die weniger Sicherheiten aller Art zu bieten haben als die Führungskräfte des öffentlichen Sektors, mit ihrer allgemeinen *Solvenzerwartung*, die auch von ethischen Dispositionen abhängt und insbesondere von all den Tugenden, die die Kontrolle des Konsums (Asketismus) und die Einhaltung der eingegangenen Verpflichtungen bestimmen.

In den meisten Fällen handeln der Hersteller und der Verkäufer, der jenen bei der Transaktion vertritt, als Transmissionsriemen der Bank, der sie, als Gegenleistung für finanzielle Zugeständnisse oder Vorzugstarife, eine Art Recht auf Vorauswahl eines Teils der Immobilienkundschaft sichern und somit die Kontrolle über einen wachsenden Teil des Kreditmarktes; daraus folgt, dass in dem Maße, wie ein Großteil der Transaktionen sich im Wesentlichen auf die Aufstellung eines Kreditplans beschränkt, wobei die Diskussion technischer Einzelheiten des Hauses meist nur ein Anhängsel ist, die Verhandlung, die zum Abschluss eines Immobilienvertrages führt, nur eine Variante der Transaktionen ist, die sich direkt bei der Bank selbst abspielen.

Die Einrichtung eines persönlichen Kreditvertrages setzt daher die vorherige Sammlung einer Gesamtheit von Informationen über den Kreditnehmer voraus. Und dieses bürokratische Interesse an der bürokratisch definierten, d.h. ganz unpersönlichen und auswechselbaren Person, und an spezifischen Eigenheiten, die die bürokratischen Formulare mechanisch erfassen und die als Basis eines strengen Kalküls der

Verkäufer: »Zu dem hier (zeigt ein Modell: Es handelt sich um das neueste Modell, zu dem er immer rät. Sein Hersteller hat es ihm empfohlen, und es gefällt ihm gut: Es hat überall Wandschränke und Staumöglichkeiten). Es hat keine fünf Zimmer, aber ich schlage Ihnen ein Modell vor, das ausbaufähig ist. *Bei uns ist alles machbar.*«
Besucher: »Was sind Ihre Garantien?«

Der Verkäufer antwortet mit dem Sermon *Die Garantien* (Zweijahresgarantie der Funktionsfähigkeit, zehn Jahre für das Haus und die zusätzliche Garantie).
Besucher: »Das Gelände, liegt das abseits oder in einer Siedlung?«
Verkäufer: »Ganz wie Sie wollen. Ich will damit sagen, dass Sie die finanziellen Mittel dafür haben, *Sie können also* das Gelände *wählen.*«
Besucher: »Wieviel würde das hier kosten?« (Zeigt auf ein Modell).
Verkäufer: »Ich werde Ihnen den *absoluten Endpreis* geben, das heißt, Sie legen, wie ich schon eben gesagt habe, Ihren Mantel ab, und Sie wohnen in dem Haus« (nennt den Preis).

Der Besucher informiert sich über Zeitverzögerungen. Keine, antwortet der Verkäufer, der gleichzeitig verkündet, *dass er von heute bis Ende der Woche das Gelände finden würde*, bevor er den Besucher mit einem neuerlichen Sermon über *die-Länge-der-administrativen-Prozeduren* überschüttet.

Drittes und letztes Mal. Der Verkäufer nimmt das Heft wieder in die Hand und bereitet sich auf den Abschluss vor, indem er erneut auf sein Lieblingsgebiet zurückkommt; er rattert eine ganze Reihe von Sermonen über den finanziellen Aspekt der Transaktion herunter: »Sie wissen, die *Notargebühren* betragen 3% und können nur aus Ihrer Ansparsumme beglichen werden«; »Sie werden Aktualisierungskosten haben, um die verschiedenen Preiserhöhungen auffangen zu können, aber die Preise sind definitiv, fest und nicht verhandelbar«; »Sie könnten eventuell *sparen*, wenn Sie selbst den Stromanschluss zwischen Straße und Haus legen, aber da müssen Sie das nötige Material selbst bezahlen«;«Wenn Sie keine Garage, sondern nur einen Stellplatz für Ihren Wagen bauen wollen, müssen Sie mir das von vornherein mitteilen, damit das in der Baugenehmigung enthalten ist.«

Er geht dann über zum Grundstück, was ihm erlaubt, sich selbst einzubringen: »Zur Zeit habe ich mehrere verfügbare Grundstücke in dem Département, das Sie interessiert. *Ich bin übrigens der Verantwortliche für das Nachbardépartement,* und ich kenne den Continent Supermarkt dort ganz gut, das ist *nah an freien Feldern* und in der

Gewinnerwartungen dienen, können dem Kunden, weil all diese Eigenheiten an seine jeweilige Person gebunden sind, wie ein persönliches Interesse an seiner in ihrer Einzigartigkeit erkannten Person vorkommen. Die rein technische Untersuchung liefert so die Grundlage für symbolische Strategien, die mehr oder weniger bewusst darauf abzielen, die Zweideutigkeiten der Situation auszunutzen und die Erwartungen eines Kunden zu befriedigen, der umso mehr in der Etablierung einer persönlichen Beziehung Zuflucht nehmen will, je mehr er das immense Missverhältnis zwischen der Größe des Einsatzes und der Ärmlichkeit der zugänglichen Informationen verspürt, was die Entscheidung wie eine richtige Wette erscheinen lässt.[3]

So kommt es, dass, um den Preis einer leichten »Verzweideutigung«, die die zur Aufstellung eines persönlichen Kreditvertrages erforderlichen technischen Operationen beschönigen soll, jene auch die Gelegenheit bieten können, eine zwischenmenschliche Beziehung herzustellen, die den Kunden dazu verleiten mag, seine Widerstände fahren zu lassen und sich auf sie zu verlassen. Die »persönlichen« Fragen, die der Kunde beantworten muss, wenn er Antworten auf eigene Fragen will, und die dazu dienen, der Bank die unerlässlichen Informationen für eine genaue Einschätzung der Sicherheiten zu liefern, können daher wie ganz persönliche Fragen im wahrsten Sinne des Wortes aufgefasst werden. Die Logik ökonomischer Rationalität, die dazu führt, mehr oder weniger Geld zu einem mehr oder weniger hohen Zins für einen mehr oder weniger langen Zeitraum zu bewilligen, je nach den mehr oder weniger hohen Sicherheiten, die der Kunde bietet, deckt sich mit der kommerzi-

[3] Das Problem der Bewusstheit oder Unbewusstheit der Strategien, also von gutem Glauben oder Zynismus der Handelnden, was den kleinbürgerlichen Moralismus so sehr interessiert, hat wenig Sinn: Die Identifikationsspiele oder, weiter gefasst, die Spiele mit der Manipulation des sozialen Abstands, denen sich die Verkäufer hingeben, haben ihren Ursprung in deren Habitus, und ebenso wie viele Schauspieler (diejenigen, die man manchmal »geborene« nennt) immer ein wenig dieselbe Persönlichkeit spielen, indem sie lediglich die verschiedenen Drehbücher mit ihrem Habitus bewohnen, setzen die Verkäufer in eine Transaktion, deren Erfolg sie wollen, alle Ressourcen eines Systems von Dispositionen ein, das sich als umso wirkungsvoller erweist, je näher es dem ist, das der Kunde seinerseits in die Transaktion einbringt (Man weiß zum Beispiel, dass die Verkäufer des Hauses Phénix, oft frühere Arbeiter und allgemein wenig gebildet, so lange ausgesprochen erfolgreich waren, wie sie einem Unterschichtpublikum ein »Billigprodukt« zu verkaufen hatten, das den Mitteln und dem Geschmack dieses Publikums entsprach).

Nähe von ... (nennt eine Stadt), die sehr schön und sehr bekannt ist. (...)« »Ich bin selbst seit vier Jahren bei (Name des Herstellers), und *übrigens bin ich auch gerade dabei, mir ein Haus bauen zu lassen* (Name des Herstellers)«. Er endet mit einer Frage nach dem entgültigen Vertragsabschluss: »Also, mein Herr, wann fällt Ihre Entscheidung? Wenn Sie sich in den nächsten Tagen entscheiden, dann wird das Haus zum nächsten Ferienende Ihrer Kinder fertig sein.«

Der Verkäufer gibt dem Besucher den Katalog zurück, zusammen mit Plänen der Häuser, seinem Vorschlag, den Preislisten; er schüttelt die Hand des Besuchers, sagt dabei »Auf Wiedersehen« und schaut ihm hinterher.

ellen Logik, nach der die Verkaufsstrategien dem Einzelfall anzupassen sind. Und die Logik der Situation, die jene Verkäufer unterstützt, die dem Kunden sozial nahe genug sind, dass sich der Übergang zu »persönlichen« Beziehungen ganz natürlich vollzieht, und die damit verbundene Konfusion zwischen den »persönlichen« Informationen im üblichen Wortsinn und den *nützlichen* Informationen aus dem Blickwinkel der Bank tut den Rest.

Wie eine Untersuchung von 1963 bei der Compagnie bancaire deutlich gezeigt hat, verschwindet sogar der Anschein eines Interesses an der »Person« des Kunden mit dem Fortgang der Vertragsverhandlungen. Abgesehen vom ersten Kontakt mit den Personen, die mit Empfangsaufgaben betraut sind, laufen alle Phasen der Auftragsbearbeitung, Untersuchung, Durchführung, Auszahlung und Verwaltung in Abwesenheit des Kunden. Das Bankpersonal nimmt mit ihm nur dann Kontakt auf, wenn der Antrag unvollständig, übertrieben, schlecht begründet oder so kompliziert ist, dass eine ganz genaue Untersuchung erforderlich ist. Diejenigen, die mit der Bearbeitung der Akte betraut sind, haben weder mit dem Kunden noch mit dem Empfangspersonal Kontakt. In der Tat wird nach der ersten Auslese, die beim Empfang stattgefunden hat, nach Aktenlage entschieden: Die tatsächliche Entscheidung fällt hier, d.h. *außerhalb jedes persönlichen Kontakts*. Auf dieser Ebene ist eine Begegnung mit dem Kunden außergewöhnlich. Sie riskiere, sagen Führungskräfte, dass der Verantwortliche seine Objektivität verliert; aufgrund von Sympathie oder Nachsicht könnte er die strikten Regeln des finanziellen Gleichgewichts vergessen, sich vom Optimismus des Kunden anstecken lassen und zu günstige finanzielle Annahmen machen, ihm also folglich zu schwere Lasten aufbürden. In der Akte wird die »Person«, definiert als die Schnittstelle einer Vielzahl abstrakter Klassen, auf eine geschlossene Einheit isolierbarer und kodierbarer Kennzeichen reduziert, von denen ausgehend der Wert des Individuums geschätzt wird, d.h.

sein künftiger monetärer Beitrag. Und es ist die Bank, die aufgrund eines unzugänglichen Wissens und nach unbekannten Regeln (»Berechnungstabelle«), gewappnet mit den gründlichen Kenntnissen, die sie vom Kunden hat, souverän festsetzen wird, welche spezifischen Bedingungen ihm bewilligt werden.

Die Zweideutigkeit, die objektiv in die Institution eingeschrieben ist, drückt sich auch in den sprachlichen Strategien der Beschäftigten und Verkäufer aus. Sie verfügen über zwei Sprachen, während der Kunde meist nur über eine einzige verfügt, und können zwischen der neutralen Sprache der Bankbürokratie und der persönlichen und familiären Sprache der gewöhnlichen Existenz hin- und herwechseln.

So erheischt eine Frage wie »Soll etwas Neues oder Altes gekauft werden?« zwei mögliche Antworten. Entweder: »Wir raten unseren Kunden immer, etwas Neues zu kaufen, weil sie dann vom Rediskont der Banque de France profitieren können.« Oder aber: »Wissen Sie, ich bin nicht der Richtige, um Ihnen zu antworten, weil ich etwas Altes gekauft habe.« Im ersten Fall redet der Angestellte als autorisierter Sprecher und damit als offizieller Repräsentant des Wissens, im zweiten verhält er sich als einfacher Privatmann, der einen anderen Privatmann berät. Diese Dualität von Gebrauchsweisen eröffnet die Möglichkeit zu rhetorischen Manövern, die wahrscheinlich eher unbewusst als bewusst sind und die es erlauben, die soziale Distanz zwischen den Gesprächspartnern zu manipulieren, sei es, dass man sich durch Verwendung familiärer Ausdrucksweisen dafür entscheidet, sich anzunähern und vertraulich zu werden, sei es, dass man sich im Gegensatz dazu entschließt, Abstand zu wahren, indem man die »förmlichste« Ausdrucksweise verwendet.

Der wechselnde Gebrauch der einen wie der anderen Strategie sorgt für eine mehr oder weniger vollständige Beherrschung der Gesprächssituation. Die Angestellten müssen grundsätzlich in Sprache und Tonfall deutlich machen, dass es nicht das Privatleben des Kunden ist, das sie interessiert, sondern bestimmte gattungsspezifische und abstrakte Eigenschaften, die es, indem sie die Natur seiner Immobilienoperation präziser definieren, möglich machen sollen, ihn der oder jener Klasse zuzuordnen und ihm die angemessenene Preisklasse zuzuweisen. Dies ist der Fall bei den Beziehungen zu Spezialisten (Bankiers, Arbeitgebern, Direktoren, beratenden Ingenieuren), die im Auftrag eines Dritten miteinander telephonieren: Die technizistisch-bürokratische Spra-

Herr und Frau F.

Herr und Frau F., die ein Haus kaufen wollen, opfern dafür schon seit einiger Zeit die meisten ihrer Wochenenden und besuchen regelmäßig das Ausstellungsdorf Florélites Nord in der Umgebung von Paris, wo die verschiedenen Hersteller versammelt sind. Begleitet von ihren beiden älteren Töchtern, elf und sieben Jahre alt, haben sie sich an diesem Sonntag für den Hersteller G. entschieden, den sie bislang nur vom Namen her kennen. Nachdem sie einige Schwierigkeiten hatten, das Haus in der Dorfmitte auszumachen, gehen sie nun daran, es zu besichtigen. Sie gehen von einem Zimmer zum nächsten und bleiben in der Küche stehen, wo hinter Glas Werbeplakate der Häuser ausgestellt sind. Die Verkäuferin, die sich dort befindet, ist gerade dabei, eine Unterredung mit einem anderen Paar zu beenden und wendet sich dann ihnen zu.

Herr F.: Nun, wir haben drei Kinder und möchten uns über den Kauf eines Hauses beraten lassen.

Die Verkäuferin sitzt sehr entspannt auf dem Rand der Spüle und macht sich daran, sehr schnell den Ernst des Anliegens von Herrn und Frau F. zu überprüfen, indem sie die ersten Fragen stellt:»Wissen Sie, an welchem Ort Sie bauen wollen?« »Was können Sie für Haus und Grundstück aufbringen?« »In welcher Ecke wohnen Sie?« »Welchen Bahnhof wollen Sie in Paris benutzen, den Nordbahnhof?« Sie antwortet anschließend Schlag auf Schlag in aller Kürze auf die unsortierten Fragen von Herrn und Frau F., um schließlich zu enden: »Wären Sie interessiert, einen *Mitarbeiter* zu treffen, der Ihnen die unterschiedlichen Häuserarten und vor allem die dazu gehörigen Grundstücke vorstellen könnte?« Angesichts der Zustimmung von Herrn und Frau F. begleitet sie sie in ein benachbartes Zimmer, das in ein Büro umgewandelt worden ist, und lässt sie Platz nehmen. Ein paar Augenblicke später taucht ein Mann auf.

Verkäufer: »Mein Herr, meine Dame, Sie wollen sich informieren, nehme ich an?« (Er lässt sich hinter einem Schreibtisch nieder.)

Herr und Frau F.: »Gut, wir wären an einem Haus interessiert, einem Haus in dieser Ecke, da ... Und Ihre Kollegin sagte uns, dass man mit Ihnen nach den Bauplätzen sehen müsste.«

Verkäufer: »Man muss sehen, man muss *die Gesamtheit* sehen, was wünschen Sie als Haus, das Budget, über das Sie verfügen, und dann das Gelände, auf dem, schließlich in welchem Ort ... schließlich in welcher Gegend Sie bauen wollen.«

Er beginnt dann, die ersten Fragen zu stellen, »Wo wohnen Sie gegenwärtig?« »Wo in Paris arbeiten Sie?« Um fortzufahren: »Und che, gespickt mit Spezialwörtern, was ihr einen Tonfall technischer Neutralität verleiht (Hypothek, Übertragung von Begünstigung etc.), und »edlen« Doubletten gewöhnlicher Worte (Dritter, Nießbrauch, Immobilienensemble, Residenz, Akquisition, Ergänzungsdarlehen, vollziehen etc.) erlaubt es, wie man sagt, »sich in die Angelegenheiten der Kunden einzumischen«, soweit es die Situation erfordert, ohne deswegen in ihr Privatleben einzugreifen.

Ganz anders geht es in den Gesprächen mit den »gewöhnlichen« Kunden zu. Wahrscheinlich wirkt hier auch die eigentümliche Gewalt der Wissenschaftssprache weiter, selbst wenn sie von Angestellten verwendet wird, die nicht über die vollständige Kompetenz verfügen, die sie vorgeben soll.[4] So kann die ökonomische Sprache aus dem Mund des Empfangspersonals, obwohl sie oft mechanisch und auf oberflächliche Weise verwendet wird, als ein Instrument der Distanzierung funktionieren, das dazu dient, den Kunden zu entwaffnen, indem man ihn verwirrt und sein Verteidigungssystem schwächt: Die Unpersönlichkeit der technischen Sprache ist eines der Mittel, ihn dazu zu bringen, jeden »persönlichen« Bezug auf seine »persönlichen« Probleme zu unterlassen, während er gleichzeitig (fälschlicherweise) die »persönlichen« Informationen liefert, die für das Zustandekommen eines Vertrags notwendig sind.

Aber derjenige, der die herrschende Sprache beherrscht, kann sich Wechsel der Sprachebene erlauben, während die Kunden, unfähig, einen derart gehobenen Stil durchzuhalten, die Vorschläge des Empfangsmenschen in die Sprache der persönlichen Beziehungen übersetzen. »Unsere Büros sind ohne Unterbrechung geöffnet«, sagt der Empfangsmensch; und der Kunde entgegnet, aufgrund eines Übersetzungsspiels, das ihm hilft, zu verstehen, das erlaubt, zu überprüfen, dass man richtig verstanden hat und zugleich das Bemühen enthält, die Distanz (und die Angst) zu vermindern: »Ah schön, Sie haben den ganzen Tag geöffnet«.

[4] Es kommt vor, dass die gezwungene Lässigkeit von Beschäftigten, die eine Sprache von Führungskräften sprechen, in den Sprüngen und Rissen ihres Diskurses zutage tritt, wenn sie sich ausnahmsweise mit Kunden konfrontiert sehen, die die ökonomische Sprache perfekt beherrschen (wie in einem beobachteten Fall mit einem Juraprofessor).

was Ihren Kreditrahmen betrifft, die Höhe des Budgets für Grundstück und Haus, wissen Sie genau, was Sie bekommen können?«
Herr F: »Ja, da, wir waren bei...«(erwähnt den Namen eines anderen Herstellers), »sie haben uns eine Finanzstudie gemacht, man kam auf ...«
Verkäufer: »... bei der Konkurrenz, ok. Und Sie kommen auf welchen Rahmen? 50 ... 60 ...?«
Herr F.: »Ja gut, 65.«
Verkäufer: »650.000 F für Grundstück und Haus, alles inbegriffen. Machen Sie Ihre Finanzierung durch ein Bauspardarlehen, einen PAP-Kredit? Haben Sie daran gedacht?«
Herr F.: »Na ja, er hat uns Berechnungen gemacht ...«

Der Verkäufer macht sich nun an eine äußerst knappe Erklärung: »Es gibt gegenwärtig *zwei Arten der Finanzierung*. Sie können, abhängig von Ihren familiären Umständen, also der Zahl zu versorgender Personen und Ihrer steuerlichen Einstufung, entweder einen staatlichen Kredit erhalten, das PAP-Darlehen. Also entweder erlauben es Ihre familiäre Situation und Ihre steuerliche Einstufung, die Darlehen des Staates zu 9,6% Zins zu bekommen, oder Sie nehmen die Bauspardarlehen in Anspruch. Das sind die zwei Typen der Finanzierung, die aber einen Unterschied bei der Höhe der Finanzierung machen.« Dann macht er sich über einen sehr gedrängten Fragebogen her, den Herr und Frau F. wechselseitig beantworten, während der Verkäufer all ihre Antworten in ein Formular einträgt: »Ihre ursprüngliche Einlage?« »Sind Sie Eigentümer oder Mieter?«; »Anzahl der Kinder?« »Ihre Einkommen?« Die Familienbeihilfen: »Doch aufgepasst, die Banken berechnen die nicht mit.« Er verifiziert die Berechnungen des Konkurrenz-Herstellers (»Ein Drittel von 12.000 F, das macht 4.000 F: Ja, das stimmt«) und setzt sein Verhör fort: »Ist bei Ihrem Arbeitgeber ein Darlehen möglich?« »Haben Sie Ihren Steuerbescheid?« »Wie lange arbeiten Sie schon bei der gleichen Gesellschaft?« Er fragt, ob ihnen der andere Hersteller kein PAP-Darlehen genannt hat und entscheidet: »Also, *wir* werden ein PAP-Darlehen über 20 Jahre und ein ergänzendes Darlehen aufnehmen ... Ja, das ist es, *wir* werden ein PAP-Darlehen nehmen, hoch angesetzt, da gibt es keine Probleme ...«

Herr und Frau F. können nur einverstanden sein. Der Verkäufer fährt fort: »Also nun, *was das Haus angeht*, was suchen Sie, was brauchen Sie?« Herr und Frau F. erklären, dass sie sich »mindestens« ein Zimmer pro Kind wünschen, in etwa 100 m², »alles auf einer Ebene«, »mit einer Garage«. Der Verkäufer stimmt zu: »Einverstanden.

»Ja«, sagt der Empfangsmensch, »kommen Sie, wann Sie wollen«.[5] Als wollten sie gleichsam den Hang des Kunden unterstützen, das rein professionelle Interesse, das sie an seinen persönlichen Merkmalen haben, mit einem Interesse an seinem privaten Leben gleichzusetzen, übernehmen die Verkäufer ihrerseits oft dessen Deutungen oder verwenden sie spontan an dessen Stelle. So erklärt ein Verkäufer dem Kunden, der sich über Miteigentümer beklagt: »Ich weiß, wie das ist, mir geht es genauso.« Das eher spontane denn berechnete Bemühen um ein persönliches Einvernehmen veranlasst den Verkäufer oft dazu, in seine Vorschläge Anekdoten oder Bemerkungen des gesunden Menschenverstands einfließen zu lassen, die zeigen sollen, dass er den Blickwinkel des Nutzers eingenommen hat. Den Mechanismus kann man nie so gut sehen wie in jenem Grenzfall, wo der Verkäufer – um die Widerstände eines Kunden zu brechen, der sich noch nicht völlig auf das Spiel eingelassen hat – die Fragen stellt und die Antworten gibt: »Sie werden mich unter diesen Bedingungen fragen, warum ... und ich werde Ihnen antworten, dass ...« Auch wenn es die Struktur der Beziehung zum Kunden nicht gestattet, die »persönliche Ebene« zu verlassen, kann der Verkäufer genau so zum Ziel kommen, indem er auf die technizistisch-bürokratische Sprache zurückgreift; über die technische Kompetenz, die ihr Gebrauch suggerieren soll, macht sie denjenigen, der sie gebraucht, zum *Experten* und bringt den Kunden dazu, sich wie ein Bittsteller um technische Ratschläge zu verhalten.

Das Wesentliche des strategischen Sprachgebrauchs liegt tatsächlich im Hin und Her zwischen zwei Sprachebenen, das es erlaubt, die soziale Distanz zu manipulieren. So werden, wenn sich die Kunden positiv zu einer Kreditaufnahme äußern, die Bestandteile volkstümlichen Wissens, die sie verwenden, oft unverändert von dem Empfangspersonal übernommen. Einem Kunden, der sich über die Miete beklagt, sagt ein

[5] Das Empfangspersonal, das zu Gesprächsbeginn immer seinen Namen nennen muss, legt Nachdruck auf den fast »freundschaftlichen« Aspekt der Beziehung, die er zu den Kunden aufbaut. »Der erste Kontakt ist entscheidend, man muss dem Kunden die Aufregung nehmen und ihn reden lassen. Gewöhnlich sind sie aufgeregt, wenn sie kommen, und es reicht, liebenswürdig zu sein, um ihnen die Aufregung zu nehmen. Im Allgemeinen begleiten wir unsere Kunden ziemlich treu bis zur eigentlichen Prüfung. Ich sage nicht, dass wir zu Freunden des Kunden werden, aber das Ganze entwickelt sich ein wenig wie zwischen einem Kranken und seinem Arzt: Sie fragen uns nach unserem Namen etc.«

Also, was kann ich Ihnen in der Art vorschlagen?« Er blättert in einem Katalog.
Herr F.: Wir haben eins gesehen, auf Ihren Prospekten, die in der Küche hängen, das hat uns gut gefallen ... (er nennt den Namen, meint eines der zuletzt von dem Hersteller gebauten Häuser, ein Haus, das einheitlich von allen Verkäufern als unverkäuflich bezeichnet worden ist, die es für zu kompliziert halten, den üblichen Erwartungen der Kunden nicht entsprechend, und die es niemals vorschlagen).
Verkäufer: (fährt fort, offensichtlich ungerührt, in den Katalogseiten zu blättern) »... als Möglichkeit eines Hauses, 100 m², mit einer Garage, ... es gibt mehrere Möglichkeiten (blättert durch die Seiten) ... na hier, ein Beispiel, das hier« (zeigt die Pläne. Es ist das zuletzt herausgekommene Haus des Herstellers und hat im Gegensatz zu dem Vorläufer die Zustimmung der Verkäufer gefunden) ... Man wird Ihnen die Garage dahin stellen ..., es gibt ja so viele Möglichkeiten! ... *Man kann alles machen.*

Herr und Frau F. überfliegen den Katalog und versuchen, den Verkäufer über andere Häuser zum Sprechen zu bringen, vergeblich. Er begnügt sich damit, sein Formular auszufüllen, macht die Berechnungen über die Garage (»das macht viel aus«), fügt noch die Wohnbeihilfen dazu, die Höhe des PAP-Darlehens und antwortet beiläufig auf die Fragen, die Herr und Frau F. zu stellen versuchen, vor allem über den technischen Aspekt des Hauses.
Frau F.: »Und die Kunden, die sie da in der Gegend haben, sind die gut mit dem Frost klargekommen, den es vor kurzem gab?«
Verkäufer: (nutzt das aus, um sich *einzubringen*) »Natürlich, ich habe das gut ausgehalten. Ich habe selbst ein G.-Haus (es folgt eine lange technische Beschreibung der G.-Häuser).

Herr und Frau F. erfahren dann, dass ihr Darlehen »progressiv sein wird«, ohne dass ihnen die Ausdrücke erklärt werden. Aber Herr F. fügt hinzu: »Auf jeden Fall, natürlich haben wir auch andere Kosten, aber um bei sich zuhause zu sein, seine Ruhe zu haben, all das, dafür bringt man Opfer, damit gibt es kein Problem...«
Verkäufer: (protestiert) »Ah nein, nein, wie heißt es: Jeder macht seine Arbeit ... Ich stelle Fragen, das erlaubt es *uns*, über die Finanzierung einig zu sein ...«

Er teilt die Gesamtkosten im Ergebnis seiner Berechnungen mit, bevor er fragt, ob Herr und Frau F. beim gegnerischen Hersteller dieselben Zahlen bekommen haben. Herr F. wagt sich mit einer höheren Summe vor, der Verkäufer vertieft sich wieder in seine Berechnun-

Empfangsmensch: »Ich weiß darüber auch allerhand, meine Mutter zahlt dermaßen viel ..., und die Miete ist schließlich doch rausgeschmissenes Geld.« Im Gegensatz dazu antwortet man demjenigen, der sich anscheinend einem Kredit widersetzt, mit technischen Ausdrücken, um ihm zu verstehen zu geben, dass er davon nichts versteht.

Dieses Spiel mit den Sprachen ist als Möglichkeit in jede bürokratische Interaktion eingeschrieben. Alle Einzelpersonen, die sich als Amtsträger einer höheren Macht eingesetzt sehen (oft genug ausgewiesen durch das Tragen einer Uniform oder eines distinktiven Zugehörigkeitszeichens), sind doppelte Persönlichkeiten, geweiht oder ermächtigt zu Spaltung und doppeltem Spiel, was die Grundlage für zahlreiche bezeichnende Strategien der Behandlung und der bürokratischen Manipulation der einfachen Nichteingeweihten bildet. Als von einem Habitus offiziell bewohnte Funktionen können sie den Part der ganzen und vollständigen Identifikation der »Person« mit der »Persönlichkeit« annehmen, des Funktionärs mit der Funktion. Wie der Polizist, der durch einen ertappten Verkehrssünder konfrontiert wird mit der Bitte, die persönlichen Umstände der Interaktion zu berücksichtigen, antwortet: »Vorschrift ist Vorschrift« – und somit die Möglichkeit der Rechtsumgehung durch eine völlige Identifikation mit dem Recht ausschließt (was eine Möglichkeit sein kann, die schließliche Milde umso mehr würdigen zu lassen) – können sie sich schlicht und einfach mit dem Amt identifizieren, mit der sozialen Definition, die darin eingeschrieben ist. Das ist es, was die Verkäufer spontan tun, wenn sie sich, bewaffnet mit einer angemaßten Autorität, als juristisch-finanztechnische Experten aufspielen, als Sprecher von Recht und Staat, die beauftragt sind, dem Kunden das Gesetz oder die Vorschriften klarzumachen und, noch genauer, festzulegen, was genau seine Rechte sind, indem in den allgemeinen Formalismus der juristischen Formel die rechnerischen Werte der Parameter eingefügt werden, die durch das Verhör geliefert werden (Zahl der Kinder, Einkommen der Familie etc.).[6] Sie tun alles, um ihren Schluss-

---

[6] Sie spielen mehr oder weniger bewusst mit der Vorstellung, die sich die Kunden, und vor allem die Hilflosesten unter ihnen, vom Recht und besonders vom *Vertrag* machen, was die Leiterin der Association départementale d'information sur le logement du Val d'Oise (ADIL), die mit Informationen und Beratungen über Verträge befasst ist, gut beschreibt: »Es geht darum, ein wenig eine überkommene Vorstellung ins Wanken zu bringen, nämlich zu glauben, dass ein Vertrag *gesetzlich festgelegt ist* (...), dass man einen Vertrag nicht verhandeln kann. Man muss diese verbrei-

gen und endet mit einem Lachen: »Nein, nein ... *mathematisch* ist das nicht möglich«; er kalkuliert danach, *»was für das Grundstück übrig bleibt«*.

Herr und Frau F. hätten gerne eine bestimmte Fläche für ihr Grundstück, der Verkäufer bietet einen Bauplatz an: »Es bleibt mir da noch ein Grundstück in dieser Siedlung. Wenn nicht ... Es ist gerade freigegeben worden. Alles ist verkauft ...«, und er rühmt »die Bahnstation am Ort«; »das ist eine kleine Stadt«, »sie haben die Schulen am Ort«, »direkt dahinter gibt es nur Felder ...« »Es hat 500 m²«. Der Verkäufer versucht das Haus, das er vorgeschlagen hat, auf dem Bauplatz unterzubringen, aber es gelingt ihm nicht. Er schlägt einen anderen Bauplatz vor, hinter dem Flughafen von Roissy, was Herr und Frau F. zurückweisen, »wegen des Flugzeuglärms in der Nähe«, und schlägt schließlich einen dritten vor, etwas weiter weg, was Herrn und Frau F. trotzdem zu gefallen scheint. Er fügt daher hinzu: »Vorsicht, das ist das letzte Gelände. Es wird schnell weggehen. Wir haben dafür bereits die Baugenehmigung erhalten.«

Zweites Mal. Herr und Frau F. werden Fragen stellen, die der Verkäufer Schlag auf Schlag beantworten wird, dabei seine Sätze immer wieder mit vorbereiteten Phrasen unterbrechend.

Herr F.: »Die Baugenehmigung, die Anträge, kümmern Sie sich darum?«

Verkäufer: »Von A bis Z. Sie kümmern sich um gar nichts, das ist unser Problem, Sie verhalten sich ruhig, von Zeit zu Zeit telephonieren wir miteinander ...«

Herr F.: »Und es ist Ihre Firma, die die gesamte Siedlung baut?«

Verkäufer: Wir nicht allein. Aber wir, wir haben eine sehr genaue Fabrikationsmethode (...), ich will damit sagen, dass wir eine viel höhere Fabrikationsqualität haben, da wir keine Aufträge an Subunternehmer oder Handwerker vergeben.«

Frau F.: »Und dann, wenn es ein Problem gibt, ruft man bei Ihnen an ...?«

Verkäufer: »Es gibt keine Probleme, nein, wirklich ... Unsere Materialien, das sind die, die man verwendet hat, um *Staudämme zu bauen*. Das zeigt doch, dass man sich da ganz sicher sein kann, oder? Das ist eine verdammte Garantie, oder? (der Verkäufer entwickelt anschließend den Sermon *die Garantien*). Deshalb übrigens geben wir auf unsere Häuser 30 Jahre Garantie für die Konstruktion (plus der Garantie über drei Jahre für das Zubehör, die sogenannte Zubehör-Garantie).«

folgerungen den apodiktischen Anschein einer mathematischen Herleitung oder eines juristischen Urteils zu geben. Indem sie mit einem technischen Vokabular hantieren, das sie niemals erklären – oder wenn, dann in Wendungen, die belegen, dass sie es nicht vollständig beherrschen – und das, wie es die späteren Enttäuschungen der überschuldeten Käufer bezeugen, wahrscheinlich weniger dazu dient, nützliche Informationen zu liefern, als Eindruck zu schinden, transformieren sie die Information über die Zugangsbedingungen zu Vergünstigungen, Wohnungsbeihilfen oder progressiven Darlehen in eine keinen Widerspruch duldende Aufzählung von Pflichten.

Zu den Faktoren, die die Inhaber bürokratischer Positionen – oder ähnlicher, wie die Verkäufer – veranlassen und autorisieren, eine dominierende und manipulierende Haltung gegenüber den Kunden einzunehmen, gehört vor allem das Ungleichgewicht zwischen dem Profi, der in der Lage ist, Standardsituationen mit einem Instrumentarium (Formularen, Fragebogen, Karteien, Vorschriften etc.) und standardisierten Strategien zu begegnen, und dem Kunden, der sein Anliegen als einzigartig erlebt. Stark aufgrund der Erfahrung, die Tausende von vergleichbaren Fällen geliefert haben, oft kodifiziert in Verkaufshandbüchern, die die richtigen Antworten auf alle Fragen und möglichen Situationen voraussehen (siehe den Text in Anhang), bewaffnet mit der Information, die ihm jeder Kunde unwissentlich liefert und die es ihm erlaubt, ihn in seine Klassifizierungen einzuordnen und seine Erwartungen, seine Vorlieben und sogar sein Abwehrsystem zu antizipieren, das völlig banal und vorhersehbar ist (wie etwa die Fangfragen und das Darstellen von Scheinkompetenz), kann der Funktionär den Kunden, der eine einzigartige Erfahrung lebt – die umso beängstigender ist, je höher der Einsatz und je spärlicher die Information ist – wie einen beliebigen, austauschbaren Irgendjemand, eine einfache »Nummer« unter vielen, behandeln. Er kann sogar gegebenenfalls Frustrationen und Erwartungen, die diese anonyme und entpersönlichende Behandlung beim Kunden erzeugt, ausnutzen und ihm alle *persönlichen Aufmerksamkeiten* anbieten, denen er dann auch beflissen nachkommen wird (Beim zweiten Besuch schickt man den Kunden zu dem Angestellten, den er beim ersten Mal gesehen hat; man spricht ihn mit seinem Namen an; man macht auf jede denkbare Art deutlich, welchen Kenntnisstand man von seinem Fall hat, welches ganz besondere Interesse man ihm gegenüber hat etc.).

Der bürokratisch Handelnde kann aber auch spontan die generativen Fähigkeiten seines Habitus ausnutzen, um eine persönliche Beziehung

---

tete Idee: wenn man unterschreibt, dann ist das zwangsläufig gesetzlich, weil es schriftlich ist, vertreiben.«

Frau F.: »Und die Fenster, wenn die nicht richtig schließen?«
Verkäufer: (technischer Sermon) »Nein ..., wir haben schließlich 40 Jahre Praxis hinter uns, es gibt sogar einen Spezialservice, der sich um (nennt den Namen seines Herstellers) kümmert ... Sie können Ihr Haus nachträglich verändern, es gibt einen Service für die Verbesserung der Wohnung, wo kontinuierlich an Verbesserungen gearbeitet wird; es gibt Leute ...«
Herr F.: »Gibt es einen Verein?« (Name des Herstellers).
Verkäufer: »Nein, es gibt keinen Verein, aber schließlich könnte man wirklich einen Verein gründen, bei schon 150.000 gebauten Häusern (...)«

Drittes Mal. Der Verkäufer folgt nicht mehr dem, was Herr und Frau F. sagen, ergreift aber die Initiative, um seine letzten Argumente anzubringen, und versucht sie zu zwingen, eine Entscheidung zu treffen.

Auf eine praktische Frage von Frau F. :»Kann man neben der Garage noch einen kleinen Schuppen anbauen?«, antwortet der Verkäufer mit »dem Projekt als Ganzem«: »Natürlich, das hängt ab von der Beschaffenheit des Grundstücks«, um fortzufahren: »Und was das Grundstück betrifft, ich habe diesen Vorschlag für diesen Ort, was gut zu Ihrer Finanzierung passt«. Herr und Frau F. schlagen nun vor, »sich weiter umzusehen und ihn auf dem Rückweg wieder zu treffen«, der Verkäufer fängt daher an zu drängeln.
Verkäufer: »Also was diesen Bauplatz da angeht ..., ich glaube, da muss man viel schneller sein ... (...), ja, *es bleibt nur noch einer.*«

Herr und Frau F. werden angesichts dieser Eile ausgesprochen skeptisch. Der Verkäufer versucht nun herauszubekommen, ob er sie wenigstens interessieren konnte.
Verkäufer: »Andererseits, was die Finanzierung, was das Haus betrifft, entspricht das dem, was Sie suchen?«

Herr und Frau F. stimmen zu. Der Verkäufer versucht nun, über sie ein Dossier anzulegen.
Verkäufer: »... Also, also was ich damit sagen möchte, es gibt ein bestimmtes Vorgehen ... das ist, um einen Preis festzulegen, wenn es das Haus da ist, was Sie interessiert, dann gibt es schon die Möglichkeit, ein Dossier dieses Haus betreffend anzulegen, den Basispreis des Hauses festzusetzen, und davon ausgehend kann ich für die Finanzierung ins Detail gehen und mich auf die Suche nach einem Grundstück machen. *Mir, ich* ... (...) Wenn Sie wollen, können wir heute das Konstruktionsdossier anlegen, das Haus reservieren. Das wäre damit blockiert. Dazu muss man wissen, dass wir dafür

herzustellen, die, in bestimmten Fällen zumindest dem Anschein nach, bis hin zur Überschreitung der in die Funktion eingeschriebenen Grenzen gehen kann: Dies ist der Fall, wenn der Verkäufer, ganz im Vertrauen, wenn nicht sogar unter dem Siegel der Verschwiegenheit, einen besonderen Vorteil benennt, oder wenn er, als Beweis seiner Gunst, eine kostbare und vertrauliche Information preisgibt – z.B. über noch freie Grundstücke innerhalb einer Siedlung oder über die besondere Qualität eines Haustyps. Tatsächlich ist die Struktur der objektiven Beziehungen zwischen Verkäufer und Käufer, und allgemeiner, zwischen der Bank und ihren Klienten so geartet, dass in der Mehrzahl der Fälle die Ziele oder die Interessen des einzelnen Agenten völlig mit den Erfordernissen der Funktion übereinstimmen – hier also den Kunden dazu zu bringen, zu unterschreiben.[7] Der Verkäufer muss eine Distanz schaffen, d.h. eine Beziehung symbolischer Herrschaft, die sich am Ende in einem Akt der Identifikation mit den Beweggründen und den Interessen der Bank selbst aufheben soll, die dank der »persönlichen« Übereinstimmung von Verkäufer und Kunden als mit den Beweggründen und Interessen des Kunden völlig übereinstimmend dargestellt werden. Er muss den Vorteil nutzen, den ihm seine – als umfassend unterstellte – Kenntnis des Produkts verschafft, auch seine Kenntnis der Finanzierungsbedingungen und vor allem der Fallen, die darin enthalten sein können, um die Angst zu erzeugen oder zu verstärken, die sich im äußersten Fall nur in der Selbstaufgabe auflösen lässt.

Der Verkäufer, der vom Kunden erwartet, dass dieser sich seiner Gnade ausliefert und ihm die Macht überantwortet, über die Natur und Form des Vertrages zu bestimmen, muss ihm daher die eigene Inkompetenz handgreiflich klarmachen und ihm zugleich eine Hilfestellung anbieten, die der Verwirrung, in die er ihn gestürzt hat, angemessen ist, indem er sich in dessen Augen sowohl als wirklich aufgeschlossen für seine Sorgen und fähig zeigt, diese zu seinen eigenen zu machen, als auch noch besser als der Kunde selbst, »seine Interessen in die Hand zu

[7] Eines der größten Probleme von Bürokratien liegt in dem Umstand, dass sie die persönliche Identifikation mit der Funktion, die wahrscheinlich die beste Verführung ist, fördern müssen, dabei aber wissen, dass diese, auch wenn sie höchst funktionell ist, solange die privaten mit den institutionellen Zielen übereinstimmen, zur Abwendung von der Funktion und zur Umgehung des Rechts führen kann, wenn jene ihr widersprechen.

2.000 F Anzahlung brauchen. Wenn es Probleme geben sollte, können Sie die wieder zurückbekommen, und ich würde mir damit erlauben, einen Bauplatz zu suchen.«

Angesichts der Zögerlichkeiten von Herrn und Frau F. (»wir warten vielleicht, bis das Wetter besser ist, um da mal hinzufahren«) erlaubt sich der Verkäufer zu insistieren: »Das wäre schade für Sie, einen *Basispreis* für ein Haus zu verpassen, nur weil Sie gehen (...) Wissen Sie, das heißt nicht, dass man sich beeilt, es gibt dermaßen viele aufschiebende Faktoren ...«, und zu argumentieren: »Man kann nicht alles auf einmal machen, man muss Schritt für Schritt vorgehen.« Herr und Frau F. antworten: »Wir werden in Ruhe schauen (...) Gut, eventuell werden wir nächstes Wochenende wiederkommen«. Der Verkäufer beendet die Unterredung und überlässt ihnen seine Visitenkarte sowie die Finanzierungsstudie, die er gemacht hat; er fügt den Katalog hinzu, der die verschiedenen Modelle von Häusern enthält, danach begleitet er sie bis zum Zimmer nebenan.

nehmen«, wie man sagt. Vor eine Entscheidung von sehr hoher Tragweite gestellt und ohne über ein Minimum von notwendiger Information weder über die technischen Qualitäten des Produkts noch über die finanziellen Bedingungen des Kredits zu verfügen, neigt der Käufer dazu, sich an alles zu klammern, was wie eine persönliche Garantie aussehen kann; er nimmt Zuflucht zu einem Vertrag globalen Vertrauens, der in der Lage ist, seine Angst zu bannen, indem ein für allemal umfassende Garantien betreffs der Ungewissheiten der Transaktion abgegeben werden. Das ist es, was die Verkäufer deutlich merken, die ihrerseits das Spiel tatsächlich mitmachen: »Wir verkaufen nicht unsere Häuser. Man verkauft Grundstück und Haus als Einheit. Schließlich, nein, man verkauft unsere Finanzierungen und das Grundstück ... und unseren Kopf. Das hat nichts mit dem Haus zu tun, das ist wahr. Genau, das ist es: Man verkauft das Grundstück und unseren Kopf und als Prämie, wenn Sie so wollen, finden sie sich mit einem Haus wieder (Lachen) ... Sie fragen sehr selten, wie das Haus gemacht ist. Sehr selten.« Und die sozialen Wesensverwandtschaften, die sie mit ihren Kunden verbinden, liefern die Grundlagen dieser Beziehung gegenseitiger Identifikation.

Die strukturelle Homologie zwischen dem Raum der verschiedenen Hersteller und den sozialen Kennzeichen ihrer Agenten (vor allem der Verkäufer), dem Raum der angebotenen Produkte und dem Raum ihres jeweiligen Publikums

(Besucher, Interessenten) hat zur Folge, dass für eine Angleichung (nicht frei von örtlichen und partiellen Differenzen) zwischen den kommerziellen Strategien der verschiedenen Verkäufer und den sozial konstituierten Erwartungen des entsprechenden Publikums gesorgt ist. Nach einer Umfrage von 1981 durch das Institut français de démoscopie bei 571 Besitzern von Phénix-Häusern besteht die Phénix-Kundschaft zu 45,3% aus Arbeitern, 2,2% Hauspersonal, 18,6% Angestellten, 15% mittleren Führungskräften, 17% Handwerkern und Kleinhändlern, 1,5% Bauern, 2,2% anderen Beschäftigten, 10,6% Rentnern und 3,5% höheren Führungskräften und Mitgliedern freier Berufe. Und, bei identischer sozio-professioneller Kategorie, sind die Besitzer von Phénix-Häusern älter und vor allem weniger gebildet als die Besitzer der im Feld nahen Konkurrenz (wie GMF, Bruno-Petit und Chalet idéal), ganz zu schweigen von den Eigentümern der Häuser, die von Unternehmen hergestellt werden, die Häuser der »gehobenen Preisklasse« produzieren.

Und es lässt sich zugleich feststellen, dass das soziale Niveau der Verkäufer eindeutig niedriger liegt bei den großen industriellen Unternehmen, die die technisch und ästhetisch ärmlichsten Produkte anbieten und die die am wenigsten kultivierte und begüterte Kundschaft haben. So haben unter den Phénix-Haus-Verkäufern 22% CEP- oder CAP-Abschlüsse, 24% das BEPC, 12% geben Abiturniveau an, 13% haben das Abitur oder den BTS, und 5% haben studiert (24% haben keine Angaben gemacht).* Im Übrigen ist bekannt, dass zahlreiche Phénix-Haus-Verkäufer ihre Laufbahn als Industriearbeiter begonnen haben. All dies erlaubt die Annahme, dass sich die Verkäufer sowohl nach Ausbildungsniveau wie nach Werdegang gemäß einer Hierarchie differenzieren, die mit der der entsprechenden Unternehmen identisch ist. So trifft man bei Kaufman and Broad, einem internationalen Unternehmen, das Häuser »gehobenen Anspruchs« herstellt, auf Verkäufer, die höhere Studien absolviert haben, einige kommen sogar aus der Kunsthochschule.

Die Verkäufer besetzen eine strategische Stellung, weil sich größtenteils über sie die *Angleichung* zwischen dem Produkt und dem Käufer, also zwischen dem Unternehmen und einer bestimmten Kundschaft, herstellen muss. Neben anderen Faktoren für den Erfolg oder das Scheitern einer Wirtschaftspolitik oder eines Produkts ist zweifelsohne einer der entscheidendsten die »Harmonie« zwischen den Verkäufern und den Kunden, aber auch, innerhalb des Unternehmens, zwischen den Verkäufern und den kaufmännischen Führungskräften und den Marketing- oder Werbeabteilungen, die die kommerzielle Promotion des Produkts festlegen müssen. Außer der Vergütung, die natürlich viel zählt, v.a. beim Konkurrieren der verschiedenen Hersteller um die besten Verkäufer, ist vor allem die Übereinstimmung zwischen den Strategien, die die

* CEP: Certificat d'éducation professionelle. Abschluss nach einem berufsvorbereitenden Schuljahr; CAP: Certificat d'aptitude professionelle. Abschluss nach einer dreijährigen Lehrzeit; BEPC: Brevet d'études du premier cycle, entspricht etwa der Mittleren Reife; BTS: Brevet de technicien supérieur. Technikerdiplom; Anm. d. Übers.

»Ein wahrer Kreuzweg«

Herr L. und seine Familie haben beschlossen, sich um den Kauf eines Hauses zu kümmern. Er ist 32 Jahre alt und Programmierer in einer Informatikfirma. Sie ist 30 Jahre alt und Buchhalterin bei einer Versicherungsgesellschaft. Sie haben zwei Kinder, sieben und drei Jahre alt. Er spricht vom Bau seines Hauses: »Das ist wie Zwangsarbeit, das ist ein wahrer Kreuzweg: Um das zu tun, muss man wirklich wollen. Das ist wahnwitzig! Ich weiß nicht, wie ich mich ausdrücken soll, heutzutage erleichtert man die Kredite für Autos oder was weiß ich, aber für ein Haus ist es unglaublich, wieviel Papiere man braucht, und dieser Mangel an Koordination ... Ich habe mich schließlich um alles gekümmert. Normalerweise ist es der Hersteller, der sich um die Darlehen etc. kümmert. Na ja, vielleicht habe ich mir das Leben etwas komplizierter gemacht, aber was den Papierkram betrifft ..., eins hängt vom anderen ab. Und dabei verliert man Monat um Monat. Dann das Problem, dass das Grundstück noch nicht baureif ist: Schon muss man Geld auftreiben und sehen, wieviel man anlegen kann. Das ist das Problem am Anfang, man weiß nicht, wie und man weiß nicht, wo man anfangen soll: Soll man einen Hersteller aufsuchen? Aber der fragt Sie, ob Sie ein Grundstück haben. Muss man ein Grundstück suchen und dann einen Hersteller? Dafür muss man schon wissen, wieviel man anlegen kann.

Zu Beginn ist man hilflos; alle Probleme werden nämlich von der falschen Seite her angepackt. Bei mir hat es sich so abgespielt: Ich bin zum Hersteller, der hat mir gesagt, haben Sie ein Grundstück; nein? Er hat Grundstücke, aber entsprechen die Grundstücke, die er hat, dem, was wir wollen? Das ist nicht entscheidend. Wir können woanders ein Grundstück finden. Gut, das allein ist schon ein Problem. Danach die Bemühung um Darlehen, es zu schaffen, alles zu koordinieren. Von Anfang bis Ende ist es die Hölle. Da ist man zum Beispiel blockiert, weil man keine Baugenehmigung hat. Jetzt warten wir auf die Genehmigung, ab jetzt kann ich das Darlehen zu einem Prozent beantragen, ein Darlehen vom Arbeitgeber etc. Dann müssen wir beim Notar unterschreiben. Nichts ist so angelegt, dass es leicht geht. Vom Anfang bis zum Ende dauert das anderthalb Jahre, um ein Haus bauen zu lassen, das ist der blanke Hohn. Man braucht fast genauso viel Zeit, um den Papierkram zu erledigen, wie zum Bau des Hauses. Das ist völlig hirnrissig, oder?

Dann ist da das Verfolgen der Bauarbeiten. Ich bin da ziemlich

Verkäufer praktisch umsetzen, und den Strategien, die von den Spezialisten (von den Verkäufern oft als reine Theoretiker ohne wirkliche Kenntnis der Materie wahrgenommen) ersonnen worden sind, ursächlich für das *Glück*, mit dem die Verkäufer ihre Arbeit leisten, und wahrscheinlich auch für die Effizienz dieser Arbeit. Der Verkäufer spielt eine bestimmende Rolle bei der Produktion des Produkts: Was dem Käufer nämlich vorgeschlagen wird, ist nicht nur ein Haus, sondern ein Haus, das von einem umfassenden Diskurs von Freunden und Bekannten begleitet wird; wie die Untersuchung gezeigt hat, sind diese sehr oft der Grund für die Wahl eines bestimmten Herstellers und vor allem für die Wahl eines bestimmten Verkäufers, der sich sehr oft dafür persönlich verbürgt (»Wissen Sie, ich habe dasselbe und bin damit sehr zufrieden.«).

Die Verwandlung eines Hauskaufs in den Kauf eines Kredits, des Käufers, der auf Konkurrenz setzt, in einen Käufer, der der Konkurrenz ausgesetzt ist, der Untersuchung des vorgeschlagenen Hauses in die finanzielle Examinierung dessen, der es haben will, etc. kann nur gelingen und zur Unterzeichnung eines Vertrags (anstatt zur Flucht des Kunden) führen, wenn es dem Verkäufer gelingt, die Definition der Situation und seines eigenen Bildes in den Augen des Kunden – und zugleich das Bild, das der Kunde von sich selbst und der Situation hat – so zu verändern, dass sich die Beziehung ängstlichen Misstrauens in eine Beziehung vertrauensvoller Selbstaufgabe verwandelt, die auf einer bestimmten Form von Identifikation basiert. Indem sie sich auf das ethische und affektive Einverständnis stützen, das sie mit den Kunden verbindet, können die Verkäufer die Autorität des Experten und die des Ratgebers oder Vertrauten in sich vereinen, um bei den Kunden zu erreichen, dass sie im Verdikt der Bank freiwillig die unausweichlichen Zwänge der ökonomischen Notwendigkeit anerkennen, oder, wenn man das vorzieht, dass sie sich den Gesichtspunkt der Bank zu eigen machen, indem sie sich mit der Einzigartigkeit einer Person identifizieren, die die Mensch gewordene Bank ist: »Man muss immer von den Kunden beurteilen lassen, ob man ihnen einen Kredit gibt oder nicht«, sagt ein Verantwortlicher. Die am Anfang stehende Bonitätsprüfung, mit der sich der Kreditgeber gegen den Kreditnehmer schützt, kann dann so erscheinen, als sei man darum besorgt, den Kunden gegen unkluge Entscheidungen zu schützen, d.h. vor sich selbst. Und wenn der Bankangestellte seine Tätigkeit als Darlehensgeber, in einer starken Position nicht nur aufgrund des ökonomischen Kapitals, sondern auch wegen des Kapitals an Information, über das er verfügt, hinter dem Schein der desinteressierten Tätigkeit des Ratgebers verbergen kann, der wie der Arzt manisch, ich kümmere mich darum, ich werde da viel Zeit verbringen. Außerdem will ich, dass das gut gemacht wird, also werde ich viele Stunden dort verbringen, hin- und herfahren, sehen, wie es läuft etc., um sicher zu sein, dass es so gemacht wird, wie ich will. Denn es ist so, dass es selten genau so gemacht wird, wie es sein sollte. Man muss das Haus wollen.

(...) Immer der Eindruck, dass man es nicht schafft. Sicher, bei jemandem, der ein hohes Einkommen hat, der andere Vorteile hat, gut. Aber wir, schon ohne Hilfe von unseren Familien, wir haben uns immer selbst durchgeschlagen. Doch wenn man hier vor so vielen Problemen steht, dann möchte man am Ende aufgeben. Anfangs waren wir gut in Form und alles, aber dann waren wir immer enttäuschter, wir sagten uns, das geht nicht, wir schaffen das nie. Also, so gesehen, waren wir entmutigt. Einmal habe ich gesagt, das ist nicht möglich, wir kommen nie zum Ziel. Und weil ich mir das Ganze in den Kopf gesetzt hatte und das wollte, war ich frustriert und das nervte mich. Nun bin ich sehr zufrieden, dass ich es geschafft habe. Bei allen Leuten, die ich gesehen habe und die gekauft hatten, war es während der ersten zwei Jahre trotz allem ziemlich hart, weil man es schaffen muss, sich umzustellen, später ist das nicht mehr so ... Vor allem, wenn man die Entwicklung der Mieten sieht ... Doch was bei mir hängenbleiben wird, das ist dieser Eindruck, gegen Windmühlenflügel zu kämpfen, das ist irre! Der Eindruck, nicht voran zu kommen, das ist frustrierend. Wenn man nicht das Geld dazu hat, macht man in Wirklichkeit nicht immer das, was man will. Ich merke jetzt, dass von den Träumen, die ich hatte, was ich zu Beginn machen wollte, es ist hart, nur einen Teil von dem machen zu können, was man sich erträumt hat. Tatsächlich ist dieses Haus, für mich, zusammengeschrumpft, es ist nicht mehr das Haus, das ich mir vorgestellt hatte. Ich stellte mir ein großes Haus vor, große Zimmer, einen großen Kamin, was weiß ich ... Außerdem, als ich jung war, hatte ich viele Kumpels, die in Enghien wohnten, die ziemlich schöne Häuser hatten. Gut, ich sagte mir immer, das ist toll, das ist es, was ich haben möchte, gut, und dann die traurige Realität! (Lachen).« (Auszug aus einem Gespräch mit dem Käufer eines Fertighauses, Taverny [Val-d'Oise], Ende 1987).

oder Rechtsanwalt dem Kunden ein angehäuftes Wissen zur Verfügung stellt, dann tut er doch nichts anderes, als die Interessen der Bank zu schützen, wenn er den Kunden vor sich selbst schützt, indem er ihm z.B. davon abrät, laufende Verpflichtungen zu verheimlichen (Unterhaltszahlungen, andere Schulden etc.) oder sich über ein bestimmtes Maß hinaus zu verschulden.

Da er seine Häuser nur verkaufen kann, wenn es ihm gelingt, den notwendigen Kredit zu verkaufen, um die potentiellen Kunden in reale Kunden zu verwandeln, ist der Verkäufer in einer *double-bind*-Situation gefangen, wo die inhärenten Widersprüche der Strategien der Bank lediglich auf die Spitze getrieben sind: Auch wenn er als Verkäufer eines Produktes versucht sein kann, die Ungeduld, die Unbesonnenheit oder die Inkohärenz der schlechten Rechner auszubeuten, so muss er, um die Interessen der Bank zu schützen, als Verkäufer eines Kredits den Kunden vor exzessiven Kreditaufnahmen bewahren. Er muss also lavieren: zwischen der Versuchung des »Bedrängens«, die ihn dazu bringen würde, den Kunden zu einer maximal möglichen Rückzahlungsrate (festgelegt durch das Verhältnis zwischen den Rückzahlungsbelastungen und dem laufenden oder ständigen Einkommen) zu veranlassen, und der Furcht vor Zahlungsunfähigkeit und Überschuldung, was ihn veranlasst, sorgfältig die Ressourcen des Kunden und gegebenenfalls dessen sonstige vergessene oder verschwiegene Ausgaben zu kontrollieren. Er muss einerseits das Lustprinzip verkörpern, indem er wie die Werbeprospekte das Glück der Familie, den Komfort des künftigen Hauses etc. beschwört, und andererseits das Realitätsprinzip, indem er an alle finanziellen Zwänge erinnert.

Der doppelte Zwang, in den er eingesperrt ist, führt dazu, dass er spontan wie eine Art lebendiger Anreiz zum rationalen Kalkül agiert. Als Gefangener von Zwängen und Vorschriften, die ihm kaum Bewegungsfreiheit lassen, ist es vielleicht seine grundsätzliche Aufgabe, dem Kunden bei der Entsagungsarbeit beizustehen, die dieser leisten muss, um seine Erwartungen an seine Möglichkeiten anzupassen: Indem er ihn dazu bringt, sein Vorhaben innerhalb der Grenzen eines bestehenden Budgets zu denken, lässt er ihn entdecken, dass all die Eigenschaften des erträumten Hauses, die die Logik des Traumes auf magische Weise zusammen erscheinen lässt, voneinander abhängen und dass die unerbittlichen Optimierungskalküle der Ökonomie alle Konzessionen an

»Die Temperatur senken...«

Verkäufer: »Wenn Sie, als Kunde, gerade den Vertrag mit dem Verkäufer unterschrieben haben und Sie abends wieder nach Hause kommen, werden die nächsten zwei Tage schrecklich für Sie sein. Deswegen ist es nötig, es ihnen etwas leichter zu machen, indem man ihnen sagt: ›Gut, es ist soweit, man hat sich um Ihren Finanzierungsantrag gekümmert; Ihr Antrag ist an diese Bankgesellschaft gegangen; man hat den Verantwortlichen getroffen; man hat schon eine positive Antwort über ... die Annahme des Dossiers ... Ah! ... Gut ... schon geht es besser ... Und dann, später, steigt die Temperatur wieder. Dann beruhigt man sie wieder, indem man sie wiederaufsucht, und zwar mit der Darlehenszusage ... Also dann, da ist die Temperatur noch sehr hoch. Später gibt es die Probleme, die mit der Baugenehmigung zusammenhängen. Sie haben ihren Kredit, aber werden sie bauen lassen können, was sie wirklich wollen, weil das auch von den Vorschriften der ... eh ... Baubehörde des Départements abhängt. Gut, einverstanden, da ist die Spannung geringer, aber auch da gibt es Befürchtungen ... vor allem wegen der Änderungswünsche; jemand, der architektonische Änderungen vornehmen will, kann nicht sicher sein, dass der Architekt zustimmen wird (...). Aber da ist der Druck geringer. Er zeigt sich vor allem auf der Darlehensebene, wenn das Dossier heikel ist, also dann wird es schwierig. Aber schon nach der Annahme läuft es viel besser, weil sie wissen, dass sie ein Finanzbudget haben werden und dass sie trotz allem bauen können.«

Forscher: »Also Sie, Ihre Arbeit besteht in diesem Moment woraus ...?«

Verkäufer: »Sie zu bestärken, ... sie zum Einverständnis zu bringen, ... sie in ihrer Meinung zu bestärken, darin, dass sie eine gute Wahl getroffen haben ...«

Forscher: »Aber wie verhalten Sie sich dabei?«

Verkäufer: »Ja, das ist richtig, es gibt Leute, die schrecken vor der Finanzierung zurück ..., davor, sich auf fünfzehn, zwanzig Jahre zu verschulden. Und wenn Sie Ihr Darlehensangebot bekommen und wenn dieses Darlehensangebot, wenn Sie so wollen, die Berechnungen über zwanzig Jahre erscheinen lässt, mit allem, was Sie bezahlen! Man muss wissen, selbst 10%, das sind 10% pro Jahr, und auf zwanzig Jahre macht das 200%.

Sie verdreifachen Ihr Haus ... Also, das ist verrückt! Und man beruhigt sie zunächst mit ... mit dem eigentlichen Wert des Geldes. Aber das, das sind abstrakte Werte. Aber man kann sie viel stärker beruhigen, wenn man ihnen den Traum in einem Bereich (z.B. die bewohnbare Fläche) mit unvermeidlichen Zugeständnissen in einem anderen (im Allgemeinen die Entfernung zur Stadt) bezahlen lassen. Er kann ihm nur dann wirklich helfen, diese Trauerarbeit zu leisten, ohne in ihm jeden Wunsch zu vernichten, wenn er – während er sich der ökonomischen und rechtlichen Notwendigkeit vollständig beugt – alle Ressourcen seiner ökonomischen und technischen Kompetenz dem Kunden zur Verfügung stellt, um ihm zum größten Teil des Traumes zu verhelfen, der innerhalb der Grenzen seiner Mittel erreichbar ist. Die Sehnsucht nach dem Einfamilienhaus ist so groß,[8] dass die unvernünftigen Käufe, die eine Überschuldung nach sich ziehen, wahrscheinlich noch viel häufiger wären,[9] wenn die Kreditverkäufer nicht in der Lage wären, den Kreditnehmern die ökonomischen Zwänge aufzuerlegen, die die Wirkung der *vernünftigen* (und nicht rationalen) *Antizipationen* verstärken, die die Mehrzahl der Kunden bei ihren ökonomischen Vorgehensweisen spontan vornehmen. Die Anweisungen und Empfehlungen der Verkäufer haben nämlich umso größere Chancen, zu einer endgültigen Identifikation zu führen, die durch die Unterzeichnung des Vertrags ihre endgültige Weihe erhält, je umfassender der Kunde schon im voraus den Erwartungen der Institu-

[8] »Sie wollen dermaßen gerne hören, dass sie ihr Fünf-Zimmer-Haus mit dem Garten kaufen und dass sie es ohne Probleme schaffen können, dass sie dazu neigen, sich die Realität zu verschleiern (...). Wir haben eine Dame gesehen, die dermaßen unbedingt kaufen wollte, dass sie uns versichert hat, nicht mehr als 500 Francs, glaube ich – eine lächerliche Zahl – für die Ernährung von fünf Personen pro Monat auszugeben. Sie will so nachdrücklich zeigen und ausdrücken, dass sie kaufen will, dass sie uns schließlich sagt: ›Nein, es gibt keine Probleme, denn das Gemüse, das gibt mir der und der, oder nein, wir essen nur noch Nudeln; abends gibt es nur eine Suppe, denn Fleisch haben die Kinder schon in der Kantine gegessen.‹ Sachen gibt es! Es gibt wirklich Leute, die sich die Augen zuhalten und davon überzeugt sind, dass sie es schaffen, wenn sie sich den Gürtel enger schnallen. Und man trifft auch Familien, die sich keinen Urlaub gönnen, um zu kaufen. Es ist eine Angelegenheit, die ungeheuer wichtig ist.« (Rechtsberater vom ADIL in Val-d'Oise).

[9] Im Jahr 1963 waren bei der Compagnie bancaire *lediglich 0,06% der Kreditverträge* heikle Fälle. Verschiedene Studien lassen vermuten, dass sich die Überschuldung im Immobilienbereich seit einigen Jahren beträchtlich erhöht hat, vor allem wegen des Rückgangs der Inflation, was die Zahlungsfähigkeit der Schuldner beeinflusst hat, die in den Jahren 1981-1984 Kreditverträge mit progressiven Rückzahlungsraten abgeschlossen hatten, d.h. eine Veränderung der Struktur bewirkt hat, auf die die Dispositionen und Strategien ausgerichtet waren (Siehe Comité consultatif, *Rapport du groupe de travail sur l'endettement et le surendettement des ménages*, Paris, Juli 1989).

sagt, dass sie sich nicht *verpflichtet* fühlen müssen, für den Kauf zwanzig Jahre zu brauchen ...«
Forscher: »Dass sie sich nicht verpflichtet fühlen müssen, zwanzig Jahre für den Kauf zu brauchen?«
Verkäufer: »Natürlich nicht ... dass sie es verkaufen ... Und da der Immobilienmarkt ... ich kenne keinen, der auf dem Immobilienmarkt Geld verliert ... Sie kaufen etwas für 200.000 Francs. Selbst wenn Sie keinen großen Mehrwert machen, verkaufen Sie es für 400.000 bis 500.000 Francs zehn Jahre später ... Und von da an beginnen Sie mit einem neuen privaten Eigenanteil, und Sie starten mit neuen Grundlagen...(...).

Ein Haus für's Leben: Das stimmt jetzt nicht mehr (...). Sie haben jung Verheiratete, junge Haushalte mit einem ganz kleinen Kind, die sofort ein Fünf- oder Sechs-Zimmer-Haus wollen, weil das *ihre* Erwerbung ist ... gut, wenn das vom Finanzplan her geht und wenn ihr Budget das erlaubt, dann ist das sehr gut. Aber man muss das Problem entdramatisieren, wenn das nicht geht. Warum wollen Sie sechs Zimmer, obwohl Sie nur zu dritt sind? Was wollen Sie damit gegenwärtig anfangen? Gut, Sie haben eine persönliche Einlage dieser Höhe, Sie haben Einkommen in der Größe, die Ihnen den Zutritt zum Besitz eines Einfamilienhauses erlauben. Aber, auf welcher Grundlage?«
Forscher: »Ich wusste nicht, dass Sie dies als Verkaufsargument verwenden ...«
Verkäufer: »Das ist kein *Argument* als solches, sondern vielleicht ein *Gegeneinwand;* auf einen eventuellen Einwand wegen des Preises, wegen der Laufzeit, wegen der Fläche, wegen der Größe kann man sehr gut ... eh ... diese ... Floskel verwenden, natürlich.«
Forscher: »Sie sagten ›Gegeneinwand ...‹«
Verkäufer: »... Und die Person, die träumt und die ihr Haus will, die stellt es sich im Geist vor etc. ... Und ihr beizubringen, ein Projekt *unterhalb* dessen zu haben ..., was sie sich wünschen, das ist nicht einfach. Das Umgekehrte ist immer einfacher.«
(Auszug aus einem Gespräch mit einem Verkäufer, der bei einem landesweiten Hersteller arbeitet, Ausstellung des Einfamilienhauses, Paris, Oktober 1984).

tion angepasst ist. Dieser »ideale Kunde« ist der kleine oder mittlere Beamte, der über *gerade* genug finanzielle Ressourcen verfügt, um ausreichende Sicherheiten zu bieten, seiner Zukunft gerade sicher genug ist, um vorausblickend sein zu können, ohne wohlhabend genug zu sein, um auf den Kredit verzichten zu können; der über gerade genug kulturelle Ressourcen verfügt, um die Forderungen der Bank zu verstehen und sich zu eigen zu machen, aber nicht genug, um deren Manövern einen organisierten Widerstand entgegensetzen zu können. Die Laufbahn des Beamten ist nämlich in zweifacher Hinsicht die Ursache einer Verhaltensweise, die für rational gehalten wird – die eines kalkulierbaren und zum Kalkül fähigen Wesens: Wie man sehen konnte, ist es diese Verhaltensweise, die eine abgesicherte Existenz mit einem ständigen Einkommen in eine Art potentielles Kapital umwandelt, das mittels des Kredits teilweise aktualisiert werden kann. Zum anderen begründet und ermöglicht sie auch die rationalen und kalkulatorischen Dispositionen, ohne die kein rationaler Gebrauch von dieser Kreditform gemacht werden kann.

Die Vorliebe der Bank für diesen Kunden aus dem richtigen Milieu wird in aller Klarheit durch die Ablehnung deutlich, die sie ausdrücklich (aufgrund der Erklärungen von Verantwortlichen und Agenten) zwei diametral entgegengesetzten Kategorien von Kunden entgegenbringt, deren Gemeinsamkeit in der Sünde der Maßlosigkeit besteht, allerdings in einem entgegengesetzten Sinn. Da ist einerseits der »wenig interessante« Kunde, der, gleichermaßen ohne ökonomisches und kulturelles Kapital, zu allem bereit ist, um seine Träume Wirklichkeit werden zu lassen, und sich zu unhaltbaren Verpflichtungen hinreißen lässt (die nach einigen Untersuchungen mehr als 40% des Einkommens erreichen können), dies vor allem deswegen, weil er nicht über das notwendige Informationsminimum verfügt, um die ihm von den Beschäftigten gelieferten Hinweise zu nutzen (und weil er die Mechanismen von Wohnbeihilfe oder progressiven Darlehen nicht versteht).[10] Andererseits gibt es

[10] Nach einer Untersuchung der Kindergeldkasse von Mâcon ist der Anteil von Dossiers, die eine Rückzahlungsrate von mehr als 30% hatten, zwischen 1985 und 1987 leicht zurückgegangen: von 30% auf 20% der Zahlungsempfänger. Gleichwohl hatten 1987 7% der Dossiers eine Rückzahlungsrate von mehr als 40%, und im Februar 1988 hatten 10,5% der Dossiers eine Rückzahlungsrate von mehr als 37%. (Siehe Comité consultatif, a.a.O., S. 17)

den »lästig« genannten Kunden, der zu gut informiert ist und seine Interessen und Rechte zu gut kennt, um sich manipulieren zu lassen, und der es unternimmt, all die Möglichkeiten auszuspielen, die im persönlichen Zuschnitt des Kredits liegen, um tatsächlich alle finanziellen Vorteile zu erhalten, die mit der Tatsache zusammenhängen, dass er sehr gewichtige Sicherheiten liefert. Ersterer ist oft unter Zeitdruck, kann nur einen sehr begrenzten Eigenbeitrag leisten und bietet schwache persönliche Sicherheiten; er will einen langfristigen Kredit; er befindet sich unterhalb der Schwelle des Kalkulierbaren und schätzt schlecht ab, was er wert ist und will deshalb mehr, als er wert ist. Der Zweite, der nicht allzu schlecht wohnt, kann warten; er bietet einen gewichtigen Eigenanteil und reale Sicherheiten, was ihm die Gewissheit verschafft, überall willkommen zu sein. Er braucht keine sehr langen Rückzahlungsfristen und verfügt über die intellektuellen Möglichkeiten, sich seiner Trümpfe, die er gut kennt, bestens zu bedienen.

Die Angestellten der Bank verfügen ihrerseits über alle Mittel, dem Kunden »Vernunft beizubringen«.[11] Das Prinzip des persönlichen Kredits bringt es mit sich, dass die Vorbereitung des Vertrags wie ein »Enthüllungsmechanismus« wirkt, um die Ausdrücke der Vertragstheorie

[11] Um eine Vorstellung von dem Kräfteverhältnis zu liefern, das zwischen der Bank und ihrer Kundschaft, sogar der meistbegünstigten, entsteht, würde es reichen, die Reportage zu zitieren, in der ein Finanzjournalist die Erfahrung wiedergibt, die die Bankdirektoren mit ihren Kunden, selbst den »schwierigsten«, machen. »Wer ist der Stärkste, der feinsinnige Schlossherr, der von seiner Wichtigkeit durchdrungene Industriekapitän, die gekommen sind, um eine ›Überziehung‹ zu erbitten, oder der Bankier – ein abhängig Beschäftigter! –, der in der Lage ist, der Bitte nachzukommen oder sie in aller Souveränität zurückzuweisen? Der Zweikampf spielt sich selten in dieser Weise ab, aber es gibt andersartig verletzende Waffen in diesem Kampf, der sich nicht als solcher ausgibt. Ausgequetscht, nackt ausgezogen, ausgeforscht über jede Zeile seiner Bilanz, in seinem Hochmut getroffen, wird Ersterer versuchen, seine Unterlegenheit durch unnütze Kunstgriffe zu kompensieren: Die Täuschungsmanöver des Kranken beirren den Psychoanalytiker nicht. Manchmal geht er bis zur Verachtung: ›Für manche‹, sagt Jean Duchemin, ›bin ich lediglich ein Geldlieferant. Wenn sie wichtig genug sind, behalte ich meine Gedanken bei mir.‹ (...) Der Bittsteller weiß dennoch: Der Bankier geht immer als Sieger aus dem Gefecht hervor. Diese Gewissheit erklärt vielleicht die Abgeklärtheit, mit welcher der Mann von der BNP, vom CIC oder vom Crédit agricole (verschiedene französische Banken und Sparkassen, Anm. d. Übers.) es akzeptiert, sich dem Kunden zur Verfügung zu stellen: Er ist es, der das Sagen hat, der letztlich entscheidet. Und dies heilt seine Komplexe. (...) In allen Fällen ist diplomatisches Verhalten unerlässlich: Niemals wird man einen Kredit verweigern, ohne zu erklären, dass dies im Interesse des Kunden ist ...« (*L'Expansion*, Januar 1972, S. 102f.).

zu verwenden;[12] sie nötigt nämlich den Kunden, eine fast totale Information (mit einigen leichten Verheimlichungen) gegen sehr geringe »Wahrheitserschließungskosten« zu liefern. Die Bank verfügt folglich über alle Mittel, nach je eigenem Interesse zu handeln, indem sie so »zwischen den Agenten diskriminiert«, dass für jeden von ihnen ein spezifischer Vertrag eingerichtet wird. Sie verfügt über alle notwendigen Informationen, um die Kunden auszuwählen, die keinen verborgenen Mangel aufweisen, und um die Ausbeutung dieser rentablen Kunden bis zu dem Punkt zu treiben, ab dem die Risiken zu groß werden würden. Sie ist daher fast vollständig gegen die Risiken der »falschen Auswahl« geschützt, zu der es kommen könnte, falls sie eine der Eigenheiten des Kunden nicht wahrnehmen würde, die sie zu einer Zurückweisung des Vertrages veranlassen würde: Sie ist nämlich imstande, dem Darlehensnehmer Vernunft beizubringen, der versucht sein könnte, diese oder jene anderen Schulden oder diese oder jene andere Verpflichtung zu verbergen, die geeignet wären, seine Zahlungsfähigkeit zu bedrohen. Sie ist ebenso geschützt vor dem *moral hazard*, d.h. den unliebsamen Überraschungen durch einen Verhaltenswechsel des Beteiligten, hervorgerufen etwa durch die *Verzweiflung* im Gefolge der Entdeckung verborgener Mängel des Vertrages oder des Kaufes oder von beidem zusammen. Es wird einsichtig, dass die Überschuldung (was nicht das Synonym von *Zahlungsunfähigkeit* ist) nur einen sehr kleinen Teil der verschuldeten Bevölkerung betrifft.

Der Schuldner, genötigt, in den Verhandlungen über den Kreditvertrag, der die Grenzen seiner legitimen Erwartungen bestimmt, rational zu sein, ist auch genötigt, in seiner Lebensführung vernünftig zu sein, zu der er sich, ohne es so genau zu wissen, mit der Unterschrift unter einen Vertrag verpflichtet hat, der oft genug eine ganze Reihe verborgener Konsequenzen enthält (wie die Erhöhung der Wegekosten, die Anschaffung eines zweiten Wagens etc.). Die Entsagungsarbeit, die sich, unterstützt vom Verkäufer, durch die Diskussion des Finanzierungsplan vollzieht, setzt sich über den Zeitpunkt der Vertragsunterzeich-

[12] Über die Vertragstheorien und die Konzepte von »*widerstreitender Auswahl*« oder von »*moral hazard*« könnte man u.a. lesen: O. Hart und B. Holmström, The Theory of Contracts, in: *Advances in Economic Theory*, Fifth World Congress, T. Bewley ed., Cambridge, Cambridge University Press, 1987.

nung (die ihrerseits oft genug einen Akt der Resignation ratifiziert) hinaus fort: Nichts ist vernünftiger und realistischer als diese lange Abfolge von Rechtfertigungen, denen man oft begegnet, wenn man nach der Geschichte der aufeinanderfolgenden Wohnungen fragt (»Naja, wenigstens ist man bei sich zu Hause ...«, »Nichts geht über den Grundriss« etc.) und die das Ergebnis einer ungeheuren *Trauerarbeit* sind, die der Käufer leisten muss, um schließlich mit dem *zufrieden zu sein*, was er hat, wenn er all das entdeckt, was sein Kauf enthält: den Krach der Rasenmäher am Wochenende, das Gebell der Hunde, die Auseinandersetzungen wegen der Gemeinschaftsdienste etc. und vor allem den *Zeit*aufwand für die täglichen Wege zur Arbeit.

Unter den Hausbesitzern wenden die Vertreter der mittleren Berufsgruppen in Unternehmen und Verwaltungen, Techniker und Angestellte die meiste Zeit auf, um zu ihrem Arbeitsplatz zu kommen, während die Angehörigen freier Berufe und die Unternehmer die wenigste Zeit dazu brauchen: 13,5% der Angehörigen mittlerer Berufsgruppen im öffentlichen Sektor, 12,5% der Angehörigen mittlerer Berufsgruppen in Privatunternehmen und der Techniker, 11% der Angestellten, die jeweils Besitzer eines Hauses in der Ile-de-France sind, brauchen *täglich mindestens drei Stunden* für den Weg zwischen Heim und Arbeit, was bei keinem einzigen Unternehmenschef oder Angehörigen freier Berufe der Fall ist. Unter denen, die zwei Stunden und mehr brauchen, zählt man noch 48,5% der leitenden Angestellten des öffentlichen Dienstes, 35,5% der Ingenieure. Bei den hausbesitzenden Arbeitern haben Vorarbeiter und Meister den zeitlich längsten Arbeitsweg und angelernte Arbeiter den kürzesten.

So beugen sich nach so vielen Beratungen und Konsultationen die Käufer, wider Willen vernünftig, nur noch den Zwängen, die vermittelt durch die neuen Formen finanzieller Hilfe den Immobilienmarkt beherrschen – die einzige Wahl, die ihnen bleibt, besteht darin, zwischen der ästhetischen oder technischen Qualität der Wohnung und der Abgelegenheit, in der diese sich befindet, zu wählen, d.h. zwischen einer mittelmäßigen, aber nahe am Arbeitsplatz gelegenen Wohnung und einer geräumigeren, komfortableren, aber weiter entfernten Wohnung. Sie mussten dafür »zurückstecken«, vor und nach ihrer Entscheidung, und sich zu dieser Art von *amor fati* zwingen, für die der Automarkenpatriotismus nur ein anderer Ausdruck ist, und die es erlaubt, aus der Not eine Tugend zu machen, indem dabei ganz bewusst, wie beim richtigen Wetten, von allen mit dem ökonomischen Universum verbundenen Unwägbarkeiten abstrahiert wird, Entlassung, Versetzung etc., ganz zu schweigen von all den Unbekannten des häuslichen Lebens, Fortdauer der Ehe oder Scheidung, Dableiben oder Weggang der Kinder etc., was stillschweigend in ihre »Wahl« miteingeht.

Anhang

Die Argumentationshilfe und ihre Anwendung

Frau A., eine junge Handelssekretärin bei einem landesweiten Hersteller, ist dafür zuständig, das Telephon zu bedienen und die Termine der Verkäufer aufzunehmen. »Unsere Gesellschaft hat uns ..., genauer, eine Person, die sich um die Ausbildung des Personals kümmert, hat uns Gesprächshilfen geschickt.« Sie nimmt aus ihrer Schublade zehn zusammengeheftete Blätter, die sie von der Direktion bekommen hat. Oben auf der ersten Seite kann man lesen: »Gesprächshilfe«. Sie legt das Dokument vor sich hin und beginnt, laut vorzulesen, wobei sie die Ratschläge aufzählt, die bei jeder der Situationen, die eintreten können, befolgt werden sollen:

Beim Telephonanruf:* *Ja, natürlich. Sie sind Herr? Ihre Adresse. Ihre Telephonnummer. Mein Herr, ich werde Ihnen eine Antwort geben, die Sie nicht zufriedenstellen wird, denn ich kann mir vorstellen, dass Sie einen genauen Preis möchten, nicht wahr? Also werde ich Ihnen zwischen dem und dem Preis antworten ...* (Und sie kommentiert) also das hat da nicht viel zu bedeuten, man versucht, zu ... ein bisschen über den Finanzierungsplan zu sprechen ...

Und fährt fort zu lesen:

Einzelheiten bezüglich der finanziellen Fragen: *Ich sehe, mein Herr, dass Sie sich für den finanziellen Aspekt interessieren. Sie haben recht. Das ist sehr wichtig.* Diese beiden Sätze verwende ich. *Und daher wird unser Experte alle Ihre Fragen beantworten. Daher schlage ich Ihnen vor, ihn dann oder dann zu treffen.*

Die Frage nach dem Preis: Bei der Frage nach dem Preis bleibe ich immer vage. Das ist zwischen dem ... und dem ..., ich nenne den Preis nicht. Das ist, um die Leute im Ungewissen zu lassen und damit sie Lust bekommen, jemanden zu sehen, um weitere Informationen zu erhalten. Wenn ich ihm den Preis gebe, wird er sagen: »Auf Wiedersehen, meine Dame« und mehrere andere Hersteller anrufen, und er wird hinterher selbst auswählen ...

– Aber Sie, Sie kennen die Preise ...

– Frau A.: Natürlich, natürlich. Ich habe die Tarife, natürlich (...). Aber für alle Modelle sage ich zwischen 250.000 Francs und 300.000 Francs

---

* Wir haben Fett- und Kursivschrift verwendet, um anzuzeigen, dass es sich um Auszüge aus der Verkaufshilfe und nicht um Äußerungen der Angestellten handelt.

... manchmal 350.000 Francs: »Wieviel kostet ein Fünf-Zimmer-Haus?« Dann sage ich ihnen: »Gut, fünf Zimmer. Aber wir haben eins mit 90 m², oder eins mit 80 m², wir haben ein Haus in Form eines L oder ein Haus mit Etage ..., und das sind alles Fünf-Zimmer-Häuser«. Dann sagt sich der Kunde:»Oh, lala«, und er hat Lust, sich das anzusehen. So gelingt es mir, seine Daten zu bekommen.

Das Wieder-Anlocken der Kunden: Es gibt auch welche, die dazu dienen, die Kunden zum Antworten zu bringen ... (Frau A. liest vor)*: Sie haben vor einiger Zeit Kontakt mit uns aufgenommen. Ich rufe Sie daher an, um zu sehen, wie weit Sie mit Ihrem Bauvorhaben sind?*

– Und dann, was antwortet er Ihnen?

– Frau A.: (liest vor) Er sagt: *»Wir haben es fallengelassen«*. Dann antworte ich: (liest): *Herr Sowieso, Sie haben Ihr Vorhaben verschoben und aus welchem Grund?* Dann, falls *aus finanziellen Gründen: Sie hatten damals einen unserer Spezialisten getroffen, hat er Ihnen einen Finanzierungsplan gemacht? Wenn er mit Ja antwortet*, sage ich: *Was hat das ergeben? Hat sich Ihre finanzielle Situation seither geändert?*

Wenn er nein antwortet, dann fahre ich fort: *Darf ich Ihnen darüber ein paar Fragen stellen? Haben Sie Kinder? Wie alt sind sie? Was sind die monatlichen Einkünfte Ihres Haushalts?* Dann, *erste Annahme, wenn die erhaltenen Zahlen der festgelegten Summe entsprechen oder größer sind: Haben Sie einen finanziellen Eigenanteil oder einige Ersparnisse von Seiten Ihrer Familie? Wenn die Antwort ja ist: Haben Sie ein Grundstück? Ist die Antwort zustimmend: Wo? Ist die Antwort verneinend: In welchem Bereich möchten Sie bauen? Zweite Annahme, wenn die erhaltenen Zahlen kleiner sind als der festgelegte Betrag: Können Sie über einen Betrag verfügen, der Ihnen erlauben würde, mit diesem Vorhaben loszulegen? Die Antwort ist nein.* Ich sage dann: *Was ich Ihnen zunächst vorschlagen kann, ist, Ihnen unseren Katalog zuzuschicken und in einigen Monaten wieder Kontakt mit Ihnen aufzunehmen. Doch wenn Sie zwischenzeitlich Fragen an uns haben, stehen wir Ihnen zur Verfügung.* (...) Ich habe letzten Monat einen neuen Versuch bei allen folgenlosen Fällen unternommen, ich musste etwa vierzig wieder aufgreifen, und ich habe drei Termine festmachen können. Das ist wenig, oder? ... Gut, das ergab zwei Verkäufe, aber ... naja ... sagen wir, das ist wenig im Verhältnis zu den Leuten, ... was sie uns erzählen. (...) Also, was man dagegen getan hat, und was nicht schlecht gewesen ist, wie es sich erwiesen hat, war, dass man den Leuten, die von einer Person als folgenlos eingestuft worden waren, eine andere Person zugeteilt hat, wenn es mir gelungen war, wieder einen Termin auszumachen. Und es war diese andere Person, der es gelungen ist, sie unterschreiben zu lassen.

Annullierung des Termins: Also da, da ist es sehr schwer ... sehr schwierig, wieder anzusetzen (...) Der Kunde sagt uns: »*Ah, Madame, es ist mir sehr unangenehm, denn ich werde nicht da sein können, um Ihren Verkäufer zu empfangen.*« Ah, das ist dann der Fall, wo ich versuche, zu tricksen, wenn es ein Termin tagsüber ist. Die Leute haben zum Beispiel einen Termin zwischen 18 und 20 Uhr, und ein Kunde ruft mich morgens an, um abzusagen.

Dann versuche ich, mein Spielchen zu spielen und den Termin zu halten, und sage, dass sie nicht da sind und dass ich sie auch im Laufe des Tages nicht sehe ... Ich bin sehr verärgert, weil ich sie nicht sehen kann ... Oder dann, wenn es am Tag davor ist, sage ich sogar (Frau A. liest von ihrem Blatt): *Ah, es ist sehr ärgerlich, mein Herr, aber unglücklicherweise werde ich den zuständigen Sachbearbeiter hier heute Abend oder morgen Abend nicht sehen können ... Gut ... Im Übrigen weiß ich, dass er mit mir über Ihr Vorhaben gesprochen hat und Ihnen dazu wichtige Einzelheiten mitteilen wollte ...* Also da sage ich eher: »Ach, das ist schade, weil wir gerade gestern von Ihnen gesprochen haben und weil er Ihnen Vorschläge machen wollte.« Also das, das ist gut, weil sich da die Leute sagen: »Das ist gut, man spricht von mir.« Das beeindruckt sie.

Frau A. nimmt ihre Verkaufshilfe und liest: **Rückgängigmachung eines Verkaufs:** Also das, das ist auch sehr hart...

– Ja?

– Frau A.: (liest vor): *Also, Herr Sowieso, um eine Rückgängigmachung zu erreichen, um Ihnen Ihre Anzahlung zurückgehen zu lassen und um Ihr Dossier zurückzuziehen, müssen Sie so schnell wie möglich Herrn M.* (den Verkäufer) *treffen, der Ihnen die notwendigen Schritte erklärt und die Formalitäten angehen wird.* Ich versuche auf diese Weise, dass der Verkäufer einen zweiten Termin mit ihm hat.

– Und das funktioniert so?

– Frau A.: ... Ja, das funktioniert, denn die Leute haben uns immerhin einen Scheck zukommen lassen, oder? Und uns ihre Gehaltsunterlagen gegeben, ihre Steuerbescheide etc., wir haben ihre persönlichen Unterlagen, darauf setze ich. Aber das muss man sehr schnell tun, wirklich!

– Ja?

– Frau A.: Innerhalb von höchstens 48 Stunden. Innerhalb von 24 Stunden ist es sehr gut. Wenn er anruft, stoppt man praktisch mit allem anderen und kümmert sich darum, wirklich! Weil es ein Verkauf ist, der erst wieder eingefangen werden muss ... vor allem, wenn sie Ihnen sagen, dass es mehr oder weniger einen anderen Konkurrenten gibt ...
– Und dann, kommt man wieder ran?
– Frau A.: ... Tja ..., das hängt davon ab ... Nein ..., das ist ungewiss, nicht. Mal geht's, mal geht's nicht! Letzten Monat hatten wir welche, wir haben versucht, sie wieder einzufangen, keiner ist wieder erwischt worden: Es gab eine Arbeitslosigkeit, eine nicht verkündete Scheidung ..., das war in dem Moment uneinholbar, vielleicht in einem Jahr!
Eine verlorene Sache (der Kunde macht seinen Vertrag mit dem Hersteller rückgängig). Frau A. liest aus ihrem Text: *Haben Sie damals einen unserer Experten getroffen? Herr Sowieso, ich werde Sie um eine Gefälligkeit bitten. Können Sie mir sagen, was Sie woanders gefunden haben und was wir Ihnen unglücklicherweise nicht haben anbieten können?*
– Und was antwortet man Ihnen da?
– Frau A.: Also, (Lachen) ... alles Mögliche. Man hat ..., dass der Verkäufer nicht passte ..., oder ... dass er uns das nicht gesagt hat ... etc.

Die »Kommentare« von Frau A.
– Frau A.: ... Ah, also ich bin nicht besonders für diese Machart ... Ich habe darüber schließlich mit meinem Bereichschef letzte Woche gesprochen, weil ich nicht weiß, wie es der Kunde am Telephon aufnimmt, aber ich, wenn ich so mit ihm spreche, ich habe den Eindruck, dass ich vorlese. Und dann stört mich das ein wenig. Das ist nicht spontan im Verhältnis zu dem, was mir der Kunde sagt. Ich gehe nach meinem Schema vor:

(Frau A. liest aus ihren Blättern vor) *Also ja. Haben Sie eine Lieblingsortschaft?* Gut, also das sage ich während des Gesprächs, aber wenn ich einmal davon gesprochen habe und wenn ich dem Verkaufshandbuch nicht mehr folge, dann weiß ich nicht mehr, wo ich gerade bin! Sehen Sie! Aber es ist auch schwierig, weil alles von dem abhängt, was Sie der Kunde an einem bestimmten Moment fragt. Man ist also im Hinblick auf deren Argumentationskette hinterher. Und das stört mich deshalb, weil ich den Eindruck habe, zuviel vorzulesen...

– Aber gibt es auch Sätze, die man Sie in diesem Verkaufshandbuch sagen lässt, die dem widersprechen, was Sie spontan sagen würden?
– Frau A.: ... Tja ... (liest von ihrem Blatt): *Hallo, bin ich da bei Herrn und Frau? Sie sind Herr oder Frau. Guten Tag. Hier* (Name des Herstellers). *Sie haben uns geschrieben. Das ist sehr liebenswürdig von Ihnen. Ich danke Ihnen dafür. Ich habe mir die Auskünfte angesehen, die Sie uns zukommen ließen, und ich vermisse eine, die das Grundstück betrifft. Sie haben uns gesagt, dass Sie kein Grundstück besitzen, aber in welcher Gegend möchten Sie bauen?* Gut, also das sage ich ohne Probleme ... *Haben Sie eine bevorzugte Gegend?* ... Gut, ok ... Also das:« Hätten Sie eine bestimmte Ortschaft im Auge?«, da versuche ich, nicht zu genau zu fragen, weil ich annehme, dass die Leute, wenn sie in Meudon wohnen, auch Lust haben, in Meudon bauen zu lassen; oder wenn sie im 16. Arrondissement wohnen, auch Lust haben, im 16. bauen zu lassen ... Also da ... ein Problem ... (Lachen), weil, erstens gibt es keinen Bauplatz und dann haben die armen Leute oft genug kein Geld ... Also, anstatt ihnen zu sagen, dass das nicht möglich ist – das ist schlussendlich auch nicht meine Aufgabe, da müssen die Kerle, später, draufkommen, das Ziel ist es, dass ich Termine festmache – also da, anstatt zu sagen: »Haben Sie eine bevorzugte Ortschaft«, frage ich sie, in welchem Bereich sie vorhaben zu bauen ...
– Sie bleiben eher unbestimmt ...
– Frau A.: Genau! Ich bleibe lieber unbestimmt ... ja, das stimmt, dieser Satz da: »In welcher Ortschaft möchten Sie gerne«, davon spreche ich praktisch nie ... Das blockiert mich ..., denn unser Job ist es, den Kunden davon zu überzeugen, woanders ein Grundstück zu nehmen.
– Gibt es noch andere Sätze, die Sie ...
– Frau A.: (liest weiter vor) »*Also, was ich Ihnen vorschlage, ohne Verpflichtung von Ihrer Seite* – das sage ich natürlich, denn die Leute haben immer sehr viel Angst – *das ist, unseren Spezialisten zu treffen, der auf alle Ihre Fragen antworten wird, zunächst für den Finanzierungsplan, das heißt, von welchen Vorteilen und welchen Darlehensarten Sie profitieren können* – darüber wissen die Leute auch grundsätzlich Bescheid, weil sie ... verschiedene Gesellschaften aufgesucht haben – *und dann für den Grundstücksplan, das heißt, welchen Bauplatz und welche Vorsichtsmaßnahmen getroffen werden müssen* – das, davon spreche ich nie ...

– Nein? Warum?
– Frau A.: Weil ... nein, weil ... das ist wie bei der bevorzugten Ortschaft ..., welcher Bauplatz und welche Vorsichtsmaßnahmen getroffen werden müssen ..., weil ich darüber in Wirklichkeit nicht diskutieren kann ..., denn der Kunde wird mir sagen: »Was soll das denn heißen, welche Vorsichtsmaßnahmen getroffen werden müssen?« ... und ich weiß es nicht.
– Was sagen Sie stattdessen?
– Frau A.: (Lachen) Ich überspringe diesen Satz schlicht und einfach ... Alles, was den Boden anlangt, grundsätzlich ... tja. Gut, ich bleibe beim Haus, ja! Ich spreche nicht über das Grundstück (Frau A. nimmt ihre Lektüre wieder auf): *Sie werden natürlich mit ihm über Ihr Haus sprechen, Sie werden ihm Ihre Entscheidung mitteilen, und er wird auf alle Ihre Fragen antworten. Ich schlage Ihnen also vor, ihn dann oder dann zu treffen ...* (Falls der Termin sehr spät liegt) *Gibt es einen Tag, wo Ihr Mann früher Zeit hätte?* (Man setzt dann den Termin neu fest, und das war's.) Na gut, von den Abteilungsleitern sind Versuche gemacht worden, es ist ihnen sozusagen gelungen, bei ... zehn Adressen fünf Termine auszumachen, mitten am Nachmittag. Ich mach' da gerne mit, aber für mich ist das nichts.Ich habe das selten. Die Leute arbeiten. Ich kriege sie ab 18 Uhr ... oder ab 20 Uhr (...). Aber im Allgemeinen gehe ich so vor, dass ich sie frage, ob sie zu Beginn oder am Ende der Woche frei sind und ob sie es vorziehen, dass man sie bei ihnen aufsucht ... morgens oder am Nachmittag. Und zu mir sagen sie in diesen Fällen: Ab 18 Uhr (...) Da das Ziel ist, dass Herr und Frau beide da sind, damit sie sich nicht mit der Abwesenheit des anderen entschuldigen können, versuche ich auch zu fragen, ob sie beide da sein werden. (...)
– Gibt es in dieser Argumentationshilfe noch andere Dinge, die Sie nicht sagen können?
– Aber ja! (Sie schaut in ihre Blätter) ... *Die Einwände des Kunden ... »Guten Tag, Madame, ich hätte nur gerne ihre Dokumentation.«*

Da versucht man, einen Termin herauszuholen, doch dann, zwecklos, der Kunde sagt Ihnen, er will »nur eine Dokumentation«. Also da ... tja ... da lese ich immer meine Lektion runter ..., und das blockiert mich immer ein wenig. *Na klar, natürlich, Herr Sowieso. Ich verstehe vollkommen, nur ist ein Bauprojekt* gleichwohl nicht irgendeine unwichtige ... eh ... (Frau A. fängt von neuem an) ... *ist gleichwohl eine wichtige Sache. Sie legen sich für viele Jahre fest, das verdient eine genaue Untersuchung. Bei* (Name des Herstellers) *sind wir ernsthaf-*

te Leute, wir denken, dass eine Unterredung mit unserem Spezialisten für Ihre ... eh ... für Ihre Antwort ganz klar vorzuziehen wäre. Ohne Verpflichtung von Ihrer Seite, natürlich. Daher schlage ich Ihnen vor, sich dann ... oder dann ... zu treffen. Also, ...eh ... ich sage nicht den ganzen Satz ...

– Ja? Was sagen Sie dann?

– Frau A.: Weil der Kunde sicher keine ... meiner Meinung nach, Lust hat, mein langes Gerede anzuhören. Gut, ich sage ihnen: »Gut, hören Sie zu ... eh ..., auch wenn Sie Informationen bekommen haben, die ... wirklich ... richtig sind in Bezug auf das, was Sie wollen oder suchen, ist es notwendig, dass man sich sieht ...« Na ja, ich habe keine allzu großen Probleme, auf diese Art die Termine zu machen, weil die Leute, wenn sie anrufen, das ja deshalb tun, weil sie Lust haben, irgendetwas zu erfahren. Ich benutze also diesen Text als Grundlage ...

– Welches sind zum Beispiel die Sätze, die Sie so lassen?

– Frau A.: Tja, also da ... naja, *bei* (Name des Herstellers) *sind wir ernsthafte Leute.* Also das lasse ich so. Ganz klar ... (Lachen) Abgesehen davon fasse ich zusammen.

(Frau A. liest wieder aus ihren Blättern). **Mögliche Frage des Kunden**: *Wie sind Ihre Häuser gemacht?* Also da, der Satz, der dann kommt, den lasse ich so: *Ich sehe, mein Herr, dass Sie sich für den technischen Aspekt interessieren, und Sie haben recht, das ist sehr wichtig.* Also den sage ich, weil er wirklich zu gut ist. Dann dagegen: *Ja gut, genau, unser Spezialist wird alle Ihre Fragen beantworten. Deshalb schlage ich Ihnen vor, ihn dann ... oder dann ... zu treffen.* Das, also das sage ich auch, weil das kurze Sätze sind. Das ist knapp. Da ändere ich folglich nichts, denn das geht gut durch (...). Doch das, im Gegensatz, es geht da um Rückgängigmachungen, das sage ich niemals: *Herr Sowieso, ich möchte Sie um eine kleine Mühe Ihrerseits bitten und darum, uns ein wenig Aufmerksamkeit zu widmen ...* Also das sage ich niemals, weil der Kunde, wenn er anruft, sich schon mit dem Anrufen die Mühe gemacht hat, um alles rückgängig zu machen, und ich finde es lächerlich, ihn darum zu bitten, mir einen Augenblick zu gewähren, denn dann jagen sie uns zum Teufel, die Leute ...

– Sie haben also tatsächlich noch niemals Ihre Verkaufshilfe vollständig nachgesprochen ...

– Frau A.: Nein, ich habe es nie versucht, weil es da außerdem auch ziemlich lange Sätze gibt, und ... wenn ich die Leute am Telephon habe, dann habe ich Lust, das auch kurz zu machen. Ich versuche, so schnell wie möglich voranzukommen und mich nicht allzu breitzumachen. Weil, wenn man beginnt, auszuschweifen, ja ..., hinterher sage ich ihnen womöglich noch, dass ich Sekretärin bin und dass ich ... keine Ahnung habe ..., ich muss im Ungefähren bleiben, unbedingt! Denn ich bin Sekretärin und keine Verkäuferin ..., denn wenn ich anfange, ihnen ein wenig aus meinem Leben zu erzählen, dann höre ich: »Ah ja, glauben Sie denn, ich könnte ...« oder »ja, glauben Sie, dass ich dort ein Grundstück zu dem Preis haben kann ...«, kurz, sie stellen mir jede Menge Fragen. Also versuche ich, so vage wie möglich zu bleiben. Nun gut ... wenn Sie so wollen, besteht der Zweck des Verkaufshandbuchs nämlich darin, und das ist sehr gut, immer »Ja, mein Herr« zu sagen. Sie sagen Ihnen:«Wir sind nicht in Eile.« Sie antworten: »Ja, natürlich, ich verstehe.« Dann ist er später sehr zufrieden, weil er sich sagt: »Sie versteht, die Dame ...« (Lachanfall). »Es wäre angebracht, dass ich die ganze Zeit diese Verkaufshilfe anwende, aber jedes Mal bricht meine Art wieder durch und dann ... zack, kürze ich ab.«

Pierre Bourdieu und Monique de Saint Martin

Der Eigentumssinn

Die soziale Genese von Präferenzsystemen

Die seit 1950 erfolgte rapide Zunahme des Anteils von Familien, die Eigentümer ihrer Wohnung sind, und die Quote der Neubesitzer (größtenteils von Einfamilienhäusern) enthüllt und verbirgt zugleich eine tiefgehende Transformation der Akkumulations- und Erbübertragungsstrategien bestimmter sozialer Schichten: Diese Veränderung wird deutlich, sobald man die Schwankungen in der Verteilung zwischen Besitz und Miete von Häusern oder Wohnungen nach sozialen Schichten und Generationen untersucht.

Alles deutet darauf hin, dass der Anteil durch Vererbung erfolgender direkter Übertragung in dieser Kategorie von Erbe, dem Haus, geringer wird. Nach Claude Taffin verdankten 1984 nur noch 9% aller Neueigentümer ihre Wohnung einer Erbschaft oder einer Schenkung.[1] Es dominiert deutlich der kreditfinanzierte Erwerb des Hauptwohnsitzes (gemäß der Untersuchung von 1984 haben 78,2% der Neubesitzer ein Darlehen in Anspruch genommen), und die Last der durchschnittlichen Rückzahlungen (von 1.500 Francs 1978 auf 35.700 FF 1984) liegt immer schwerer auf dem Budget der Haushalte. Diese werden immer früher Eigentümer, ohne darauf zu warten, die Wohnung ihrer Eltern zu erben, die übrigens in den meisten Fällen zum Verkauf bestimmt ist. Im Unterschied zu den älteren Generationen, wo diejenigen, die Eigentümer wurden, dies fast immer einem Erbfall oder einer langsamen Akkumulation von Erspartem verdankten, betrachten die Eigentümer aus den jüngeren Generationen den Eigentumserwerb als ein Mittel, sich häus-

[1] C. Taffin, L'accession à tout prix, Economie et statistique, 202, sept. 1987, S. 5-16. Die direkte Übertragung ist allerdings gewichtiger, als es die Zahlen ausdrücken: Die Hilfe der Familie äußert sich nämlich in verschiedenen Formen (Gratisdarlehen, Grundstücksgeschenke, Einlagen etc.).

lich einzurichten und zugleich Immobilienvermögen zu bilden. Der Anteil des Ersparten am Kaufpreis von Haus bzw. Wohnung geht dabei gleichmäßig zurück (von 18% 1970 auf 12% 1987) –, ohne dass im Gegenzug die Haushaltskredite anwachsen, die in diesem Zeitraum vielmehr gleich geblieben sind.[2]

Diese allgemeinen Aussagen über eine wachsende Zahl von Haushalten, die Zugang zum Besitz finden, lässt das Wesentliche außer acht. Gewiss findet sich immer noch in jenem Bereich des sozialen Raums, der durch die Vorherrschaft von ökonomischem über kulturelles Kapital gekennzeichnet ist, die höchste Besitzquote, also vor allem bei den großen und kleinen Industrie- und Handelsunternehmern, den Landwirten und auch bei den Mitgliedern freier Berufe. Diese Gruppen haben nur in geringem Umfang an dem oben beschriebenen Wandel des Erwerbsmodus von Hauseigentum teilgenommen. Am deutlichsten gestiegen ist der Zugang zum Besitz von Häusern aber in jener Region des sozialen Raumes, die definiert ist durch das Primat des kulturellen über das ökonomische Kapital, d.h. in allen höheren (Ingenieure, höhere Führungskräfte) und mittleren Kategorien (Techniker, mittlere Führungskräfte, Angestellte) der Beschäftigten des öffentlichen oder halböffentlichen Sektors (jedoch mit Ausnahme der künstlerischen und intellektuellen Berufe), sowie in den höheren Regionen der Arbeiterklasse (Vorarbeiter, Facharbeiter) und sogar bei einem nicht unwesentlichen Teil der angelernten Arbeiter und Hilfsarbeiter.

Auf diese Weise ist der allgemeine Prozess des Anwachsens der Eigentümerquote von einer Homogenisierung zweier Sektoren begleitet, die sich in der horizontalen Dimension des sozialen Raums, also unter dem Gesichtspunkt der Struktur des Kapitals, gegenüberstehen: Ein großer Teil der Gruppen, die bislang eher selten aus dem Kauf ihrer Wohnung eine Hauptanlageform gemacht haben und die eine natürliche Klientel für eine Politik der Förderung öffentlicher Wohnmöglichkeiten (Einfamilienhäuser oder Wohnungen) zur Miete bilden könnten, ist nun, dank des Kredits und der Beihilfen der Regierung, in die Logik der Akkumulation des ökonomischen Erbes geraten und nimmt in seinen Reproduktionsstrategien an der direkten Übertragung materieller

[2] Vgl. L. Crétin und P. Hardy, Les ménages épargnent moins qu'il y a quinze ans, Economie et statistique, 219, März 1989, S. 21-26.

Die »neuen Eigentümer«

Herr und Frau P., die seit 1977 ein Phénix-Haus in einer Siedlung, bestehend aus 134 Häusern, in Perray-en-Yvelines in der Pariser Region bewohnen, gehören zu diesen »neuen Zugängern« zum Eigentum, die über ein sehr geringes ökonomisches, aber über ein relativ hohes schulisches oder kulturelles Kapital verfügen, und die Haus und Grundstück erwarben, indem sie mehrere Kredite aufgenommen haben. Herr P., geboren in Tarbes, dessen Vater zunächst Gebäudeanstreicher, dann Magazinverwalter und Auslieferer war, ist in die Pariser Region gekommen, weil er in seiner Heimat keine Arbeit finden konnte; seine Frau ist in der Bretagne geboren, ihre Eltern waren Hausmeister in Mietshäusern.

Während der ersten drei Jahre ihrer Ehe waren sie Mieter einer Wohnung gewesen, hatten aber »immer das Ziel, ein Haus zu kaufen, ein Einfamilienhaus«. Herr P., zum Zeitpunkt des Interviews (1985) 35 Jahre alt, besitzt ein CAP-Zertifikat als Elektriker und als Dieselspezialist und hat in der Automobilindustrie verschiedene Tätigkeiten ausgeübt, bei Citroën, bei UNIT, dann bei IVECO, schließlich bei der Renault-Automobil-Gesellschaft, wo er Autoelektriker ist. Frau P., die 32 Jahre alt ist und ihre Schulausbildung ohne Abitur beendet hat, war elf Jahre lang Sekretärin in einem Immobilienunternehmen. Anlässlich der Geburt ihrer Tochter, die nun zwei Jahre alt ist, hat sie aufgehört zu arbeiten und möchte wieder eine Stelle annehmen, wenn das Kind in die Schule geht.

Ihre Ressourcen erlaubten ihnen zum Zeitpunkt des Kaufs nur eine eingeschränkte Wahl; sie »fanden sich« bei Phénix in Coignières wieder. Die anderen Eigentümer der Siedlung stehen ihnen zumeist sozial ziemlich nah und hätten unter anderen Konjunkturbedingungen und bei einem anderen Zustand des Marktes nur geringe Chancen gehabt, Eigentümer zu werden: Es sind »ziemlich gut gestellte« Arbeiter, Büroangestellte, Angestellte der Post, von Banken, Versicherungsgesellschaften, einige mittlere Führungskräfte und Techniker, ein Volksschullehrer; zwei Kollegen von Herrn P. wohnen auch in der Siedlung. Die Häuser sind sehr schnell verkauft worden, innerhalb von zwei Wochen im Jahr 1977; die Verkäufer brauchten die Kunden »nicht zu drängeln«.

Herr und Frau P. haben sehr lange nach ihrem Haus gesucht, haben sich »überall umgesehen«, Hausausstellungen und die Messe von Paris besucht; sie hatten all die Zeitschriften, in denen es Formulare für Informationsmaterial gab, schickten die Gutscheine weg und erhielten Unterlagen: »Das waren hauptsächlich beschreibende Ka-

Güter teil. Gleichzeitig musste ein wichtiger Teil jener Gruppen, die sich in den entgegengesetzten gesellschaftlichen Positionen befinden und die bislang nur auf das ökonomische Erbe gesetzt haben, um ihre Position zu reproduzieren, sich nun auf das Schulsystem stützen, um die durch die Zwänge der Konkurrenz auferlegten Veränderungen zu bewältigen. Diese beiden komplementären und konvergierenden Bewegungen haben wahrscheinlich mehr als alles andere dazu beigetragen, die Distanz und die Gegnerschaft zwischen der »Rechten« und der »Linken« im sozialen Raum und, von da aus, im politischen Feld abzuschwächen. Die verschiedenen Gegensätze in der Wirklichkeit und der Wahrnehmung der sozialen Welt, Eigentum und Miete, Liberalismus und Etatismus, privat und öffentlich, werden durch abgemilderte Gegensätze zwischen Mischformen wie dem Miteigentum und dem Eigentum für bestimmte Zeiten ersetzt.

In der ersten Periode starken Wachstums des Wohnungsbaus zwischen 1950 und 1963-64 hat sich ein sehr großer Teil der höheren und mittleren Führungskräfte für das Eigentum entschieden. Der Anteil von Wohnungsbesitzern bei den Arbeitern und den Angestellten stieg beinahe genau so schnell, allerdings von einer wesentlich schmaleren Basis aus. Bei den Angehörigen freier Berufe und den großen oder kleinen Unternehmern schließlich war der Anstieg deutlich langsamer.[3] Nach einer Phase des Rückgangs in den Jahren 1964-1968, der alle sozialen Gruppen, vor allem aber die Arbeiter, betraf, kommt es erneut zu einer verhältnismäßig schnellen Verbreitung von Eigentum (wenn auch langsamer als in den 50er Jahren), v.a. bei den höheren und mittleren Führungskräften, den Vorarbeitern und Facharbeitern. Demgegenüber bleibt der Anteil der Angestellten, angelernten Arbeiter und Hilfsarbeiter sehr niedrig. Gleichzeitig weisen Unternehmer und Angehörige freier Berufe ein dann schwächeres Wachstum auf als alle anderen Gruppen.

Nach 1974 schwächt sich die Verbreitung des Eigentums an Wohnungen erneut ab, während das Eigentum an Einfamilienhäusern gleich bleibt und während der 80er Jahre sogar leicht ansteigt. Dies deshalb, weil ab Ende der 70er Jahre auf dem Markt, der sich aufgrund neuer

[3] C. Topalov, Le logement en France, Paris, Presses de la FNSP, 1987, S. 305-314. Die Eigentümerquote von Landwirten und Unternehmern aus Industrie und Handel, die zu Beginn des Zeitraums schon sehr hoch war, stieg wesentlich langsamer.

taloge, sie nannten weder die Ortschaften noch die Lage der Häuser.« Da sie kein Grundstück und nur eine geringe Einlage (ungefähr 40.000 F 1976) hatten, waren sie gezwungen, Grundstück und Haus zugleich zu finden, die nicht zu teuer kämen. Wenn sie zuerst das Grundstück und einige Jahre später das Haus gekauft hätten, wäre das »hart geworden, weil das zwei Kredite sind«; »Wir haben uns gesagt: ›wenn man uns Geld leiht, um einen Bauplatz zu kaufen, dann haben wir kein Geld mehr, um das Haus zu kaufen‹. Und da man innerhalb von drei oder vier Jahren bauen muss, ging das nicht. Also mussten wir etwas finden, wo alles zusammen geht, Haus und Grundstück.«

Man hat ihnen einen Bauplatz in Gallardon vorgeschlagen, doch »das wollten wir nicht, das ist weit abgelegen, es gibt einen Zug am Morgen, einen Zug am Abend, auch wenn das heute besser läuft.

Also endete das Ganze bei Phénix in Coignières. Und dort haben sie uns gesagt: ›Wir haben hier in der Gegend kein Bauland, wir haben nichts, aber wenn Sie wollen, in einem Jahr werden wir ein Dorf mit Phénix-Häusern in Perray-en-Yvelines bauen.‹ Schön für uns, das war 15 km weiter unten (als Trappes, wo sie wohnen wollten), aber gut«. Sechs oder sieben Monate später erhielten sie einen »Brief, mit dem wir zu Phénix nach Coignières eingeladen wurden« und vorgeschlagen wurde, sich das Musterhaus anzusehen.

Sie haben sich also zu Phénix aufgemacht, aber am ersten Tag noch nicht gekauft. Herr P. erzählt: »Man hat uns ein Vier-Zimmer-Haus neben der Autobahnumgehung angeboten. Wir waren früher gekommen, wir hatten das ganze Gelände gesehen, und wir haben uns gesagt: ›Das wollen wir nicht, da unten neben der Autobahn, sie war noch nicht gebaut, es gab nur Erdaufschüttung (...); in den Plänen tauchte das nicht auf, oder fast nicht, es gab auf dem Plan nur eine Andeutung, und niemand sagte, dass das die Umgehung der Nationalstraße 10 war, auf der es ja ganz schön viel Verkehr gibt. Das einzige Gelände, das man uns angeboten hat, war das nahe der Umgehungsstraße. ›Gibt es nichts anderes?‹ haben wir gefragt. Es gab noch andere, mit Grundstücken, die seltsam geformt waren, die wollten wir auch nicht (...) Also, an dem Tag gab es nichts. Wir sind dann später noch einmal gekommen, und man schlug uns ein Fünf-Zimmer-Haus vor. Aber wir wollten vier Zimmer, und dann finden wir uns mit einem Haus mit fünf Zimmern, das keiner wollte...« Er fügt hinzu: »Naja, die Lage war gut, es war perfekt, aber es hatte ein Zimmer zuviel. Also, das war zu Beginn etwas teurer«. Das Haus mit Grundstück kostete 1977 270.000 F; »der anfängliche Preis, das war über-

Unterstützungs- und Kreditformen gebildet hat, massenhaft neue Produkte auftauchen, die von den großen Herstellerfirmen industriell oder halbgefertigt angeboten werden und neue Käufer anziehen, die größtenteils unter Facharbeitern,Angestellten und mittleren Führungskräften angeworben werden.[4]

Die bestimmenden Faktoren der »Wahl«

Bislang sind also die Grundzüge der Verteilungsentwicklung der verschiedenen Modi der Inbesitznahme von Wohneigentum genannt worden. Nun wollen wir versuchen, die Struktur des Systems von Faktoren zu beschreiben, die man als strukturelle bezeichnen kann, weil sie, vermittelt über die Systeme individueller Vorlieben – die Geschmäcker – die Neigung bestimmen, das Wohnproblem so zu lösen, dass man entweder Eigentümer oder vielmehr Mieter wird. Dabei darf nicht übersehen werden, dass diese Dispositionssysteme nur in Bezug auf eine bestimmte Marktlage wirksam werden und ebenso nur in Abhängigkeit von den institutionellen Bedingungen des Zugangs zu diesem Markt, d.h. vor allem von den verschiedenen Formen öffentlicher Unterstützungen.

Unser Erklärungsmodell zielt darauf ab, auf systematische Weise – in den Grenzen der aktuell verfügbaren Daten – über die »Wahlen« Aufschluss zu geben, die die ökonomisch Handelnden dazu veranlassen, Eigentümer oder Mieter einer individuellen (Haus) oder gemeinschaftlichen (Wohnung) Behausung zu werden, wobei die wichtigsten Faktoren, die die Wohnungsnachfrage bestimmen, integriert werden: das öko-

[4] Die Logik einer immer intensiveren Ausbeutung eines »Vorkommens«, das dabei ist, sich zu erschöpfen, hat wahrscheinlich die Banken dazu gebracht, die angemessenen Risiken zu begrenzen. Die Krise hat daher die Kreditnehmer aus den Volksklassen hart getroffen. So betrafen 21 von 51 Zwangsversteigerungen, die zwischen 1981 und 83 in Rennes und St. Malo aufgrund eines Streitfalls zwischen einem Erwerber eines Eigenheims und einem Kreditgeber gerichtlich verhandelt worden sind, Arbeiter, wovon 9 im privaten und öffentlichen Baugewerbe beschäftigt waren, 5 betrafen Angestellte, 3 Landwirte (in 20 Fällen ist die Berufsgruppenzugehörigkeit nicht genannt). Siehe Agence d'urbanisme et de développement intercommunal de l'agglomération rennaise, Les accédants à la propriété en difficultés financières, Rennes, Febr. 1986.

haupt nicht teuer«, präzisiert Frau P. Und ihr Mann kommt zu dem Schluss: »das war im Vergleich zu den anderen relativ gesehen nicht teuer«; doch der Preis, den sie unterdessen faktisch zahlen werden, wird viel höher sein: »Aber aufgepasst, wir werden das Doppelte zurückzahlen«, erregt sich Herr P.

Alles war trotzdem so angelegt, ihnen den Eindruck zu geben, dass dieses Haus »preiswert« sei. Bei der Reservierung 1976 mussten sie nur 2.500 F zahlen. »Man konnte zurücktreten und verlor gerade mal 500 F für das Dossier. Das war also, könnte man sagen, nicht riskant«, erklärt Herr P. Da der Eigenbeitrag wie erwähnt 40.000 F betragen hatte, mussten sie Kredite beantragen. Da sie seit weniger als fünf Jahren verheiratet waren, hat ihnen die Bodenkreditbank ein Darlehen zugesprochen, »um die 126.000 F«, und sie hatten noch einen Bausparvertrag über 50.000 F. »Und weil das nicht reichte«, haben sie bei der Gesellschaft, bei der Frau P. arbeitete, noch ein Darlehen von 50.000 F beantragt. Ein ehemaliger Kollege von Herrn P., der ein Phénix-Haus gekauft hatte, war damit »zufrieden«. Herr P. hatte daher keine negativen Vorurteile. »Man« hatte ihnen erzählt, dass die Phénix-Häuser »hellhörig« seien, »das war nicht massiv, weil das Betonplatten waren, halt vorfabriziert. Also, das hab ich schon ein bisschen bedauert«, erzählt Frau P., die etwas später anmerkt: »Aber für uns, am Anfang, war das nicht teuer, und in einem Ort, der uns gefiel.« Und Herr P. präzisiert: »Wir hätten gerne etwas anderes gewollt, aber wir konnten es nicht bezahlen.« Sie machten aus der Not eine Tugend und sagten sich: »Gut, das ist nicht schlechter als etwas anderes«. Beide haben viel gearbeitet, um ihr Haus zu verbessern: Terrasse, Isolierungsarbeiten, Doppelfenster, Gemüsegarten, Rasen auf einem Gelände, das zu Beginn eine Brache war. Natürlich »liegen die Häuser etwas zu nah beieinander«; und sie beklagen den geringen Schallschutz der Zwischenwände, die Enge der Garage, das Fehlen eines Kellers und einer Ecke, wo man basteln kann, das Knacken in den Rohrleitungen ... Der Bahnhof ist weit weg: Der Verkäufer hatte ihnen versichert, dass gegenüber der Siedlung ein neuer Bahnhof gebaut werden würde, er ist aber auf dem Gelände des alten Bahnhofs wiederaufgebaut worden. Der Boden um das Haus herum ist von schlechter Qualität: Als sie es gebaut haben, »haben sie den Boden weggefahren und verkauft, und danach sind sie mit Teer und allem möglichen Plunder gekommen, den sie verwenden konnten«, und haben lediglich 10cm Mutterboden aufgefüllt. Es fällt ihnen viel schwerer, aufzuzählen, was ihnen an dem Haus gefällt; zumindest eine Befriedigung haben sie: Ihr Haus ist kein Haus aus nomische, das kulturelle, das technische Kapital, Struktur und Zusammensetzung des Gesamtkapitals, der soziale Werdegang, Alter, Familienstand, die Position im Familienkreis, Anzahl der Kinder etc. Wir schlagen dieses Modell trotz seiner Ungenauigkeiten und Unzulänglichkeiten vor, weil es zumindest die Forschung ermutigen kann, sich aus den inhärenten Begrenztheiten jener Monographien zu befreien, die sich an *vorkonstruierte Populationen* halten (die Haushalte mit geringem Einkommen, die Rentner, die Hausbauer in Eigenarbeit, die Ausgeschlossenen, die Neuerwerber eines Eigenheims etc.), die aus der Gesamtheit der objektiven Beziehungen, innerhalb derer sich die maßgeblichen Eigenschaften herausbilden, herausgerissen worden sind, und sich von den charakteristischen Vereinfachungen der *partiellen Erklärungen* zu lösen, mit denen sich die statistischen Analysen meist zufrieden geben.

So erfasst die vom INSEE* in regelmäßigen Abständen (1955, 1961, 1963, 1967, 1970, 1973, 1978, 1984 und 1988) durchgeführte Umfrage bei einem großen Sample (29.233 Haushalte in 1984, 23.606 in 1978) den Zustand der Wohnung, ihre Entwicklungsgeschichte, das Finanzierungssystem, die hauptsächlichen Merkmale der Haushalte etc., aber lässt so wichtige aufschlussreiche Faktoren außer Acht wie den sozialen Werdegang über mehrere Generationen (oder, zumindest, den Beruf des Vaters). Die statistische Analyse, die daraus resultiert, gibt Faktoren wie dem kulturellen oder technischen Kapital nicht ihr richtiges Gewicht (sofern nicht schon die Arbeitsteilung zwischen verschiedenen Forschern, die sich mit unterschiedlichen Faktoren oder Populationen befassen – die Neuerwerber von Wohnungen für die einen, der Mietsektor für einen anderen, etc. – die Vergleiche und eine Synthese verhindert).[5]

Die 1986 von Catherine Bonvalet und ihrer Arbeitsgruppe am nationalen Institut für Demographie durchgeführte Untersuchung über die Wohngeschichte der Generation, die zwischen 1926 und 1935 geboren ist und in der Region Paris wohnt (n=1987 Individuen), sollte ursprünglich die Umstände und Faktoren der Ankunft in Paris aufdecken, die »Wohnungsabfolge« und die Herausbildung eines Immobilienerbes im Verlauf des Lebenszyklus, sowie Ruhe-

---

* Institut national de la statistique et des études économiques: Nationales Institut für Statistik und Wirtschaftsstudien; Anm. d. Übers.

[5] Einer der systematischsten Versuche war von Pierre Durif und Sylvie Berniard durchgeführt worden, die ausgehend von der Untersuchung über das Wohnen 1967 eine Gegenüberstellung besonders zu der Untersuchung von 1963 geleistet haben. Siehe P. Durif und S. Berniard, Les Français et la maison individuelle, Economie et statistique, 7, Dezember 1969, S. 3-16; P. Durif, Propriétaires et locataires en 1967, Economie et statistique, 3, Juli/August 1969, S. 41-56.

dem Katalog, es existiert nicht im Phénix-Programm, ein Architekt hat für dieses Programm die Häuser speziell entworfen.

Sie wissen, dass sie vielleicht für immer in diesem Haus bleiben werden, aber sie hoffen, dass sie in fünf oder sechs Jahren wegziehen können, »um etwas besseres« zu haben. »Unser Ziel, sagt Frau P., ist ein Haus für uns allein, vor allem allein«; »100 m², das reicht«, ergänzt ihr Mann, der vor allem unbedingt einen Keller möchte; »für mich bedeutet das Freiheit«.

Sie wollen weder ein Phénix-Haus noch eines aus der industrialisierten Herstellung; »das Ideal, das wäre, es von einem Handwerker machen zu lassen, indem man ihm sagt: ›Ich will das so und so‹«. Und wenn sie gezwungen sein sollten, einen Hersteller zu bemühen, dann wären sie »fordernder« als beim ersten Mal.

stand und Wegzug betreffende Vorhaben: während sie dem Studium demographischer und sozialer Faktoren viel Platz einräumt, widmet sie dem ökonomischen und kulturellen Kapital sowie den Auswirkungen der Politik und des Wohnungsangebots weitaus weniger Aufmerksamkeit. Zentriert auf eine einzige Generation, die von den – in den 50er Jahren eingeführten – veränderten Finanzierungsweisen für Wohnungen profitieren konnte, dürfte sie, dank des Vergleichs mit einer 25 Jahre älteren Studie des Ined* von Guy Pourcher, eine Untersuchung der Transformation der Erklärungsfaktoren und Praktiken für das Wohnen erlauben.[6]

Die Untersuchung über die geographische und familiäre Herkunft, das Berufsleben, die Wohnung und den Lebensstil, die von Nicole Tabard und ihrer Forschungsgruppe bei tausend Haushalten mit mindestens einem Kind unter 20 Jahren im Département Essonne durchgeführt worden ist, war in erster Linie auf die Herstellung einer Berufsangehörigkeitstypologie der Gemeinden oder der Wohngebiete des Départements hin ausgerichtet und auf die Analyse der Beziehungen zwischen der Morphologie der Gemeinden oder Wohngebiete und den Verhaltensweisen und Praktiken der Haushalte in punkto Wohnen einerseits und zwischen dem sozialen und geographischen Werdegang der Befragten und ihrer spezifischen Lokalisierung im Département Essonne andererseits.[7]

Wir mussten uns wegen der Datenlage für das vorgeschlagene Modell hauptsächlich auf die Sekundäranalyse eines Ensembles von Tabellen stützen, die nach unserer Fragestellung auf Grundlage der Daten der INSEE-Umfrage von 1984 über das Wohnen erstellt worden sind; sie erlauben es, einen systematischen Vergleich zwischen Eigentümern und Mietern von Häusern oder Wohnungen je nach den Haupterklärungsvariablen vorzunehmen.[8] Die Interpretation der Statistiken ist immer

* Ined: Institut national d'études démographiques. Institut für demographische Studien; Anm. d. Übers.

[6] C. Bonvalet, A. Bringé, B. Riandey, Cycle de vie et changements urbains en région parisienne. Histoire résidentielle d'une génération, Paris, Ined, Juni 1988, 179 Seiten und Anhänge.

[7] N. Tabard, Relations entre la structure socio-économique de l'espace, la production de l'environnement et les conditions de logement, Analyse de l'enquête Essonne, Paris, Credoc, 1987, 124 S.

[8] Auch wenn wir uns hier besonders für das System erhellender Faktoren beim Kauf oder bei der Miete eines Hauses oder einer Wohnung, die als Hauptwohnsitz aufgefasst werden, interessierten, so ist uns bewusst, dass auch andere Wohnbesitztümer in Rechnung gestellt werden müssten. Die von Catherine Bonvalet erstellte Studie über Pariser, die zwischen 1926 und 1935 geboren wurden, hat ergeben, dass 42% der Angehörigen dieser Generation eine andere Wohnung als ihr Hauptwohnsitz gehört und dass 30% eine Zweitwohnung besitzen. Die höheren Führungskräfte, die Unternehmer und die freien Berufe haben die höchste Quote beim Besitz von

Ein Ingenieurspaar in einem Bâti-Service-Haus
Herr und Frau B. haben 1980 ein Bâti-Service-Haus in einer aus 40 Häusern bestehenden Siedlung gekauft, in Essarts-le-Roi, nah am Wald, in der Nähe von Rambouillet; auch sie gehören zu dieser Generation »neuer Zugänger« zum Wohneigentum und verfügen, obwohl auch sie im linken Bereich des sozialen Raums situiert sind, über mehr ökonomisches und vor allem über mehr kulturelles und schulisches Kapital als Herr und Frau P. Herr B., zum Zeitpunkt des Gesprächs (1985) 30 Jahre alt, ist in Algerien geboren, wo sein Vater Berufssoldat war – »das Äquivalent eines Universitätsabsolventen«; er ist 1962 nach Frankreich gekommen; nach seinem Studium an der Ecole nationale de la statistique et de l'administration économique (ENSAE) ist er als Ingenieur bei der EDF (Electricité de France, das staatliche Energieunternehmen; Anm. d. Hrsg.) in Paris eingetreten. Seine Eltern (seine Mutter ist Sekretärin) »haben ihre ganze Kraft für die Ausbildung ihrer Kinder eingesetzt«: Sein Bruder ist Arzt, seine Schwester Krankenschwester. Frau B., in Tunesien geboren, ist so alt wie ihr Mann: Die Tochter des Betriebsleiters eines mittelständischen Betriebes hat in Informatik einen Universitätsabschluss, anschließend das Institut für Unternehmensverwaltung besucht und ist Ingenieurin in einem großen Privatunternehmen. Sie sind seit vier Jahren verheiratet, haben zwei kleine Töchter und wünschen sich »innerhalb der nächsten zwei Jahre« ein drittes Kind.

Nachdem sie anfänglich Mieter einer Wohnung in einem Vorort waren, haben sie sich gesagt, sobald sie »ein wenig Geld zur Seite gelegt hatten« (etwa 120.000 F): »Wir werden uns aufmachen, wir werden irgendetwas kaufen«. Da sie sich nicht an die kleinen Pariser Wohnungen gewöhnen konnten, keine Lust hatten, in einem Mietshaus zu landen (»in einem Mietshaus, da fühle ich mich nicht zu Hause, die Tatsache, teilen zu müssen, gemeinschaftliche Einrichtungen zu haben, wie den Aufzug, das mag ich nicht besonders«, erklärt Herr B.), und »entschieden hatten, mit dem Zug zu fahren«, begann ihre Suche in Saint-Quentin-en-Yvelines oder in dieser Gegend, »ein Ding um die 400.000 bis 450.000 F«. Sie hätten beinahe etwas aus dem Programm Ricardo Bofil gekauft, aber im letzten Augenblick sagten sie sich: nein, weil ihnen mehrere Dinge nicht gefielen: der Schnitt der Zimmer, das Fehlen eines Kellers etc. »Wir haben eines Tages eine der Schautafeln der Wohnungen an der Ecke Les Essarts-le-Roi gesehen; wir kannten Les Essarts und mochten sie. Und haben uns gesagt: ›Das ist trotzdem dumm, das wäre für uns noch weiter als Maurepas, um nach Paris hochzufahren. Und dann haben wieder von Hinweisen und Hypothesen unterfüttert worden, die aus einem Ensemble von Tiefeninterviews abgeleitet wurden (n=45), die wir bei Eigentümern von Einfamilienhäusern in der Pariser Region und in Südfrankreich durchgeführt haben.

Die Chancen, in den Besitz seiner Wohnung zu gelangen, sind abhängig vom *Volumen des Kapitals, über das man verfügt* und das wahrscheinlich eine als Ermöglichungsbedingung intervenierende Variable darstellt. Aber die Neigung, seine Wohnung eher zu kaufen als zu mieten, scheint vor allem von der *Struktur des Kapitalbesitzes* abzuhängen, das heißt vom relativen Gewicht des ökonomischen und des kulturellen Kapitals, das der Konstituierung des Systems von Präferenzen zugrundeliegt.

Der Prozentsatz der Eigentümer einer Wohnung scheint mit dem Volumen des ökonomischen Kapitals zu steigen, zumindest oberhalb einer bestimmten Schwelle (sie liegt bei 60.000 Francs jährlich 1978 und bei 80.000 Francs im Jahr 1984). Unterhalb dieser Schwelle scheint sie von der Einkommenshöhe unabhängig. 1978 waren 43,2% der Haushalte, die über weniger als 15.000 Francs verfügten, Eigentümer ihrer Wohnung, 45,2% für die Einkommensgruppe von 35.000-45.000 Francs, 43,5% in der von 45.000-60.000 Francs; sie stieg dann gleichmäßig an, von 48,2% für die Einkommensgruppe von 60.000-80.000 Francs, 57,2% für die von 80.000-110.000 Francs, 65,2% für die 110.000 Francs übersteigenden Einkommen.[9] Der Prozentsatz der Eigentümer eines

Zweitwohnungen (mehr als 60%) und die Angestellten die niedrigste (v.a. diejenigen aus dem Privatsektor: 27%). Die Herausbildung eines Immobilienvermögens verläuft über den Zweitwohnsitz und die anderen Wohnungen, ganz besonders im Fall der Personen, die in Wohnungen leben, die unter das Gesetz von 1948 (ein Mietbindungsgesetz, das zu bis heute sehr niedrigen Mieten führt; Anm. der Hrsg.) fallen oder die kostenfrei durch den Arbeitgeber untergebracht werden (man kann Vorteile darin sehen, Mieter zu bleiben oder zu mieten, um in der Stadtmitte zu wohnen und gleichzeitig Eigentümer eines Zweitwohnsitzes oder einer anderen Wohnung sein): Man trifft auf mehr Besitzer anderer Wohnungen bei jenen Befragten, die eine Wohnung haben, die unter das Gesetz von 1948 fällt (51%), oder bei den gratis Wohnenden (58%). Selbst bei den Mietern von Sozialwohnungen findet man eine nicht zu vernachlässigende Quote von 27% an Besitz anderer Wohnungen. S. C. Bonvalet, A. Bringé, B. Riandey: Cycle de vie et changements urbains en région parisienne, a.a.O., S. 113-115 und 137-142.

[9] Pierre Durif und Sylvie Berniard hatten dieses Phänomen schon aufgezeigt: Der relative Anteil der Käufe von Einfamilienhäusern in Städten mit mehr als 100.000 Einwohnern und im Großraum Paris hatte für die mittleren Einkommensniveaus seinen Höhepunkt 1967 und besonders 1963, wo das Phänomen besonders ausgeprägt war; damals war das Angebot an günstigen Einfamilienhäusern besonders groß (S. P. Durif und S. Berniard, Les Français et la maison individuelle, Economie et statistique, 7, Dezember 1969, S. 13).

wir uns das angesehen. (...) Gut, es gab nichts, wirklich! Es gab alles nur auf dem Plan. Es gab ein großes Schild Bâti Service und eine Art kleinen Wohnwagen mit einer kleinen Dame drin, die sich zu Tode langweilte. Sie hatte ein schönes Modell.« Nachdem sie sich ganz in der Nähe ein Haus angesehen hatten, das ihrem gleich war, haben sie sich innerhalb von ein paar Tagen entschieden. »Was den Preis angeht, so war es ein bisschen teurer (520.000 F) als gedacht, aber wir dachten uns, dass wir klarkommen, wenn wir uns anstrengen«. Sie haben die nötigen Darlehen mühelos bekommen, 1980 unterschrieben und sind 1981 eingezogen. Die »Ecke« gefiel ihnen, sie hatten »Kumpels« dort. Hauptsächlich »gefiel ihnen die Tatsache, wirklich allein zu sein (...), außerdem konnte man sich einen kleinen Garten einzäunen. Gleichwohl haben wir uns keine großen Illusionen gemacht, wir wussten, das ist eine Siedlung und dass es Probleme wegen der Miteigentümerschaft gibt, aber weitaus weniger als in einem Mietshaus.«

Ihr sozialer Werdegang, ihre wechselnden Wohnorte, ihr Beruf haben wahrscheinlich dazu geführt, dass sie eine etwas nüchterne und funktionalistische Vorstellung vom Wohnen haben. Das, was sie suchten und was ihnen an dem Bâti-Service-Haus, das sie gekauft haben, gefallen hat, das war »eine funktionelle Sache, irgendetwas Funktionelles mit Zimmern, die man verändern konnte und wo man was unterbringen konnte (...); wir wollten etwas Klares, Einfaches, wir haben uns die Bâti-Service-Häuser angesehen und haben uns, ehrlich, nicht gesagt: ›Das ist es, wirklich!‹ Wir haben uns gesagt: ›Das ist gut, das ist schlicht, das ist Standard.‹« Aber sie wären gleichwohl nicht in ein Phénix-Haus gegangen: »Das sieht aus wie am Strand von Merlin, wissen Sie. Das sieht eher aus wie ein Pavillon von der Stange, und ich finde, das altert schlecht.«

Herr und Frau B. haben die Aufstellung ihres Hauses aus der Nähe verfolgt, was es ihnen ermöglicht hat, einigen Missgeschicken bei der Auslieferung vorzubeugen: So konnten sie feststellen, dass das Küchenfenster vergessen worden und in der Garage montiert war. Als sie dem Bauleiter sagten, dass sie vermuten, er habe sich geirrt, sei der wütend geworden; doch nach zwei Tagen war alles an seinem Platz. Sie haben wesentlich weniger Probleme wegen schludriger Verarbeitungen als die meisten anderen Eigentümer der Siedlung. So war bei einem Nachbarn das Abflussrohr in der Küche verstopft, und die Küche musste mit dem Presslufthammer aufgebrochen werden. Gleichwohl gab es genug Vorkommnisse: Stromunterbrechungen für alle während der ersten zwei Monate, überschwemmte Gara-

Hauses steigt nur wenig mit dem Einkommen. Er bewegt sich von 35,2% bei den niedrigsten Einkommen bis hin zu 43,1% bei den höchsten Einkommen. Es ist der Prozentsatz der Besitzer einer Wohnung, der am stärksten mit dem Einkommen variiert: Er bewegt sich von 8,1% für die niedrigsten Einkommen auf 22,1% für die höchsten Einkommen.

Alles deutet darauf hin, dass ein Minimalvolumen an ökonomischem Kapital nötig ist, um die Absicht, Eigentümer zu werden, zu entwickeln oder dass man es unterhalb einer bestimmten Schwelle nicht wagt, den Kauf einer Wohnung ins Auge zu fassen. Wenn man sie nach den verschiedenen Gründen fragt, die sie davon abhalten, eine Wohnung oder ein Haus zu kaufen, nennen 45% der Angestellten, 42% der Arbeiter als Hauptgrund die Tatsache, nicht die finanziellen Mittel zu haben, gegenüber lediglich 24% bei den Angehörigen der mittleren Berufsgruppen, der höheren Führungskräfte und der freien Berufe (Sofres, Les Français et l'immobilier, März 1986). Die Furcht vor der Verschuldung in einem Umfeld, in dem man nicht weiß, »was die Zukunft bringt«, wird auch öfter von den Angestellten (15%) als von den anderen Gruppen geäußert (8%). Die Handwerker, Händler, Unternehmer äußern ihrerseits wesentlich öfter (18%) als die höheren Führungskräfte oder die mittleren Berufe (2%) oder als die Arbeiter (1%), dass die Immobilieninvestition nicht mehr rentabel genug ist.

Auch wenn die Höhe des Einkommens wenig damit zu tun zu haben scheint, ob man Eigentümer ist, kann nicht daran gezweifelt werden, dass sie bei der Entscheidung, eine Wohnung zu kaufen, sehr viel wiegt. Sobald man nur die »kürzlich Eingezogenen« in Betracht zieht, d.h. diejenigen, die vor weniger als drei Jahren in die Wohnung gezogen sind, die sie zum Zeitpunkt der Untersuchung bewohnen, und nicht die Gesamtheit der Eigentümer und Mieter, stellt man fest, dass 1978 der Anteil von Hausbesitzern von 8,9% bei denjenigen mit den geringsten Einkommen auf 35,4% bei denjenigen steigt, die die höchsten Einkommen haben; auch der Anteil von Eigentümern ihrer Wohnung steigt mit wachsendem Einkommen stark an.[10]

All dies legt den Schluss nahe, dass die Struktur des Kapitals für die Wahl zwischen Kauf und Miete eine bestimmende Rolle spielt: Wenn man die Rentner nicht berücksichtigt, dann sind nämlich bei den Gruppen, die spürbar reicher an ökonomischem als an kulturellem Kapital sind und deren Reproduktion hauptsächlich vom ökonomischen Kapital abhängt, die Eigentümer-Anteile am höchsten: So waren 1984 76,8%

[10] M. Villac, G. Balland, L. Touchard, Les conditions de logement des ménages en 1978, Les collections de l'INSEE, M. 85.

gen bei Regentagen, so kleine und so schlecht kenntliche Parkplätze, dass es zu häufigen Auseinandersetzungen kommt, ganze Wände, die auseinandergehen, die Probleme mit den Hunden nicht zu vergessen – »von den Hunden, die bellen, bis zu den Hunden, die pissen (Lachen), überall Hunde«. Die Schwierigkeiten während des Aufbaus und die Konflikte mit dem Hersteller haben dazu beigetragen, dass ein Klima von Solidarität und gegenseitiger Hilfe entstehen konnte, aber mit der Zeit sind die Beziehungen loser geworden, Spannungen haben sich entwickelt. Herr und Frau B. haben darauf geachtet, bei diesen »Nachbarschaftsgeschichten« außen vor zu bleiben, bei diesem Geflecht von Einladungen und dabei sich »mit jedermann gut, aber oberflächlich« zu verstehen. Die anderen Besitzer sind im Allgemeinen etwas älter, Ehepaare zwischen 35 und 40 Jahren, die größtenteils zwei Kinder haben, »eine Bevölkerung, größtenteils aus Beamten oder dem öffentlichen Sektor; viele Leute von Renault, einige von der EDF, der Post, von Behörden wie der Steuerverwaltung, der Polizei (...), mittleres Führungspersonal und Meister, bei vielen arbeiten beide.«

Herr und Frau B. wissen genau, dass sie nicht ihr ganzes Leben in dieser Siedlung verbringen werden: In etwa vier Jahren wollen sie woanders hinziehen und möchten nicht wieder in einer Siedlung wohnen. »Ich will ein einzelnes Haus mit Mauern rundherum. Schluss. Ich würde ein völlig einzeln stehendes Haus vorziehen«, erklärt Herr B., während seine Frau wünscht, dass dieses nächste Haus nicht zu isoliert ist, nicht zu weit entfernt von Schulen und einem Zentrum. Sie möchten gerne in derselben »Ecke« bleiben; aus ästhetischen Gründen bevorzugen sie das »alte Haus mit schönen Steinen«, aber die modernen Häuser, »das ist funktioneller. Man kann sicher sein, dass es funktioniert, weil es keine Überraschungen gibt. Und wenn man am Ende die Pläne selbst machen könnte, wäre das eine interessante Erfahrung. Ich weiß noch nicht genau. Ich bin noch am Zögern ...«

der Unternehmer, 66,1% der Handwerker und 65% der Landwirte Wohnungseigentümer.[11] (Siehe die Tabelle auf S. 184 im Anhang). Umgekehrt ist die Eigentümerrate bei den Gruppen mit großem kulturellen Kapital wesentlich niedriger. Gemäß einer Logik, die schon in so manch anderem Gebiet beobachtet wurde, stehen innerhalb des Feldes der Macht die Professoren, die künstlerischen Berufe und die leitenden Angestellten des öffentlichen Sektors, meistens Mieter, den Unternehmern gegenüber, die meistens Eigentümer sind. Die dazwischenliegende Position wird von den leitenden Angestellten der Privatwirtschaft, den Ingenieuren (näher den leitenden Angestellten des öffentlichen Sektors und den Hochschul- und Gymnasialprofessoren) und den freien Berufen (näher den Unternehmern) besetzt. Innerhalb der mittleren Klassen findet man eine analoge Struktur, mit den Handwerkern und Händlern, die öfter Eigentümer sind, auf dem einem Pol, und mit den Volksschullehrern und mittleren Berufsgruppen des öffentlichen Sektors auf dem anderen (die Angestellten von Verwaltungen und Unternehmen sind weitaus seltener Eigentümer als die anderen Gruppen).

Die Zusammensetzung des Kapitals ist, vermittelt über die strukturierende Wirkung, die sie auf die grundlegenden Dispositionen der Habitus, oder, wenn man das vorzieht, auf die Systeme der Vorlieben ausübt, *ein die Wirkung der anderen Faktoren strukturierender Faktor*. So ist die Eigentümerquote in den Fraktionen, die wesentlich reicher an ökonomischem als an kulturellem Kapital sind, vom Einkommen nahezu unabhängig, wohingegen sie bei jenen Fraktionen eng daran gebunden ist, die reicher an kulturellem als an ökonomischem Kapital sind. Diese greifen mehr als andere auf den Kredit zurück, um ihren Zugang zum Eigentum zu finanzieren.

88% der Unternehmer, die 1984 über weniger als 100.000 Francs jährliches Einkommen verfügten, sind Eigentümer eines Hauses, während es nur 44,5%

[11] Man weiß ganz allgemein, dass die Unternehmer aus Industrie und Handel mehr als alle anderen Schichten und im wahrsten Sinn des Wortes in den Besitz materieller Güter investieren, Haus, Luxuswagen (sie sind sehr große Leser von Fachzeitungen wie dem Autojournal, das durchzogen ist von einer Ideologie des Privateigentums, des Beisichzuhauseseins etc.). Alles deutet darauf hin, dass die Tatsache, dass diese Schichten bei einer ausgeprägten Berufsvererbung für ihre Reproduktion stark vom ökonomischen Erbe abhängen, sie dazu veranlasst, die Wohnung als Element eines übertragbaren Erbes zu denken und daraus die sichere Wertanlage par excellence zu machen (und auch, für einige, ein wahrhaftes Spekulationsobjekt).

Technisches Kapital und asketische Dispositionen

Herr und Frau R. und ihre drei Kinder wohnen in einem Haus, dessen Plan Herr R. gezeichnet und das er selbst gebaut hat, auf einem Gelände, das sein Vater und sein Großvater auf den Hügeln einer Bergbausiedlung in der Region von Aix-en-Provence gekauft haben. Herr R. stammt von einer Minenarbeiterfamilie ab und wurde von seinen Großeltern erzogen, die beide in der Grube gearbeitet haben – seine Großmutter arbeitete am Sieb, bei der Kohlenreinigung –; er ist 35 Jahre alt, Schichtführer in der Mine. »Ich bin ganz vorne, beim Vortrieb; ich breche Kohle, natürlich mit den modernen Mitteln von heute, aber die Grube bleibt immer die Grube«. Sein Vater selbst hat auch fünf Jahre in der Grube gearbeitet, bevor er sich, nach seiner Rückkehr aus der Kriegsgefangenschaft, in einer Nachbarstadt niederließ, wo er zunächst eine Bürostelle in einer Steuerkasse hatte und sich danach mit einer Drogerie selbständig machte.

Herr R. hat im Laufe der Jahre ein vielseitiges technisches Kapital akkumuliert; zwischen 16 und 30 Jahren waren es nicht weniger als fünf CAPs, die er in den Ausbildungsstätten der Mine vorbereitet und auch bekommen hat. »Wenn wir von vorne beginnen wollen, war ich Karosseriebauer (in den Garagen). Danach habe ich ein CAP als Maler, dann ein CAP als Industrieanstreicher gemacht, dann ein CAP als Bergarbeiter, ein CAP als Sprengmeister, und dann habe ich ein CAP als Elektromechaniker bestanden. Das hat es mir ermöglicht, Strom, Wasseranschlüsse, die Heizung machen zu können ..., und außerdem bin ich Bastler genug, um auch die Ziegel auf dem Dach zu verlegen.« »Das ist irre, man fragt sich, mit all den CAPs, die er hat, man müsste Millionär sein (Lachen), denn ich, ich habe nichts, oder? Nichts, nichts, nicht einen einzigen CAP«, ruft Frau R. aus, die aus einer eher einfachen Familie von Rückwanderern aus Algerien stammt; sie hat noch niemals einen Beruf ausgeübt und erzieht ihre drei Söhne, die vierzehn, sechs und fünf Jahre alt sind.

Nachdem sie während der ersten sechs Jahre ihrer Ehe in einer Sozialwohnung im ZAC* einer großen Nachbarstadt und anschließend in einem Diensthaus neben der Grube gewohnt hatten, wo sie keine Miete zahlen mussten, hat Herr R. begonnen, ihr Haus zu bauen. Dank eines großen technischen Kapitals und in Verbindung mit den asketischen Dispositionen, die er mit seiner Frau teilt (»sowohl er als auch ich, wir sind bienenfleißig«, sagt Frau R.), konnte er sein

* ZAC: Zone d'activité commerciale: Gewerbegebiet; Anm. d. Übers.

bei denen sind, die zwischen 100.000 und 200.000 Francs haben. (Dies liegt wahrscheinlich daran, dass die Unternehmer mit den niedrigsten Einkommen öfter in ländlichen Gemeinden oder kleinen Ballungsräumen wohnen.)[12]

Ebenso liegt bei den Handwerkern der Anteil der Eigentümer bei 56,5% für die Einkommen unter 50.000 Francs, bei 54% für die mittleren Einkommen und bei 54,5% bei denjenigen, die die höchsten Einkommen haben (mehr als 100.000 Francs). Die kleinen Händler und die Landwirte, die über die höchsten Einkommen verfügen, sind ein wenig häufiger Eigentümer ihres Hauses als diejenigen, die über die niedrigsten Einkommen verfügen. (Bei den Angehörigen der freien Berufe, die ökonomisches und kulturelles Kapital kumulieren, ist das Faktum, Eigentümer oder Mieter eines Hauses oder einer Wohnung zu sein, von der Einkommenshöhe unabhängig.)

Umgekehrt sind die Schwankungen bei den Volksschullehrern und den mittleren Laufbahnen des öffentlichen Dienstes besonders stark: Weniger als 10% der Volksschullehrer mit den niedrigsten Einkommen (die auch die Jüngsten sind) sind Eigentümer eines Hauses gegenüber mehr als 60% der Bezieher eines Einkommens von mehr als 150.000 Francs, und man beobachtet vergleichbare Abweichungen bei den mittleren Laufbahnen des öffentlichen Dienstes. Ebenso wächst bei den Ingenieuren und Führungskräften (des öffentlichen oder des privaten Sektors) mit steigendem Einkommen die Wahrscheinlichkeit, Eigentümer zu sein.

Was das *kulturelle Kapital* betrifft, so hat es praktisch keine sichtbaren Auswirkungen auf die Eigentümerquote innerhalb jeder sozialen Schicht, wie hoch das Einkommen auch sei. Gleichwohl sieht es so aus, dass in den unteren Schichten ein Minimum an schulischem Kapital, erkennbar am Besitz eines CEP oder CAP,[*] die notwendige Bedingung für den Zugang zum Eigentum ist (wahrscheinlich in Verbindung mit asketischen Dispositionen, die sich auch in einer niedrigen Geburtenrate äußern): Die Wahrscheinlichkeit, Eigentümer zu sein, ist bei den Arbeitern, den Angestellten, den Technikern oder den mittleren Berufsgruppen ohne Zeugnisse geringer als bei den Inhabern eines CEP oder CAP, die ihrerseits öfter Besitzer ihres Hauses sind als die Mitglieder derselben Schicht, die ein BEPC[**] oder das Abitur haben.[13]

[12] In dieser Gruppe ist die Eigentümerquote auch unabhängig vom Alter.

[*] *CEP:* Certificat d'éducation professionelle, Abschluss eines Berufsvorbereitungskurses. *CAP:* Certificat d'aptitude professionelle, anerkannter Berufsabschluss; Anm. d. Übers.

[**] *BEPC:* Brevet d'étude du premier cycle. Entspricht in etwa der mittleren Reife; Anm. d. Übers.

[13] Die Rate der Eigentümer einer Wohnung scheint mehr an ein Diplom gebunden zu sein als die Rate der Eigentümer eines Hauses – dies zumindest in einigen

Vorhaben realisieren, mit einem zu Beginn sehr kleinen ökonomischen Kapital: Ungefähr 40.000 F und ohne auf einen Kredit zurückzugreifen. »Sie müssen wissen, mit 40.000 F kann man ganz schön was machen. Ein Stein kostete damals 1,75 F, und man konnte also damit 5.000 oder 6.000 Steine kaufen, und daraus ließen sich zwei Häuser wie das bauen. Also haben wir das Nötigste gekauft, um mit dem Haus loszulegen. (...) Sagen wir mal, mit diesen ersten 40.000 hatte ich komplett die Sanitärleitungen verlegt, den Boden gemacht, die Mauern im Erdgeschoss hochgezogen und mit dem ersten Stock begonnen. Man kann sagen, dass ich mit dieser Summe das ganze Mauerwerk und den ganzen Rohbau machen konnte, ohne die Tischlerarbeiten und all das zu zählen.« In fünf oder sechs Jahren haben sie so viel wie möglich gespart, um das notwendige Material für den Hausbau kaufen zu können. »In dem Maße, wie er gearbeitet hat, kam das Geld immer rein, wir sparten und kauften wieder«, erklärt Frau R. Da sie entschieden hatten, »alles für das Haus zu tun«, haben sie nichts mehr gekauft, was nicht unerlässlich war. »Wir haben nicht einen Teller gekauft, wirklich nichts, nichts, das heißt, zu essen, zwei Paar Jeans und zwei Pullover pro Jahr. Man kann sagen, dass wir fünf Jahre lang alles in das Haus gesteckt haben, aber mehr in den Innenausbau, denn den Außenausbau macht mein Mann zur Zeit, und wir knappsen viel weniger als früher.« Herr R. hat in seinem Haus praktisch alles selbst gemacht, mit Ausnahme des Vergipsens der Decken, der Treppe und der Aufstellung der Zentralheizung, aus »dem guten Grund«, dass er dafür fünf oder sechs Monate gebraucht und das den Einzug in das Haus verzögert hätte.

Die Konstruktion des Hauses, das insgesamt 220.000 F gekostet hat, hat strengstes Sparen verlangt, aber auch und vielleicht mehr noch eine beachtliche Investition an Zeit. »Als ich mein Haus hier gebaut habe, arbeitete ich 18, 19 Stunden am Tag. Manchmal bin ich um halb vier morgens aufgestanden und habe bis um halb zehn abends ohne Unterbrechung durchgearbeitet, mit nur einem Sandwich zwischen mittags und zwei Uhr; drei Jahre lang ging das so. Und ich habe niemals schlappgemacht, Samstag und Sonntag eingeschlossen, Weihnachten und Neujahr eingeschlossen.«

Damit ist Herr R. »keine Ausnahme, nein, denn wer in der Grube arbeitet, der ist auf jeden Fall ein Malocher, sowieso. Sonst wäre er nicht in der Grube.« Er musste viel Zeit investieren, um die Arbeiten zu machen; und auch, um die Handwerker auszusuchen, die die Arbeiten machen sollten, die Herr R. nicht selbst gemacht hat, oder um Material in guter Qualität zu möglichst niedrigen Preisen aufzutrei-

An der Gruppe der Besitzer des CEP oder des CAP lassen sich die Auswirkungen einer besonderen Form von kulturellem Kapital zeigen, das im Fall des Zugangs zum Eigentum eine besonders sichtbare Anwendung findet: des technischen Kapitals (des »Heimwerkers«), das teilweise in der Schule erworben und mehr oder weniger gut durch den Besitz eines CAP deutlich wird. Daher können die Meister und Vorarbeiter, die sich an der Spitze der Hierarchie der Hand-Arbeiter befinden und unter denen sie wahrscheinlich die allerhöchsten technischen Fähigkeiten haben, diese in der Schule teilweise erworbenen Fähigkeiten, bestätigt durch schulische Titel wie den CAP oder den BP* und ständig verbessert während der beruflichen Laufbahn, in den Dienst der asketischen Dispositionen stellen, die wahrscheinlich ihren beruflichen Aufstieg ursprünglich begründen und die sie dazu bringen, zahlreiche Opfer auf sich zu nehmen, um sich ein Haus zu leisten, das teilweise oder vollständig (mit den Teilnehmern einer Baugemeinschaft) von ihnen selbst hergestellt wurde, oft mit der Hilfe von Kollegen oder Familienangehörigen.[14]

Die Auswirkung der *Größe des Wohnortes* ist gut bekannt. Wesentlich ist aber, dass sie sich nach Volumen und Struktur des Kapitalbesitzes aufgliedert. Der Abstand zwischen den sozialen Klassen vergrößert sich, wenn man sich von den ländlichen Gemeinden zu den großen Ballungsgebieten bewegt, sowohl für das Faktum, seine Wohnung zu besitzen, als auch dafür, ein Einfamilienhaus zu bewohnen.[15]

Nicole Tabard zeigt, dass die Abstände zwischen den Führungskräften oder den freien Berufen und den Arbeitern im Département Essonne deutlicher sind als

---

Gruppen. Aber wahrscheinlich spiegelt sich darin die Auswirkung der Urbanisierung, Besitzer von Wohnungen gibt es häufiger in den großen Ballungsgebieten, die mehr Diplomierte zählen.

* *BP:* Brévet d'études professionelles, Bescheinigung einer zweijährigen technischen Ausbildung; Anm. d. Übers.

[14] Die Meister mit den geringsten Einkommen (weniger als 65.000 Francs jährlich) sind viel häufiger Eigentümer ihrer Wohnung (39,5%) als die Angestellten (16,5%) oder die mittleren Führungskräfte (8,2%) mit gleichen Einkommen.

[15] M. Villac, G. Balland, L. Touchard, Les conditions de logements des ménages en 1978, INSEE, Collection M., Nr. 38, S. 161-166. Außer der Größe des Wohnortes müsste man auch noch die Region in Betracht ziehen. Pierre Durif hatte gezeigt, dass 1968 sehr deutliche regionale Unterschiede existierten, vor allem zwischen West- und Ostfrankreich: Der Anteil von Einfamilienhäusern überstieg damals im Westen Frankreichs das statistische Mittel und war im Norden besonders hoch, das gemeinschaftliche Wohnen war dagegen im Zentrum, im Osten und vor allem im Südosten stärker verbreitet (Siehe P. Durif und S. Berniard, Les Français et la maison individuelle, a.a.O., S. 5-7).

ben. »Bevor wir dazu kamen, irgend jemanden hierherkommen zu lassen, haben wir zwei Monate 'rumüberlegt, wirklich wahr! Der oder der oder der ..., wir haben uns nach allem Möglichen erkundigt, um herauszubekommen, ob der Handwerker jemand war, der was konnte, um darauf zu achten, dass die Arbeiten nicht dreimal gemacht werden müssen, denn das ist lästig.« »Das ist noch nicht mal eine Geldfrage, das ist ein Verlust an Zeit«, erklärt Herr R. und ergänzt ein wenig später: »Wir diskutieren immer mit den Unternehmern über die Preise, mit jedem einzelnen, sie, weil sie ein Pied-noir ist, und ich, weil das immer so war, wir versuchen immer, uns zu arrangieren.« Aber, was die Fliesenlegerei betrifft, »kann man nicht viel rausholen, alles in allem vielleicht 10%, und das, wenn man mit den billigsten rechnet und links und rechts Ausschau hält und alle Geschäfte abklappert. Das braucht sehr viel Zeit, und am Ende kommt dann doch nicht viel heraus. Aber wir haben immer versucht, gutes Material zu haben, nicht sehr teuer, das preisgünstigste.«

Es ist klar, dass ihnen das Haus nun sehr große Befriedigung verschafft: »Es steht fest, dass unser Haus eine Geschichte hat, jedes Teil unseres Hauses hat eine Geschichte, während bei den Leuten, die ein Haus einfach so kaufen, ›schlüsselfertig‹, wie es heißt ...«, und Frau R. beendet ihren Satz voller Andeutungen nicht. Etwas später wird sie aber präzisieren, dass es zu lang ist, einen Kredit über 20 Jahre zu nehmen, um ein Haus zu kaufen, und dass das vor allem »nicht redlich« ist, weil Sie »ihr Haus ungefähr dreimal bezahlen«. »Oder, was auch häufig passiert, oft arbeiten Vater und Mutter, um gegen die Schulden aufzukommen, und die Kinder unglücklicherweise ... Sehen Sie, mein Ältester da, er kommt gerade von der Schule, es ist zwanzig nach drei, und er weiß, seine Mutter ist zu Hause, er kommt nach Hause.« Auf das Haus »sind wir stolz, wir könnten mit Ihnen stundenlang darüber sprechen.«

Die Geschichte ihres Hauses ist von der Geschichte ihrer Familie nicht zu trennen. Sein Bau war schon lange geplant; sie haben »immer darüber gesprochen«, und Herr R. wusste schon, seit er »ganz klein« war, ganz genau, dass er an dieser Stelle sein Haus bauen würde, um dort zu wohnen. Sie haben sich gewünscht, dass »die Kinder da sind«, bevor Frau R. dreißig ist, damit die Belastungen durch das Haus und die Belastungen durch die Erziehung der Kinder, die in der Jugend besonders groß sind, dann nicht gleichzeitig drückten. Die Zeit der stärksten Einschränkungen ist vorbei; es passiert manchmal, dass sie ins Restaurant gehen: »Selten, aber es passiert, mit unseren Kindern, denn wir sind es so gewohnt, unsere Kinder um in Gesamtfrankreich.[16] Die scheinbare »Demokratisierung« des Zugangs zum Besitz eines Einfamilienhauses ist vor allem der Tatsache zuzuschreiben, dass die höheren Schichten der Arbeiterklasse öfter in einer ländlichen Gemeinde wohnen oder, wenn sie in einem Ballungsgebiet leben, in den Randzonen. Die Analyse der Untersuchung von 1984 bestätigt, dass der Anteil von Einfamilienhausbesitzern innerhalb jeder Gruppe sich umgekehrt zu der Größe der Gemeinde verhält. Die Arbeiter können praktisch nur in den ländlichen Gemeinden zu Eigentum kommen. Im Gegensatz dazu können Vorarbeiter sogar im Ballungsraum Paris Häuser besitzen (man zählt 31,6%).

Ganz allgemein wächst die Eigentümerquote mit dem *Alter*, und sie ist immer gering bei Leuten, die jünger sind als 35 Jahre. Alles deutet darauf hin, dass der Zugang zum Eigentum um so später eintritt, je tiefer man sich in der sozialen Hierarchie befindet. Eine Ausnahme bilden die Vorarbeiter, von denen schon im Alter von 30-34 Jahren 50% Hausbesitzer sind. Erst in der Altersstufe der über 50-jährigen gibt es bei den ungelernten Arbeitern mehr Eigentümer als Mieter, oft fallen Beginn des Ruhestands und Eigentumserwerb zusammen.

Tatsächlich erhält das Alter selbst seine Bedeutung nur als ein Moment des häuslichen Lebenszyklus: Die Frage eines Hauskaufs stellt sich mit besonderer Macht in bestimmten Abschnitten dieses Zyklus, besonders, wenn es daran geht, »eine Familie zu gründen«, wie man sagt, das heißt zum Zeitpunkt der Hochzeit oder in den folgenden Jahren, in Verbindung mit der Geburt von Kindern.

Die verheirateten Paare »entscheiden« sich laut der INED-Untersuchung in jeder Altersstufe am häufigsten, Eigentümer ihres Hauptwohnsitzes zu sein und dafür Darlehen in Anspruch zu nehmen (90% der Erwerber von Wohneigentum sind verheiratete Paare). Im Gegensatz dazu werden Ledige – unter den 50-jährigen findet man zweimal weniger Eigentümer als bei den verheirateten Paaren – vor allem aufgrund einer Erbschaft oder gegen Barzahlung Eigentümer. Die Eigentümerquote unter den Geschiedenen ist ebenfalls schwach, die Scheidung ist oft mit einem Rückzug auf den Mietsektor verbunden.[17]

In der Generation der zwischen 1926 und 1935 geborenen Pariser hatte die Mehrheit derjenigen, die ihre Wohnung gekauft haben, ihre Familie schon vor dem Eigentumserwerb gegründet. Dieser Erwerb fand für die höheren Führungskräfte zu einem früheren Zeitpunkt statt als für die Arbeiter oder Angestellten. Es scheint, als seien erstere besser gewappnet, die Doppelbelastung

[16] N. Tabard et al., Relation entre la structure socio-économique de l'espace, la production de l'environnement et les conditions de logement. Analyse de l'enquête Essonne, Paris, Credoc, Januar 1987.

[17] C. Bonvalet, a.a.O., S. 121

uns zu haben, dass wir sie immer mitnehmen, wenn wir irgendwohin gehen. Es passiert etwas bei uns, denn innerlich sind wir eine Familie und wollen es bleiben. Das ist sehr wichtig für uns. Unsere Kinder sind ein Teil von uns und wir ein Teil von unseren Kindern und von dem Haus, und alles ist eins«, erklärt Frau R.

Als sie nach sechs Jahren, die vollständig dem Hausbau gewidmet waren, in Korsika Ferien gemacht haben, fuhren sie zusammen in ein Feriendorf; sie gingen morgens um neun zum Fischen, und die anderen Leute im Dorf bekamen sie nicht zu sehen. »Das ist vielleicht idiotisch, aber so ist es nun mal, wir haben an dem Leben im Ferienlager nicht teilgenommen – bis auf den Ältesten, der ein oder zwei Abende tanzen war –, weil wir uns selbst genug waren.«

Der innere Aufbau des Hauses ist im Hinblick auf die Zukunft, auf das Alter, konzipiert worden; Zimmer und Badezimmer liegen unten, wenn sie die Treppen nicht mehr steigen können. Von der Rente, in die Herr R. mit 53 Jahren gehen wird, erhoffen sie sich, dass sie Reisen machen können und »ein Leben zu zweit« haben, das sie niemals hatten, weil Frau R. schon einen Sohn aus erster Ehe hatte, als sie sich kennenlernten. Sie hören nicht auf, »weiter« zu denken; sie denken schon daran, ihr Gelände durch drei zu teilen, um dort ein Haus für jeden ihrer Söhne bauen zu lassen oder damit ihre Söhne dort selbst bauen könnten. Natürlich, »gegenwärtig verlangt die Arbeit, dass man den Ort wechselt«, und ihre Söhne werden vielleicht dort nicht wohnen können, aber »ganz sicher ist, dass wir es am liebsten hätten, wenn unsere Kinder ein Haus hätten, damit sie ein Dach über dem Kopf haben.«

durchzuhalten, die die Kindererziehung und die Rückzahlung der Kredite für die Wohnung darstellen.[18] Es ist wahrscheinlich, dass bei den folgenden Generationen der Eigentumserwerb, der immer früher vonstatten gegangen ist, die Paare, auch die aus den unteren und mittleren Klassen, dazu gezwungen hat, zugleich die Lasten der Erziehung wie auch der Rückzahlung der Kredite auf sich zu nehmen.

Der Anteil der Angehörigen der lohnabhängigen Fraktionen der Mittelklassen (Angestellte, mittlere Führungskräfte, freilich auch Vorarbeiter) und der vermögenden Klassen, die Eigentümer eines Hauses sind, wächst meistens mit der Zahl der zu betreuenden Kinder. Umgekehrt ist die Relation bei den Hilfsarbeitern, den Angelernten und Facharbeitern und den Angestellten im Handel weitaus komplexer. Hier ist die Erwägung, ein Haus zu erwerben, nicht von dem Streben nach sozialem Aufstieg zu trennen, das wiederum von einer Beschränkung der Geburtenrate nicht getrennt werden kann: So lässt sich beobachten, dass in diesen Gruppen die Haushalte, die zwei Kinder haben, öfter Hausbesitzer sind als diejenigen, die kein oder nur ein Kind bzw. drei oder mehr Kinder haben.[19]

Wie für die Gesamtheit des Konsums könnte man sich auch über die Unterschiede, die das Wohnen betreffen, nur dann vollständiger Klarheit verschaffen, wenn man nicht nur die intervenierenden Wirkungen von Menge und Struktur des Kapitals (die die Wirkung von Faktoren wie der Größe des Wohnortes oder der Größe der Familie bestimmen) berücksichtigt. Vielmehr muss man auch die zeitliche Entwicklung dieser beiden Merkmale, die man vor allem über die ursprüngliche soziale und geographische Herkunft erfassen kann und die sich oft in die Wohnungswechsel oder den Wechsel des Besitzstatus der Wohnung zurückübersetzen, in Rechnung stellen. Obgleich man, abgesehen von den entsprechenden Hinweisen in den von uns geführten Gesprächen, praktisch über keine statistischen Daten zu den Auswirkungen der sozialen Herkunft verfügt (diese werden in den Untersuchungen fast niemals berücksichtigt), so erlaubt doch alles die Annahme, dass der Eigentums-

[18] Ebenda, S. 125f.

[19] Über die Verbindung zwischen der Beschränkung der Geburtenrate und der Aufstiegsambition siehe P. Bourdieu und A. Darbel, La fin d'un malthusianisme?, in: Darras, Le partage des bénéfices, Paris, Ed. de Minuit, 1966, S. 117-129, und P. Bourdieu, Die feinen Unterschiede, Frankfurt a.M. 1982.

erwerb (meistens mithilfe eines Darlehens) vor allem eine Angelegenheit der »Emporkömmlinge« gewesen ist, die auch »Neuankömmlinge« in der urbanen Gesellschaft waren, Provinzler, die »nach Paris« oder in die großen Städte »aufgestiegen« sind, die Häuser in den neuen Vierteln der Randgebiete oder der Vororte erworben haben (während die alten Einwohner mehr Chancen hatten, oft als Mieter, die alten Viertel im Zentrum zu bewohnen).[20]

Die Chancen, Eigentümer oder Mieter zu sein, sind nicht gleich, je nachdem, ob man ein Sohn oder eine Tochter von Eltern ist, die Eigentümer oder Mieter ihres Hauptwohnsitzes sind. Die vergleichende Untersuchung von Mietern und Eigenheimerwerbern derselben Generation (39 Jahre zum Zeitpunkt der Untersuchung) in Alpes-Maritimes macht deutlich, dass die Töchter von Eigentümern eine Chance von drei zu eins haben, Eigentümerinnen zu werden (und das schon mit 39 Jahren), während die Töchter von Mietern eine Chance von etwas weniger als zwei zu eins haben.[21] (Die Verteilung der Söhne von Eigentümern und Mietern ist grosso modo die gleiche). Die soziale Herkunft (hier auf indirekte und grobe Weise erfasst) trägt wahrscheinlich dazu bei, die Wohnstrategien der Haushalte zu strukturieren, aber nur über einen ganzen Komplex von Vermittlungen wie der Art der Wohnsiedlung, dem jeweiligen Zeitpunkt im Lebenszyklus, Beruf und Herkunft des Ehepartners etc.

Die lohnabhängigen Fraktionen der Mittelklassen, eifrige Nutzer des Bankkredits, und die höheren Schichten der Arbeiterklasse bildeten in den letzten Jahren einen wichtigen Teil der »Zugänger« zum Wohneigentum. Nach der vom INSEE 1984 durchgeführten Untersuchung sind Volksschullehrer, Führungskräfte des öffentlichen Sektors, Techniker, mittlere Berufsgruppen des öffentlichen und privaten Sektors und Facharbeiter unter allen Hausbesitzern dort am zahlreichsten, wo Häuser bewohnt werden, die 1975 oder später fertiggestellt wurden. Auch wenn die Inanspruchnahme eines Kredits zum Kauf eines Hauses allgemein üblich wurde, ist sie gleichwohl bei Volksschullehrern, Ingenieuren, Füh-

[20] Diese Hypothese findet eine Bestätigung in den ersten veröffentlichten Ergebnissen der Untersuchung, die Nicole Tabard im Essonne durchgeführt hat und die eine genauere Kenntnis der Auswirkungen der sozialen Laufbahn ermöglichen dürfte. Sie lässt vor allem die Verbindungen deutlich werden, die zwischen der sozialen Herkunft – besonders für die Führungskräfte und die Mitglieder freier Berufe – und dem Faktum bestehen, in einer mehr oder weniger »noblen« Gemeinde zu residieren.

[21] S. P. Culturello, De la location à l'accession, Nice und Marseille, GERM-CERCOM, 1989 (Forschungsbericht für die CNAF).

rungskräften des privaten und öffentlichen Sektors, Technikern, mittleren Berufsgruppen der Unternehmen und Meistern derselben Untersuchung zufolge am häufigsten (siehe die Tabelle S. 182f. im Anhang). In den lohnabhängigen Fraktionen der Mittelklassen finden sich auch am zahlreichsten jene, die sich, sofern sie nicht schon Besitzer eines Hauses sind, wünschen, es zu werden. Von den Eigentümern einer Wohnung, die beabsichtigen wegzuziehen, äußern am häufigsten Facharbeiter, Meister, mittlere Laufbahngruppen des öffentlichen Dienstes, Techniker und Volksschullehrer den Wunsch, ein Haus zu kaufen. Nach einer Untersuchung schließlich, die vom französischen Institut für Demoskopie 1984 durchgeführt wurde, ist bei Angestellten und mittleren Führungskräften der Anteil von Befragten am höchsten, die erklären, »mit Sicherheit vorzuhaben«, ein Einfamilienhaus als ihren Hauptwohnsitz bauen zu lassen (19,1% der Angestellten, 13,7% der mittleren Führungskräfte gegenüber 10,2% der Gesamtheit der befragten Personen).

Die scheinbare Demokratisierung des Zugangs zum Eigentum, die der Anstieg der Eigentümerquote nahelegt (sie bewegt sich von 35% 1954 auf 45,5% 1973, 46,7% 1978, steigt weiter, um 1984 51,2% zu erreichen, und dies, wie Claude Taffin bemerkt, trotz der ungünstigen Konjunktur), verbirgt beträchtliche Unterschiede, je nach der Lage der Wohnung (der Gegensatz zwischen dem Vorortbewohner und dem Städter hat so den Gegensatz zwischen dem Landbewohner und dem Städter abgelöst) und je nach den besonderen Kennzeichen dieser Wohnung (Komfort etc.), die, wenn sie sich überlagern, enorme Unterschiede in den *Lebensweisen*, die an das Wohnumfeld gebunden oder von ihm aufgezwungen sind, zur Folge haben können.

Die Unterschiede betreffen zunächst die *realen Kosten*, nicht nur in Form von Geld über den Kredit, sondern auch an *Zeit:* an Arbeitszeit, um das Haus herzurichten, wie es zum Beispiel die Vorarbeiter tun, die ihre Abende und ihre Sonntage dem »Heimwerken« opfern, so wie andere, in der Kategorie der Nicht-Handarbeiter, sie der Vorbereitung der Kurse des CNAM* opfern; und auch an Wartezeit, um Eigentümer zu werden oder um »richtig eingerichtet« zu sein und an Fahrzeit, um zur Arbeitsstelle zu gelangen etc.

In der Region Paris ist der Erwerb von Wohneigentum oft mit einer Ortsveränderung in Richtung der weiter entfernten Vorstädte verbunden. So wohnten von der Generation der Personen, die zwischen 1926 und 1935 geboren

* *CNAM:* Conservatoire nationale des arts et métiers, Abendschule zur Aus-und Weiterbildung für gehobene Techniker- und Angestelltenberufe; Anm. d. Übers.

sind und in der Pariser Region lebten, vor dem Eigentumserwerb 25% in Paris, gegenüber danach lediglich 14%. Unter denen, die Paris verlassen haben, trauern fast zwei Drittel (63%) ihrem alten Viertel nach und hätten es vorgezogen, dort zu bleiben.[22] Es ist die Entfernung vom Stadtzentrum (mehr als die Entfernung vom Arbeitsplatz), die die Hausbesitzer mehr und mehr beklagen. Zwischen 1978 und 1984 hat sich der Anteil von Einfamilienhausbesitzern, die sich darüber beklagen, zu weit vom Stadtzentrum entfernt zu sein, mehr als verdoppelt, von 10 auf 20% bei den Neuzugängern und von 11 auf 24% bei den anderen Eigentümern, während er für die Eigentümer von Wohnungen relativ stabil blieb (von 9 auf 10% für die Neuzugänger, von 7 auf 10% für die anderen Eigentümer).[23]

Während für die Eigentümer aus den lohnabhängigen Fraktionen der mittleren und höheren Klassen die Fahrtkosten zum Erreichen ihres Arbeitsplatzes besonders hoch sind, so sind für die Arbeiter die Kosten an Arbeitszeit, um das Haus fertigzustellen oder es durch unterschiedliche Arbeiten zu unterhalten, besonders hoch. Nicole Tabard hat gezeigt, wie in der Arbeiterklasse, und vor allem in deren unteren Schichten, »das Wohnen in Einfamilienhäusern ein Umstand ist, der häusliche Produktion begünstigt«.[24] Die Energiearten, die in den unteren Schichten im Einfamilienhaus verbraucht werden, sind billiger als in einer Wohnung, weil »häusliche Arbeit mit einfließt«. Für die anderen sozialen Klassen hingegen verdoppeln sich die Kosten für die Hausenergie zwischen Wohnung und Einfamilienhaus und sind bei den vermögenden Klassen noch höher.

Die Unterschiede betreffen auch die *Profite* des Gebrauchs und einer eventuellen Kommerzialisierung: Die Eigenheime haben natürlich einen sehr unterschiedlichen Wert, das liegt an ihrer technischen oder ästhetischen Qualität und vor allem an ihrer Lage. Sie sind sehr unterschiedlich groß und komfortabel; sie sind sehr unterschiedlich ausgestattet und befinden sich in sehr unterschiedlichen *Entfernungen von öffentlichen oder privaten Einrichtungen*, schulischen, »kulturellen«, Einkaufsmöglichkeiten etc. und vom Arbeitsort. So sind Landarbeiter, ungelernte Arbeiter aus Industrie und Handwerk die Besitzer der kleinsten Häuser, Unternehmer und Angehörige der freien Berufe besitzen die geräumigsten Häuser. 1984 bewohnten 73% der Angehörigen freier Berufe, 71,5% der Unternehmer als Eigentümer ein Haus mit mehr als 120 m^2, gegenüber 14% der ungelernten Arbeiter, 16% der Landarbeiter, 17,5% der Vorarbeiter, ebenfalls jeweils als Eigentümer. Die Unterschiede, die die verschiedenen sozialen Klassen trennen, gleichen sich, wenn man die Anzahl der Räume betrachtet. 1975 war der Anteil unbequemer Wohnungen unter denen, die Ar-

---

[22] Siehe C. Bonvalet, a.a.O., S. 131.

[23] Siehe M. Eenschooten, Le logement de 1978 à 1984. Toujours plus grand et toujours mieux, Economie et statistique, 206, Januar 1988, S. 33-43.

[24] N. Tabard, Consommation et inscription spatiale. Synthèses et perspectives, Paris, Credoc, 1984.

beitern gehörten, 8,6 mal so hoch wie bei den Angehörigen freier Berufe und den höheren Führungskräften bei gleichem Besitzstatus.[25]

So also ist das System der strukturellen Faktoren geartet, die, indem sie ihre Systeme von Vorlieben festlegen, die Orientierung der ökonomisch Handelnden in Richtung Eigentum oder Miete begünstigen und die die Grenzen definieren, innerhalb derer sich diese Dispositionen ausleben können. Doch es versteht sich von selbst, dass die Verwirklichung in konkreten »Wahlen« zwischen diesen sozial determinierten Dispositionen stets von ökonomischen Mitteln abhängt, die den Handelnden angeboten werden und die, genauso wie der Stand des Angebotes an Wohnungen, sehr stark von der »Wohnungspolitik« bestimmt werden. Man darf nämlich nicht vergessen, dass die staatlichen Instanzen – und diejenigen, die in der Lage sind, über sie ihren Willen durchzusetzen – insbesondere über alle möglichen Formen der Reglementierung und der Finanzhilfe mit dem Ziel, diese oder jene Arten der Geschmacksverwirklichung in Sachen Wohnen zu begünstigen, Unterstützung von Privatpersonen, etwa durch Darlehen, Steuerbefreiungen, billige Kredite etc., oder von Herstellern, sehr stark dazu beitragen, *den Zustand des Wohnungsmarktes zu produzieren*, d.h. Angebot und Nachfrage von Bauland und neuen und alten Wohnungen, Einfamilien- und Mehrfamilienhäusern etc., und zugleich die Gestalt, die er je nach Region und Ballungsgebiet annimmt.

Daraus folgt, dass ein systematischer Vergleich der Verteilungsentwicklung unterschiedlicher Besetzungsmodi des Wohnens mit der Entwicklung der »Wohnungspolitik«, wie sie sich auf der Erfahrungsebene der Handelnden praktisch darstellt, verdeutlichen dürfte, wie die eigentlich politischen Faktoren die finanziellen – und affektiven – Investitionen der unterschiedlichen sozialen Gruppen in Sachen Wohnung beeinflussen könnten. Es wäre nötig, diesen doppelten Prozess methodisch zu untersuchen, und zwar sowohl für die Eigentümer als auch für die Mieter: Diese beiden Bevölkerungsteile sind nämlich durch eine Logik kommunizierender Röhren verbunden, jede Maßnahme, die das erreichbare Mietangebot verringern will, treibt einen Teil der möglichen

[25] Siehe C. Topalov, a.a.O., S. 315. Die Auswertung der Untersuchung von 1984, die noch fortgesetzt werden muss, wird Aufschluss darüber erlauben, in welchem Maße die Abstände kleiner geworden sind.

Mieter in Richtung Eigentum, das je nach Bedeutung der persönlichen Hilfen und nach den Kosten der Kredite mehr oder weniger attraktiv ist.

Fest steht, dass die Politik, die durch das Gesetz von 1977* verordnet wurde, die Krönung einer ganzen Reihe von Handlungen war, die die »Wahlen« jener sozialen Schichten in Richtung Eigentum orientieren sollten, die bis dahin am wenigsten in der Lage gewesen waren, ihre Wohnbedürfnisse auf diese Weise zu befriedigen. Sie sollten diese darauf orientieren, aus dem Erwerb ihrer Wohnung eine Hauptform der Unterbringung wie der Geldanlage zu machen (und dies bedeutete im Sinne einiger seiner Erfinder, die das gemeinschaftliche und Mietwohnen mit Kollektivismus oder Sozialismus verbanden, die Ausrichtung auf eine dauerhafte Bindung an die bestehende Ordnung, also auf eine Form des Konservativismus). In gewissem Sinn war diese Politik, die darauf abzielte, den Herstellern von Häusern einen Markt zu eröffnen und dabei an ihren Besitz gekettete Eigentümer zu produzieren, auch erfolgreich. Aber die Kleinbürger, die sich nun als kleine Eigentümer kleiner Häuser in den Vororten wiederfanden, mussten in den meisten Fällen für diese Befriedigung ihrer Bedürfnisse einen solch hohen Preis zahlen, dass die liberale Politik ihren Verfechtern den politischen Nutzen, den sie sich von ihr versprochen hatten, wahrscheinlich nicht liefern konnte, auch wenn sie die Vollendung einer tiefgehenden Änderung der gesellschaftlichen Ordnung begünstigt hat.

* Unter der Präsidentschaft von Giscard d'Estaing verabschiedetes radikalliberales Wohnungsbauförderungsgesetz, das den Schwerpunkt der Wohnungsbauförderung von objektbezogenen auf personenbezogene Beihilfen verlagerte und darauf abzielte, die Rolle des freien Marktes im ganzen Wohnungswesen zu stärken; Anm. d. Hrsg.

Anhang:

Form des Zugangs zum Eigentum an Haus oder Wohnung

	Hauseigentümer				
	Erbschaft/ Schenkung	Barzahlung	Kredit	Anderes*	Gesamt
Landwirte	37,5	22,9	38,8	0,8	100
Angelernte Arbeiter	13,2	13,1	71,9	1,8	100
Facharbeiter	7,6	4,7	84,1	3,6	100
Meister	5,5	4,7	85,8	4,0	100
Angestellte Dienstleistungen	19,4	19,0	61,7	-	100
Arbeiter im Ruhestand	21,1	35,1	39,3	4,4	100
Handwerker	10,9	11,7	75,8	1,6	100
Händler	9,5	16,1	72,7	1,8	100
Handwerker und Händler i.R	19,5	46,2	31,3	3,0	100
Polizisten, Militär	5,3	10,1	81,4	3,2	100
Angestellte Handel	12,1	13,8	69,7	4,4	100
Angestellte Verwaltung Unternehmen	9,4	9,0	78,3	3,3	100
Angestellte öffentl. Dienst	7,4	9,8	80,8	2,0	100
Angestellte i.R.	20,8	37,3	38,9	3,0	100
Mittl. Berufsgruppen Unternehmen	5,5	5,2	86,4	2,9	100
Mittlere Berufsgruppen öffentl. Dienst	5,7	7,1	85,1	2,1	100
Techniker	4,2	3,9	87,9	4,0	100
Volksschullehrer	2,9	7,5	89,0	0,6	100
Mittlere Berufsgruppen i.R.	15,8	33,1	48,9	2,2	100
Unternehmer	3,1	11,3	83,1	2,5	100
Führungskräfte Privatwirtschaft	2,8	8,1	88,1	0,9	100
Ingenieure	4,4	4,7	88,9	2,0	100
Führungskräfte öffentl. Dienst	5,5	5,5	88,4	0,6	100
Professoren	6,8	11,4	78,3	3,5	100
Freie Berufe	7,7	15,8	76,0	0,5	100
Künstler	2,3	10,2	87,5	-	100
Führungskräfte i.R.	16,6	34,6	47,4	1,4	100
Andere	28,6	37,0	31,2	3,2	100
Gesamt	14,1	18,7	64,4	2,8	100

Quelle: Umfrage INSEE, 1984. Tabelle nach unseren Anforderungen erstellt.
*Anderes: Kauf durch Leibrente, Gelegenheitskauf, Mietkauf, Mietvorrecht

	Wohnungseigentümer			
Erbschaft/ Schenkung	Barzahlung	Kredit	Anderes*	Gesamt
54,1	18,3	27,6	-	100
16,1	15,2	65,2	3,5	100
8,2	10,3	75,7	5,8	100
6,9	9,3	76,1	7,8	100
22,2	22,3	53,1	2,4	100
17,2	42,2	35,9	4,7	100
13,7	11,2	68,6	6,5	100
25,2	16,0	53,4	5,3	100
20,5	49,8	28,6	1,2	100
8,0	12,4	75,2	4,4	100
11,8	35,7	52,5	-	100
7,2	11,5	78,6	2,7	100
14,2	8,3	74,9	2,6	100
7,5	49,1	40,6	2,8	100
6,5	6,8	85,3	1,4	100
7,4	10,3	78,5	3,8	100
1,8	7,4	86,0	4,7	100
11,6	11,5	76,9	-	100
7,5	40,5	48,7	3,3	100
14,2	29,5	56,3	-	100
7,1	9,7	81,4	1,8	100
1,5	12,8	83,3	2,3	100
3,2	7,9	85,5	3,4	100
4,1	10,8	83,2	1,9	100
4,0	9,8	84,2	2,0	100
7,6	17,9	74,5	-	100
5,0	43,1	50,6	1,3	100
21,9	34,1	42,6	1,4	100
10,8	23,6	62,5	3,1	100

Anteil von Eigentümern und Mietern eines Hauses oder einer Wohnung nach der Berufsgruppenzugehörigkeit des Haushaltsvorstands im Jahr 1984

	Eigentümer			Mieter			Andere	Gesamt
	Haus	Wohng.	Gesamt	Haus	Wohng.	Ges.		
Landwirte	61,3	3,7	65,0	8,9	7,6	16,5	18,5	100
Angelernte Arbeiter	28,3	3,8	32,1	14,7	47,3	62,0	5,9	100
Facharbeiter	39,1	6,4	45,5	10,4	38,8	49,2	5,3	100
Meister	55,3	9,3	64,6	8,9	19,8	28,7	6,7	100
Angestellte Dienstleistung	21,7	7,6	29,3	5,3	47,6	52,9	17,9	100
Arbeiter im Ruhestand	47,4	7,9	55,3	8,7	25,2	33,9	10,8	100
Handwerker	54,6	11,5	66,1	6,6	22,4	29,0	4,8	100
Händler	44,4	14,1	58,5	9,0	25,9	34,9	6,6	100
Handwerker u. Händler i.R.	50,2	19,5	69,7	3,1	19,3	22,4	7,9	100
Polizisten	25,8	4,5	30,3	8,7	37,5	46,2	23,4	100
Angestellte Handel	21,5	6,1	27,6	5,6	57,2	62,8	9,6	100
Angestellte Verwltg.	23,9	13,2	37,1	5,6	50,4	56,0	6,8	100
Angestellte öffentl. Dienst	28,4	8,4	36,8	5,0	51,6	56,6	6,6	100
Angestellte i.R.	39,1	13,1	52,2	4,8	34,0	38,8	9,0	100
Mittl. Berufsgruppen Unternehmen	36,3	15,4	51,7	6,6	35,7	42,3	6,0	100
Mittl. Berufsgruppen öffentl. Dienst	36,0	11,2	47,2	6,9	38,5	45,4	7,4	100
Techniker	43,4	13,7	57,1	6,0	32,2	38,2	4,6	100
Volksschullehrer	39,8	13,8	53,6	5,2	30,5	35,7	10,8	100
Mittl. Führungskräfte i.R.	52,0	18,2	70,2	3,9	20,8	24,7	5,1	100
Unternehmer	50,5	26,3	76,8	1,9	16,7	18,6	4,6	100
Führungskräfte Privatwirtschaft	36,1	22,4	58,5	8,8	27,7	36,5	5,0	100
Ingenieure	41,8	18,3	60,1	9,7	25,4	35,1	4,8	100
Führungskräfte öffentl. Dienst	32,5	17,4	49,9	10,1	29,6	39,7	10,5	100
Professoren	33,9	15,8	49,7	6,5	32,7	39,2	11,1	100
Freie Berufe	42,3	23,5	65,8	6,5	24,1	30,6	3,6	100
Künstler	20,6	16,6	37,2	9,1	44,7	53,8	8,9	100
Führungskräfte i.R.	46,6	31,1	77,7	3,3	16,3	19,6	2,8	100
Andere	27,2	9,5	36,7	5,8	38,3	44,1	19,3	100
Gesamt	39,7	11,1	50,8	7,8	32,9	40,7	8,6	100

Quelle: Umfrage des INSEE, 1984. Tabelle nach unseren Anforderungen erstellt

Pierre Bourdieu

Das ökonomische Feld

Die vor einigen Jahren betriebene Forschung zur Produktion und Vermarktung von Eigenheimen sollte insgesamt die theoretischen, namentlich anthropologischen Voraussetzungen der ökonomischen Orthodoxie auf die Probe stellen.[1] Und dies in einem empirischen Vergleich, ausgehend von einem präzisen, genau konstruierten Gegenstand, statt in einer jener voreingenommenen, so wirkungs- wie fruchtlosen Infragestellungen, die nur die Gläubigen in ihren Überzeugungen bestärken können. Da die ökonomische Wissenschaft in der Tat Produkt eines stark diversifizierten Feldes ist, gibt es keine »Kritik« an ihren Voraussetzungen oder Unzulänglichkeiten, die sie nicht selbst schon geäußert hätte.[2] Wie die Hydra von Lerna hat sie so viele verschiedene Köpfe, dass sich immer einer findet, der schon die Frage, die man ihm stellen möchte, mehr oder minder gut aufgeworfen hat, und immer auch einer – nicht unbedingt derselbe –, dem man die Elemente der Antwort entnehmen kann. Ihre Widersacher sind so dazu verdammt, unwissend oder ungerecht zu erscheinen.

Deshalb hielt ich es für nötig, die experimentellen Bedingungen einer wahrhaft kritischen Prüfung nicht nur dieser oder jener Seite der ökonomischen Theorie (wie der Vertragstheorie, der Theorie der rationalen Antizipationen oder der Theorie der begrenzten Rationalität), sondern der Prinzipien der ökonomischen Konstruktion selbst wie der Vorstel-

[1] P. Bourdieu u.a., »L'économie de la maison«, *Actes de la recherche en sciences sociales*, 81-82, März 1990, S. 1-96. (Aus diesem Heft stammen die vorstehenden Beiträge; Anm. d. Hrsg.)

[2] Eine Vorstellung von der Differenziertheit des Feldes der ökonomischen Wissenschaft verschafft Frédéric Lebaron allein schon anhand des französischen Feldes in seinem Artikel: La dénégation du pouvoir. Le champ des économistes français au milieu des années 1990, Actes de la recherche en sciences sociales, 119, September 1997, S. 3-26.

lung vom Agenten und der Aktion, der Präferenzen oder der Bedürfnisse, kurz, all dessen zu schaffen, was die anthropologische Sichtweise ausmacht, der die meisten Ökonomen in ihrer Praxis folgen, und zwar oft unwissentlich.

Aber ich hatte, um Zurückhaltung bemüht, theoretische Manifeste abgelehnt und aus epistemologischer Vorsicht vorschnelle Verallgemeinerungen vermieden. Daher sind wohl die empirischen Erkenntnisse und die theoretischen Fragen, die sich aus diesen Forschungen ergaben, unbemerkt geblieben. So wurde nicht immer beachtet, dass die gewissenhafte Beschreibung der Käufer-Verkäufer-Beziehung und des nahezu unveränderlichen Szenarios für das Aushandeln und den Abschluss von Verkaufsverträgen ein Dementi der individualistischen Philosophie der Mikroökonomie des Agenten einschließt, einer Theorie, die individuelle Entscheidungen interpretiert, als würden sie von auswechselbaren, keinerlei Strukturzwang unterliegenden Agenten, also gemäß der rein additiven und mechanischen Logik der Aggregation getroffen werden.[3] Ebensowenig wurde beachtet, dass sich die auf ökonomische Agenten – ob nun einfache Verbraucher oder Leiter von mehr oder minder großen Produktionseinheiten – wirkenden Strukturzwänge nicht auf Notwendigkeiten beschränken, die zum gegebenen Zeitpunkt aus den unmittelbaren ökonomischen Disponibilitäten oder den augenblicklich laufenden Interaktionen erwachsen: Über die Einprägung und den Einfluss des Feldes auf die Dispositionen der Agenten hinaus wirkt die Gesamtstruktur des Feldes der Eigenheimhersteller auf die Entscheidungen der Verantwortlichen ein, bei der Preisgestaltung wie beim Festlegen der Werbestrategien.[4] Aber der wichtigste Beitrag dieser Forschungen, die ohne den ganzen technischen Apparat des ökonomischen Diskurses auftreten (und daher jenen, die stets nur im Ornat ökonomischer Abstraktionen daherkommen, wohl naiv erscheinen), besteht darin, sichtbar zu machen, dass alles, was die ökonomische Orthodoxie als

[3] P. Bourdieu mit S. Bouhedja und C. Givry, »Un contrat sous contrainte«, a.a.O., S. 34-51. Siehe im vorliegenden Band: Ein Vertrag unter Zwang, S. 84-129

[4] P. Bourdieu mit S. Bouhedja, R. Christin und C. Givry, »Un placement de père de famille. La maison individuelle, spécificité du produit et logique du champ de production«, a.a.O., S. 6-33. Siehe im vorliegenden Band: Eine sichere Geldanlage. Das Eigenheim: Produktspezifik und Logik des Produktionsfeldes, S. 26-83.

rein Gegebenes nimmt – das Angebot, die Nachfrage, der Markt –, das Produkt einer sozialen Konstruktion, eine Art historisches Artefakt ist, wovon nur die Geschichte Rechenschaft ablegen kann. Und dass eine wahrhafte ökonomische Theorie nur entstehen kann, wenn sie mit dem anti-genetischen Vorurteil bricht und sich als historische Wissenschaft affirmiert. Dazu müsste sie sich vorrangig bemühen, ihre Kategorien und Begriffe der historischen Kritik zu unterziehen. Größtenteils ungeprüft aus der gewöhnlichen Rede übernommen, sind diese bisher vor solcher Kritik durch den Burgwall der Formalisierung geschützt.

Gezeigt hat sich in der Tat, dass der Eigenheimmarkt (wie mehr oder weniger jeder Markt) Produkt einer *doppelten sozialen Konstruktion* ist, wozu der Staat einen entscheidenden Teil beisteuert: zum einen die Konstruktion der Nachfrage durch die Produktion der individuellen Dispositionen, genauer, der individuellen Präferenzsysteme – besonders in bezug auf Eigentum oder Miete[5] –, und auch durch Bereitstellung der notwendigen Ressourcen, d.h. durch staatliche Baufördermittel oder Wohnungsgelder gemäß Gesetzen und Regelungen, deren Genese sich ebenfalls beschreiben lässt,[6] zum anderen die Konstruktion des Angebots durch die Kreditpolitik des Staates (oder der Banken) gegenüber den Herstellern, die zusammen mit der Art der verwendeten Produktionsmittel dazu beiträgt, die Zugangsbedingungen zum Markt und, genauer, die Position in der Struktur des extrem streuenden Feldes der Eigenheimhersteller, also auch die auf deren jeweilige Entscheidungen in Fragen von Produktion und Werbung wirkenden Strukturzwänge zu definieren.[7]

Und arbeitet man konsequent an der historischen Rekonstruktion von Ontogenese und Phylogenese dessen, was die ökonomische Orthodoxie kraft einer enormen Abstraktion unter dem quasi undefinierbaren Namen Markt begreift, so entdeckt man noch, dass sich die Nachfrage nur in Relation zu einem bestimmten Stand des Angebots sowie der sozialen, namentlich rechtlichen Bedingungen (Bauordnungen, Bau-

[5] P. Bourdieu und M. de Saint-Martin, »Le sens de la propriété. La genèse sociale des systèmes de préférence«, a.a.O., S. 52-64. Siehe im vorliegenden Band: Der Eigentumssinn. Die soziale Genese von Präferenzsystemen, S. 130-161.

[6] P. Bourdieu und R. Christin, »La construction du marché. Le champ administratif et la production de la ›politique du logement‹«, a.a.O., S. 65-85.

[7] P. Bourdieu mit S. Bouhedja, R. Christin und C. Givry, a.a.O.

genehmigungen usw.), die ihre Befriedigung ermöglichen, vollständig spezifizieren und definieren lässt.[8]

Was das »Subjekt« der ökonomischen Aktionen angeht, so ist vor allem in bezug auf den Kauf eines so bedeutungsschweren Produkts wie eines Hauses schwer zu übersehen, dass es nichts von dem ohne Vergangenheit auftretenden, reinen Bewusstsein der Theorie hat und dass die ökonomische Entscheidung nicht einem isolierten ökonomischen Agenten zukommt, sondern einem Kollektiv – Gruppe, Familie oder Unternehmen –, das in der Art eines Feldes funktioniert. Überdies sind die ökonomischen Strategien nicht nur aufgrund der inkorporierten Geschichte der für sie verantwortlichen Agenten zutiefst verwurzelt in der Vergangenheit, die Dispositionen oder Routinen ausgeformt hat, sondern meist auch in ein komplexes System von Reproduktionsstrategien integriert, enthalten also die gesamte Geschichte all dessen, was sie fortdauern lassen sollen.

Nichts gestattet die Abstraktion von der Genese der ökonomischen Dispositionen des ökonomischen Agenten und ganz besonders seiner Präferenzen, seines Geschmacks, seiner Bedürfnisse oder seiner Befähigungen (zu rechnen, zu sparen usw.), wie auch von der Genese des ökonomischen Feldes selbst, d.h. von der Geschichte des Differenzierungs- und Verselbständigungsprozesses, der zur Konstituierung dieses spezifischen Spiels, des ökonomischen Feldes als seinen Eigengesetzen gehorchendem Kosmos, führt.[9] Nur sehr allmählich hat sich die Sphäre des kommerziellen Austauschs von den anderen Bereichen der Existenz abgespalten, hat sich ihr spezifischer *nomos* geltend gemacht (»Geschäft ist Geschäft«), wurden die ökonomischen Transaktionen nicht mehr nach dem Modell des häuslichen Austauschs, also von sozialen oder Familienpflichten geleitet verstanden, hat sich der individuelle Profitkalkül – das ökonomische Interesse – als dominierendes, wenn nicht ausschließliches Prinzip der Sicht der Dinge durchgesetzt (gegen die Verdrängung des Hangs zum Berechnenden).

[8] P. Bourdieu, »Droit et passe-droit. Le champ des pouvoirs territoriaux et la mise en œuvre des règlements«, a.a.O., S. 86-96.

[9] Wenn ich hier bereits andernorts Gesagtes wiederholen muss, so aus folgendem Grund: Dieser Text kann seinem Gegenstand nach Leser haben, denen meine Analysen nicht gut bekannt sind, denn man hat nicht immer bemerkt, dass sie auf ganz spezielle Weise den Gegenstand der Ökonomie betrafen.

Die Geschichte der Ursprünge, an denen die kapitalistischen Dispositionen aufkommen und zugleich das Feld zu ihrer Betätigung entsteht, und vor allem die Beobachtung der (oft kolonialen) Situationen, in denen Agenten mit Dispositionen, die noch auf eine vorkapitalistische Ordnung ausgerichtet sind, brutal in eine kapitalistische Welt geschleudert werden, lassen die Behauptung zu, dass die vom ökonomischen Feld, wie wir es kennen, verlangten Dispositionen nichts Natürliches und Allgemeingültiges an sich haben, sondern Produkt der gesamten Kollektivgeschichte sind, die unablässig in den Individualgeschichten reproduziert werden muss. Die statistische Analyse der von den verfügbaren ökonomischen und kulturellen Ressourcen abhängigen Variationen von ökonomischen Praktiken in Kredit-, Spar- oder Investitionsangelegenheiten bezeugt, dass es ökonomische und kulturelle Bedingungen für den Zugang zu Verhaltensweisen gibt, welche die ökonomische Theorie als rational betrachtet; das zu ignorieren, bedeutet, die unter besonderen ökonomischen und sozialen Bedingungen produzierten Dispositionen zum Maßstab und zur allgemeingültigen Norm jeglichen ökonomischen Verhaltens zu erheben und die ökonomische Ordnung des Marktes zum ausschließlichen Zweck, zum *telos*, des gesamten historischen Entwicklungsprozesses zu machen.[10] Wer nichts kennen und anerkennen will als die Logik des rationalen Zynismus, verbietet sich generell das Begreifen der fundamentalsten ökonomischen Verhaltensweisen, angefangen bei der Arbeit selbst.[11]

Das ökonomische Feld unterscheidet sich dadurch von anderen Feldern, dass hier die Sanktionen besonders brutal sind und das unverhohlene Streben nach der Maximierung des individuellen materiellen Pro-

---

[10] Zu den ökonomischen Bedingungen des Zugangs zum ökonomischen Kalkül siehe P. Bourdieu, *Travail et travailleurs en Algérie*, Paris-La Haye, Mouton 1963 (in Zusammenarbeit mit A. Darbel, J. P. Rivet und C. Seibel) sowie ders., *Algérie 60. Structures économiques et structures temporelles*, Paris, Ed. de Minuit 1977. Zu den kulturellen Bedingungen findet sich eine Beschreibung des allmählichen Aufkommens der *market culture*, einer spontanen Sozialtheorie, welche die sozialen Beziehungen »ausschließlich in Markt- und Austauschbegriffen darstellt, obwohl sie weiterhin viel mehr einschlossen«, in: W. Reddy, *The Rise of Market Culture. The Textile Trades and French Society. 1750-1900*, Cambridge, Cambridge University Press 1984.

[11] Zur doppelten Wahrheit der Arbeit siehe P. Bourdieu, *Méditations pascaliennes*, Paris, Ed. du Seuil 1997, S. 241-244.

fits öffentlich zur Zielvorgabe des Verhaltens gemacht werden kann. Aber das Aufkommen solch eines Universums impliziert keineswegs, dass überall die Logik des Warenaustauschs gelten müsse, die über den *commercialization effect* und das – in der Logik des Geschenkaustauschs grundsätzlich ausgeschlossene – *pricing* dahin tendiert, alles auf den Status der käuflichen Ware zu reduzieren und sämtliche Werte zu destruieren. (So hat Richard Titmus in *The Gift Relationship* gut gezeigt, dass Blutübertragungen aus unentgeltlichen Spenden effizienter sind als jene, die nach rein kommerzieller Logik ablaufen, und dass das Vorgehen, »Güter« wie Blut oder menschliche Organe als Waren zu behandeln, nicht ohne moralische Folgen bleibt und dem Verfall von Altruismus und Solidarität Vorschub leistet.)[12] Ganzen Provinzen der menschlichen Existenz, namentlich den Bereichen der Familie, der Kunst oder der Literatur, der Wissenschaft und in gewissem Maße auch jenem der Bürokratie, ist das Streben nach Maximierung der materiellen Profite zumindest noch großenteils fremd. Und im ökonomischen Feld selbst konnte die Logik des Marktes die nichtökonomischen Faktoren in der Produktion oder in der Konsumtion nie vollständig verdrängen (z.B. bleiben in der Ökonomie des Hauses die symbolischen Aspekte sehr wichtig und lassen sich ökonomisch verwerten). Die Austauschbeziehungen sind nie ganz auf ihre ökonomische Dimension reduziert, und Verträge haben immer, wie Durkheim in Erinnerung rief, außervertragliche Klauseln.

Das ökonomische Interesse (worauf man gewöhnlich jederlei Interesse reduziert) ist nur die spezifische Form, welche die *illusio*, die Investition in das ökonomische Spiel, erhält, wenn das Feld von Agenten besetzt wird, deren Dispositionen angemessen, weil in und mittels einer früh einsetzenden und langwährenden Erfahrung der Notwendigkeiten des Feldes erworben sind (wie bei jenen Schülern einer kleinen englischen Schule, die vor einigen Jahren eine Versicherungsgesellschaft zum Schutz vor Strafen gegründet hatten).[13] Die grundlegendsten ökonomi-

[12] R. M. Titmus, *The Gift Relationship. From Human Blood to Social Policy*, New York, Pantheon 1971.

[13] Manche Verfechter der Theorie der rationalen Antizipationen meinen, die bestmögliche Nutzung der verfügbaren Information für das Maximieren von Zielgrößen werde allmählich durch Versuch und Irrtum erlernt. Mit der Theorie der Dispositionen (des Habitus) lässt sich begründen, dass *vernünftige* Antizipationen auch ohne jeden rationalen Kalkül zustandekommen.

schen Dispositionen, Bedürfnisse, Präferenzen, Neigungen – zur Arbeit, zum Sparen, zum Investieren usw. – sind nicht exogen, d.h. von einer allgemein-menschlichen Natur abhängig, sondern *endogen* und abhängig von einer Geschichte, nämlich von jener des ökonomischen Kosmos, worin sie gefordert sind und belohnt werden. Damit wird gegen die kanonische Unterscheidung zwischen Zielen und Mitteln gesagt, dass das ökonomische Feld allen (je nach ihren ökonomischen Kapazitäten unterschiedlich stark) die Ziele (die individuelle Bereicherung) und die »vernünftigen« Mittel zu ihrem Erreichen aufzwingt.

Die Struktur des Feldes

Das dominante Paradigma will das Konkrete durch Kombinieren von zwei Abstraktionen, der Theorie des allgemeinen Gleichgewichts und der Theorie des rationalen Agenten, erreichen. Um mit ihm zu brechen, muss in einer erweiterten rationalistischen Sichtweise die grundlegende Historizität der Agenten und ihres Aktionsraums beachtet und versucht werden, eine realistische Definition der ökonomischen Rationalität als Zusammentreffen von sozial begründeten Dispositionen (in Bezug auf ein Feld) und ebenfalls sozial begründeten Strukturen dieses Feldes zu konstruieren.

Die Agenten schaffen den Raum, d.h. das ökonomische Feld; vorhanden ist er nur durch die Agenten, die sich in ihm befinden und den Raum in ihrer Nachbarschaft verformen, indem sie ihm eine bestimmte Struktur verleihen. Mit anderen Worten: Die Beziehungen zwischen den verschiedenen »Feldquellen«, d.h. zwischen den verschiedenen Produktionsunternehmen, erzeugen das Feld und die Kräfteverhältnisse, die es kennzeichnen.[14] Konkreter gesagt: Die Agenten, d.h. die durch Umfang und Struktur ihres spezifischen Kapitalbesitzes definierten Unternehmen, bestimmen die Struktur des Feldes und damit den Stand des Verhältnisses der Kräfte, die auf die (gewöhnlich »Sektor« oder »Zweig«

[14] Bevor eine diesen Grundsätzen folgende Formalisierung erarbeitet ist, kann man von der Korrespondenzanalyse, deren theoretische Grundlagen sehr ähnlich sind, eine Darstellung der Felder erwarten. Siehe P. Bourdieu und M. de Saint Martin, »Le Patronat«, in: *Actes de la recherche en sciences sociales,* 20-21, März-April 1978, S. 3-82, Einleitung.

genannte) Gesamtheit der in der Produktion ähnlicher Güter tätigen Unternehmen einwirken. Die Unternehmen üben potentielle Effekte aus, deren Intensitäten, Abnahmeregeln und Richtungen variieren. Sie kontrollieren einen um so größeren Teil des Feldes (Marktanteil), je bedeutender ihr Kapital ist. Was die Verbraucher angeht, so würde ihr Verhalten ganz und gar auf den Feldeffekt zurückgehen, gäbe es nicht eine gewisse Interaktion mit dem Feld (infolge ihrer Trägheit, die jedoch ganz geringfügig ist). Das Gewicht, das einem Agenten zukommt, ist von allen anderen Punkten und von den Verhältnissen zwischen allen Punkten abhängig, d.h. von dem gesamten Raum als einer relationalen Konstellation.

Obwohl hier auf den Konstanten insistiert wird, bleibt dabei nicht unbeachtet, dass das Kapital in seiner Verschiedenartigkeit je nach der Besonderheit der Teilfelder variiert, d.h. je nach der Geschichte dieses Feldes, dem Entwicklungsstand (insbesondere dem Konzentrationsgrad) der betrachteten Industrie und der Besonderheit des Produkts.[15] In seiner großen Untersuchung über die Praktiken der Preisgestaltung (*pricing*) in verschiedenen amerikanischen Industrien führte Hamilton[16] den idiosynkratischen Charakter der einzelnen Zweige (d.h. der einzelnen Felder) auf die Besonderheit ihrer Entstehungsgeschichten zurück, die jeweils eigene Funktionsweisen, spezifische Traditionen und Eigenarten der Entscheidungsfindung bei der Preisgestaltung aufweisen.[17]

Die Stärke eines Agenten ist abhängig von seinen Trümpfen, den manchmal *strategic market assets* genannten differentiellen Erfolgsfaktoren (oder Misserfolgsfaktoren), die Konkurrenzvorteile verschaffen können, genauer gesagt also von Volumen und Struktur seines Kapitalbesitzes in den verschiedenen Formen: finanzielles Kapital (aktuell oder potentiell), kulturelles Kapital (nicht zu verwechseln mit dem »Humankapital«), technologisches Kapital, juristisches Kapital, Organisationskapital (einschließlich des Kapitals an Information und Kenntnissen über das Feld), kommerzielles Kapital und symbolisches Kapital. Das finan-

[15] Das ökonomische Feld besteht aus einer Gesamtheit von Teilfeldern. Sie entsprechen dem, was gewöhnlich unter »Sektoren« oder »Industriezweigen« verstanden wird.

[16] W.F. Hamilton, *Price and Price Policies*, New York, MacGraw Hill 1938.

[17] M.R. Tool, »Contributions to an Institutional Theory of Price Determination«, in: G.M. Hodgson, E. Screpanti, *Rethinking Economics, Markets, Technology and Economic Evolution*, European Association for Evolutionary Political Economy 1991, S. 29f.

zielle Kapital ist der direkte oder indirekte (durch Zugang zu den Banken vermittelte) Zugriff auf finanzielle Ressourcen, die (zusammen mit der Zeit) die Hauptbedingung für die Akkumulation und Konservierung aller anderen Kapitalarten ergeben. Das technologische Kapital ist der Bestand an differentiellen wissenschaftlichen (Forschungspotential) oder technischen Ressourcen (einzigartige und kohärente Verfahren, Befähigungen, Routinen und Fertigkeiten, die sich dazu eignen, den Arbeits- oder Kapitalaufwand zu senken oder den Ausstoß zu steigern) für Anwendungen in der Entwicklung und Herstellung von Erzeugnissen. Das kommerzielle Kapital (Verkaufskraft) ist abhängig vom Funktionieren der Vertriebsnetze (Lagerhaltung und Transport) sowie der Marketing- und Kundendienstbereiche. Das symbolische Kapital besteht in der Beherrschung von symbolischen Ressourcen, die auf Bekanntheit und Anerkennung beruhen, wie beim Markenimage (*goodwill investment*), der Treue zur Marke (*brand loyalty*) usw.[18] Dieses Vermögen funktioniert wie eine Kreditform; es setzt das Vertrauen oder den Glauben derjenigen voraus, die ihm ausgesetzt sind, weil sie dazu disponiert sind, Kredit zu gewähren (auf dieses symbolische Vermögen bezieht sich Keynes, wenn er die These aufstellt, dass eine Geldspritze wirkt, sobald die Agenten glauben, dass sie wirke, sowie die Theorie der Spekulationsblasen).

Die Struktur der Kapitalverteilung und die Struktur der Kostenverteilung, die wiederum hauptsächlich mit der Größenordnung und dem vertikalen Integrationsgrad zusammenhängt, bestimmen die Struktur des Feldes, d.h. die Kräfteverhältnisse zwischen den Firmen, wobei die Herrschaft über einen erheblichen Anteil am Kapital (an der Gesamtenergie) Macht über das Feld, also über die kleinen Kapitalbesitzer, verleiht. Sie entscheidet auch über das Zugangsrecht zum Feld und die Verteilung der Profitchancen. Die verschiedenen Kapitalarten wirken nicht nur indirekt, über die Preise; sie üben einen Struktureffekt aus, weil die

---

[18] Das finanzielle Kapital, das technische Kapital und das kommerzielle Kapital existieren sowohl in objektivierter Gestalt (Ausrüstungen, Instrumente usw.) als auch in inkorporierter Gestalt (Kompetenz, Kniffe usw.). Man kann eine Antizipation der Unterscheidung zwischen dem objektivierten und dem inkorporierten Zustand des Kapitals bei Veblen erblicken; er wirft der orthodoxen Theorie des Kapitals vor, dass es die greifbaren Aktiva zu Lasten der nicht greifbaren Aktiva überbewertet (Th. Veblen, *The Instinct of Workmanship*, New York, Augustus Kelley 1964).

Anwendung einer neuen Technik, die Kontrolle über einen erheblicheren Marktanteil usw. die relativen Positionen und die Leistungen aller von den anderen Firmen gehaltenen Kapitalarten modifizieren.

Die interaktionistische Auffassung kennt keine andere Form sozialer Wirksamkeit als den durch irgendeine Art von »Intervention« direkt von einer Firma (oder einer Person, die sie zu vertreten hat) auf eine andere ausgeübten »Einfluss«. Demgegenüber sind in einer strukturalen Auffassung die *Feldwirkungen* zu berücksichtigen, d.h. die Zwänge, die vermittels der Struktur des Feldes, wie sie die ungleiche Verteilung des Kapitals, also der spezifischen Waffen (oder Trümpfe) definiert, kontinuierlich und außerhalb jeder direkten Intervention oder Manipulation auf die Gesamtheit der in dem Feld tätigen Agenten einwirken und deren Möglichkeitsraum, den Fächer der ihnen offenstehenden Optionen, um so mehr einschränken, je schlechter sie in jener Verteilung gestellt sind. Die dominanten Firmen üben ihren Druck auf die dominierten Firmen und deren Strategien eher mittels ihres Gewichts in dieser Struktur aus als durch die direkten Interventionen, die sie auch unternehmen können (namentlich durch die Netzwerke wechselseitiger Beschickung der Aufsichtsräte – *interlocking directorates* –, die dies mehr oder minder verformt zum Ausdruck bringen).[19] Ihre Position in der Struktur (die Struktur also) bewirkt, dass sie die Regelhaftigkeit und bisweilen die Spielregel und die Grenzen des Spiels definieren; dass sie durch ihre bloße Existenz und auch durch ihre Aktion (z.B. eine Investitionsentscheidung oder eine Preisänderung) die gesamte Umgebung der anderen Unternehmen und das System der auf sie einwirkenden Zwänge oder ihren Möglichkeitsraum modifizieren, indem sie den Raum der möglichen taktischen und strategischen Verschiebungen begrenzen und eingrenzen. Die Entscheidungen (der Dominanten wie der Dominierten) sind nur Wahlen zwischen den (in ihren Grenzen) von der Struktur des Feldes definierten Möglichkeiten. Sofern »Interventionen« vorkommen, verdanken sie ihre Existenz und Effizienz der Struktur der objektiven Beziehungen innerhalb des Feldes zwischen denjenigen, die sie ausführen, und denjenigen, die sie hinnehmen müssen.

---

[19] B. Minth, M. Schwartz, *The Power Structure of American Business*, Chicago, The University of Chicago Press 1985.

Ein typisches Beispiel für diese Struktureffekte, die nicht auf absichtliche Interventionen einzelner Agenten an Einzelpunkten rückführbar sind, ist das internationale Feld des Finanzkapitals. Es verdankt seinen schicksalhaften Anschein (zumindest in gewissen journalistischen Sichtweisen auf die »Finanzmärkte«) zweifellos der Tatsache, dass es nicht direkt bei nationalen Regierungen zu intervenieren braucht, um ihnen eine Politik aufzuzwingen oder, weniger noch, um ihnen eine zu verbieten. Seine strukturale Machtausübung erfolgt vermittels der nicht unbedingt gewollten Effekte, die eine Modifikation der Risikoprämien auf nationale Zinssätze oder Wechselkurse für die Kosten der Politik dieser Regierung haben kann; Kosten, die je nach der Position der betroffenen Länder in der Struktur der Kapitalverteilung und in der Machthierarchie variieren zwischen eventueller Kreditrationierung für arme Länder und »Straflosigkeit« für reiche Länder, die vor allem dann, wenn ihre Währung als internationale Reservewährung dient wie jene der USA, die Konsequenzen einer defizitären Budget- und Handelsbilanzpolitik nicht zu tragen brauchen.

Die Struktur des Feldes und die ungleiche Verteilung der Trümpfe (Kostenvorteile durch Massenproduktion, technologische Vorteile usw.) tragen dazu bei, die Reproduktion des Feldes durch »Einlasssperren« zu sichern, die aus anhaltender Benachteiligung von neu Eintretenden oder den Nutzungskosten resultieren, die sie zu erstatten haben. Diese Tendenzen, die der Feldstruktur innewohnen (wie jene, kraft derer das Feld die Agenten mit dem größten Kapitalbesitz begünstigt) und verstärkt werden durch das Wirken von allerlei »Ungewissheit mindernden Institutionen« (*uncertainty-reducing institutions*), wie sich Jan Kregel ausdrückt,[20] – Tarifverträge, Schuldenvereinbarungen, Richtpreise, Handelsabkommen oder »Mechanismen, die Information über die potentiellen Aktionen der anderen ökonomischen Agenten liefern« –, verschaffen dem Feld eine *Dauer* und eine Zukunft, die vorhersehbar und berechenbar ist. Anhand der Regelmäßigkeiten in der Feldstruktur und der dort wiederholt ablaufenden Spiele eignen sich die Agenten Rezepte, Kniffe und übertragbare Dispositionen an, auf denen zumindest im Großen und Ganzen fundierte praktische Antizipationen beruhen können.

[20] J. A. Kregel, »Economic Methodology in the Face of Uncertainty«, *Economic Journal*, 86, 1976, S. 209-225.

Weil das Feld die Besonderheit hat, die berechnende Einstellung und die entsprechenden strategischen Dispositionen zuzulassen und zu begünstigen, hat man nicht die Wahl zwischen einer rein strukturalen und einer strategischen Sichtweise: Auch höchst bewusst ausgearbeitete Strategien können nur in den Grenzen und in den Richtungen umgesetzt werden, die ihnen durch die Strukturzwänge und die – ungleich verteilte – Kenntnis dieser Zwänge gewiesen werden (das Informationskapital, das den Inhabern einer dominanten Position garantiert ist – namentlich durch Sitze in Aufsichtsräten oder, bei Banken, durch die von Kreditnehmern zu liefernden Auskünfte –, gehört beispielsweise zu den Ressourcen, die es gestatten, die bestmöglichen Strategien des Kapitalmanagements zu wählen). Die neoklassische Theorie, die Struktureffekte oder gar objektive Machtbeziehungen nicht berücksichtigen will, wird die Bevorteilung derjenigen, die über das meiste Kapital verfügen, damit erklären können, dass sie stärker diversifiziert seien, mehr Erfahrung und einen besseren Ruf (und damit mehr zu verlieren) hätten und somit Garantien böten, die es erlaubten, ihnen Kapital zu geringeren Kosten bereitzustellen, und dies aus einfachen Gründen des ökonomischen Kalküls. Das wird gewiss den Einwand hervorrufen, dass man von der Realität der ökonomischen Praktiken genauer Rechenschaft ablegt, wenn man mit manchen Theoretikern die »disziplinierende« Rolle des Marktes als Instanz heranzieht, welche die optimale Koordinierung der Präferenzen garantiert (die Individuen seien gezwungen, ihre Entscheidungen der Logik der Profitmaximierung zu unterwerfen, um nicht ausgeschaltet zu werden, wie jene Manager, die Aktionärsinteressen nicht gut vertreten, bei der Übernahme von Firmen), oder wenn man einfach auf den Preiseffekt eingeht – die Tatsache, dass ein Produzent, der seine Produktion oder seine Produktionskapazität erhöht, einen Preiseffekt auslöst, der die anderen Produzenten anbetrifft.

In der Tat und entgegen der üblichen Vorstellung, die – um von Ökonomen häufig verwendete, sehr vage Begriffe aufzugreifen – den »Strukturalismus« als eine Form von »Holismus« mit dem Festhalten an einem radikalen Determinismus assoziiert,[21] führt die Berücksichtigung

[21] Mit der Nichtachtung des »Prinzips des stratifizierten Determinismus«, das Paul Weiss vorschlägt. Dieser bejaht die »Bestimmtheit (*determinacy*) im großen Bereich (*in the gross*) trotz einer im Bereich des Kleinen (*in the small*) nachweisba-

der Struktur des Feldes und ihrer Zwänge keineswegs dazu, den Spielraum der Agenten zu annullieren. Das Produktionsfeld als solches zu konstruieren, bedeutet ganz im Gegenteil, Produzenten wieder in ihre volle Verantwortlichkeit als *price makers* einzusetzen, während die orthodoxe Theorie sie bedingungslos der determinierenden Gewalt des Marktes als Prinzip der Dynamik und sogar der Form der Produktion unterwirft und sie damit, ebenso wie die Verbraucher, auf die unbedeutende Rolle von *price takers* reduziert.[22]

Die *typisch scholastische* Kategorie Gleichgewicht (des Marktes, des Spiels) zugunsten der Kategorie Feld fallenzulassen, bedeutet, die abstrakte Logik des *price taking*, d.h. der automatischen, mechanischen und augenblicklichen Bestimmung des Preises auf Märkten mit uneingeschränkter Konkurrenz, fallenzulassen und den Standpunkt des *price making* zu beziehen, d.h. der (differentiellen) *Macht*, die Einkaufspreise (für Material, für Arbeit usw.) und die Verkaufspreise (also die Profite) zu bestimmen, einer Macht, die in bestimmten sehr großen Unternehmen speziell zu diesem Zweck ausgebildeten Fachleuten übertragen wird, den *price setters*. Damit wird zugleich wieder die für das Produktionsfeld grundlegende Struktur des Kräfteverhältnisses eingeführt, die wesentlich zur Preisbestimmung beiträgt, indem sie die differentiellen Chancen des Einwirkens auf das *pricing* bestimmt; und die generell bestimmend ist für die Tendenzen, die den Mechanismen des Feldes innewohnen, und damit auch für die Spielräume, die den Strategien der Agenten überlassen sind.[23]

---

ren Unbestimmtheit (*indeterminacy*)« (P. A. Weiss, »The living system: determinism stratified«, in: A. Koestler, J. R. Smythies [Eds.], *Beyond Reductionism: New Perspectives in the Life Sciences*, London, Hutchinson 1969, S. 3-42).

[22] Wie R. H. Coase gut gezeigt hat, operiert die orthodoxe Theorie stillschweigend mit der Annahme entfallender Transaktionskosten (*zero transaction costs*). Gerade das gestattet, die Tauschakte als augenblicklichen Vorgang zu behandeln: »Eine weitere, nicht generell bemerkte Konsequenz der Annahme entfallender Transaktionskosten ist es, dass, wenn beim Ausführen von Transaktionen keine Kosten anfallen, es auch nichts kostet, sie zu beschleunigen, so dass die Ewigkeit in einem Sekundenbruchteil erfahren werden kann« (R. H. Coase, *The Firm, the Market, and the Law*, Chicago, The University of Chicago Press 1988, S. 15).

[23] Vom Feld statt vom Markt zu reden, heißt (durchweg im Gegensatz zur ahistorischen Kategorie Markt), auf die spezifische soziale Struktur zurückzukommen, mittels derer die Koordinierung und Aggregation der individuellen Optionen praktisch erfolgen.

Die Theorie des Feldes wendet sich somit gegen die atomistische und mechanistische Sichtweise, die den Preiseffekt, diesen *deus ex machina*, überbetont und wie die Newtonsche Physik die Agenten (Aktionäre, Manager oder Unternehmen) auf auswechselbare Materiepunkte reduziert, deren Präferenzen, einer exogenen oder in der extremsten Variante sogar unveränderlichen Nutzenfunktion folgend, die Aktionen mechanisch bestimmen (die Kategorie des »repräsentativen Agenten«, die alle Differenzen zwischen den Agenten und ihren Präferenzen verschwinden lässt, dient dabei als bequemer Kunstgriff zur Konstruktion von Modellen, die ähnlich wie in der klassischen Mechanik Prognosen liefern können). Sie wendet sich auch, aber anders, gegen die interaktionistische Sichtweise, die kraft der gründlich verschwommenen Vorstellung vom Agenten als kalkulierendem Atom mit der mechanistischen Sichtweise zusammengehen kann und selbst meint, die ökonomische und soziale Ordnung reduziere sich auf eine Vielzahl von – meist auf Vertragsbasis – interagierenden Individuen. Mittels einer Reihe von folgenschweren Postulaten wie namentlich der Festsetzung, dass Firmen als isolierte *decision makers*, die ihre Profite maximieren, zu behandeln sind,[24] verwendet die moderne Theorie der industriellen Organisation auf der Ebene eines Kollektivs wie der Firma (die, wie man sehen wird, selbst wie ein Feld funktioniert) das Modell der individuellen Entscheidung als Resultat eines bewussten und bewusst auf Maximierung des Profits (der Firma) orientierten Kalküls – ein Modell, dem sie Irrealismus nachsagt, ohne daraus Konsequenzen zu ziehen. Sie erlaubt sich daraufhin, die für das Feld grundlegende Struktur des Kräfteverhältnisses auf eine Gesamtheit von Interaktionen zu reduzieren, die keine Transzendenz in Bezug auf die zum gegebenen Zeitpunkt dort Engagierten aufweisen und in der Sprache der Spieltheorie beschrieben werden können. In ihren Grundpostulaten vollkommen deckungsgleich mit der intellektualistischen Philosophie, die auch der Neo-Grenznutzentheorie zugrundeliegt, reduziert diese mathematische Theorie, bei der gerne vergessen wird, dass sie ausdrücklich und deutlich gegen die Logik der Praxis konstruiert wurde und auf anthropologisch so unbegründeten Postulaten fußt wie jenem, dass das System der Präferenzen bereits kon-

[24] J. Tirole, *The Theory of Industrial Organization*, Cambridge, The MIT Press 1988, S. 4.

stituiert und transitiv sei,[25] stillschweigend die im ökonomischen Feld auftretenden Effekte auf ein Spiel von wechselseitigen Antizipationen.

Vielen Soziologen ergeht es daher so wie Mark Granovetter. Sie glauben der Vorstellung vom ökonomischen Agenten als nur auf »engherziges Betreiben seines Interesses« bedachter egoistischer Monade und als »atomisiertem Akteur, der ohne jeden sozialen Zwang Entscheidungen trifft«, zu entrinnen, lösen sich aber von der Benthamschen Sichtweise und vom »methodologischen Individualismus« nur, um an die interaktionistische Sichtweise zu geraten, die den Strukturzwang des Feldes ignoriert und nichts kennen will (oder kann) als den Effekt der bewussten und kalkulierten Antizipation, die jeder Agent in bezug auf die Wirkungen seiner Aktion auf die anderen Agenten zur Hand hätte (ein Theoretiker des Interaktionismus wie Anselm Strauss erwähnte dies unter der Bezeichnung *awareness context*[26] und wischte damit alle Struktureffekte und objektiven Machtbeziehungen vom Tisch – etwa so, als ob man die Strategien der *mutual deterrence* untersuchen wollte, ohne zu bedenken, dass sie nur zwischen Atomwaffenbesitzern stattfinden kann), oder den als »Einfluss« aufgefassten Effekt, den die *social networks*, die anderen Agenten oder soziale Normen auf ihn ausüben.[27]

[25] Die klassischen Arbeiten von Amos Tversky und Daniel Kahneman haben die Schwächen und Irrtümer der Agenten in Fragen von Wahrscheinlichkeitstheorie und Statistik hervorgehoben (A. Tversky und D. Kahneman, »Availability. A Heuristic for Judging Frequency and Probability«, in: *Cognitive Psychology*, 2, 1973, S. 207-232; siehe auch S. Sutherland, *Irrationality. The Enemy Within,* Lodon, Constable 1972). Die intellektualistische Voraussetzung dieser Forschungen verleitet sie dazu, zu übersehen, dass die Agenten aufgrund der Logik der Dispositionen imstande sind, praktisch auf Situationen zu reagieren, wo Probleme der Antizipation von Chancen auftreten, die sie als Abstrakta nicht lösen könnten.

[26] A. Strauss, *Continual Permutations of Action*, New York, Aldine de Gruyter 1993.

[27] Siehe M. Granovetter, »Economic institutions as social constructions: A framework for analysis«, in: *Acta Sociologica*, 1992, 35, S. 3-11. In diesem Artikel findet sich eine Umformung der Alternative von »Individualismus« und »Holismus«, die in der ökonomischen (und soziologischen) Orthodoxie umhergeistert, in Gestalt der bei Dennis Wrong (D. Wrong, »The Oversocialized Conception of Man in Modern Sociology«, in: *American Sociological Review*, 26, 1961, S. 183-196) entlehnten Opposition zwischen dem *undersocialized view* als Lieblingsauffassung der ökonomischen Orthodoxie und dem *oversocialized view*, der unterstellt, die Agenten seien »so sensibel (*sensitive*) für die Meinung der anderen, dass sie sich automatisch den allgemein akzeptierten Verhaltensnormen fügen«, oder sie hätten die Normen oder Zwänge so tief verinnerlicht, dass die aktuellen Relationen sie nicht mehr

Es ist also nicht sicher, dass die sogenannte Harvard-Tradition (d.h. die von Joe Bain und seinen Mitarbeitern begründete Industrieökonomie) nichts Besseres verdient als den etwas herablassenden Blick, den die »Theoretiker der Industrieorganisation« ihr gönnen. Vielleicht lohnt es sich eher, mit *loose theories* Schritte in die richtige Richtung zu tun und den Akzent auf die empirische Analyse von Industriesektoren zu setzen, als mit allem Anschein von Strenge in eine Sackgasse zu steuern, weil man »eine elegante und allgemeine Analyse« präsentieren möchte. Ich beziehe mich hier auf Jean Tirole, der schreibt: »Die erste, mit den Namen Joe Bain und Edward Mason verbundene und manchmal ›Harvard-Tradition‹ genannte Welle war empirischer Natur. Sie entwickelte das berühmte ›Struktur-Verhalten-Performanz-Paradigma‹, wonach die Marktstruktur (die Anzahl der Anbieter auf dem Markt, der Differenzierungsgrad des Produkts, die Kostenstruktur, der Grad der vertikalen Integration mit den Zulieferern usw.) das Verhalten bestimmt (das Preise, Forschung und Entwicklung, Investitionen, Werbung usf. umfasst) und das Verhalten die Marktperformanz ergibt (Effizienz, Preis-Grenzkosten-Verhältnis, Produktpalette, Innovationsrate, Profite und Vertrieb). Dieses Paradigma war zwar plausibel, beruhte jedoch oft auf ungenauen Theorien und legte den Nachdruck auf empirische Studien über Industriezweige.«[28]

Edward Mason hat sich in der Tat um die Grundlagen einer wahrhaft strukturalen Analyse (im Gegensatz zur strategischen oder interaktionistischen Analyse) des Funktionierens eines ökonomischen Feldes verdient gemacht. Erstens stellt er fest, dass nur eine Analyse, die imstande ist, sowohl die Struktur jedes einzelnen Unternehmens, als Prinzip der Disposition, auf die besondere Struktur des Feldes zu reagieren, wie auch die Struktur jedes Sektors (*industry*) zu berücksichtigen, von allen Unterschieden zwischen den Firmen in Bezug auf die Wettbewerbspraktiken, namentlich in ihren Preis-, Produktions- und Investitionspolitiken, Rechenschaft ablegen kann. (Beide Gesichtspunkte werden von den Anhängern der Spieltheorie ignoriert, die er nebenbei im voraus kriti-

---

anrühren (manchmal wird der Habitus-Begriff total fälschlich so verstanden). Man erlaubt sich hier zu folgern, dass die *over* und *under* letztlich einander da wieder treffen, wo die Agenten als gegenüber den »Einflüssen« der *concrete ongoing systems of social relations* und der *social networks* abgeschlossene Monaden angesehen werden. So sind der »Situationalismus« oder der methodologische Interaktionismus nur eine falsche Überwindung der ebenfalls falschen Alternative von Individualismus und Holismus.

[28] J. Tirole, a.a.O., S. 2f. Der Autor gibt bald darauf Hinweise auf Kosten und Profite der verschiedenen Produktkategorien (namentlich der theoretischen und empirischen) auf dem Markt der ökonomischen Wissenschaft, die das unterschiedliche Los der »Harvard-Tradition« und seiner neuen »Theorie der Industrieorganisation« begreiflich machen: »Bis in die 1970er Jahre haben die Ökonomietheoretiker (mit wenigen Ausnahmen) die Industrieorganisation ganz hübsch ignoriert, denn sie bot sich nicht so an für elegante und allgemeine Analysen wie die Theorie der Analyse des allgemeinen Gleichgewichts im Wettbewerb. Seitdem hat sich eine ganze Anzahl führender Theoretiker für die Industrieorganisation interessiert.«

siert: »Umständliche Spekulationen über das wahrscheinliche Verhalten von A unter der Annahme, dass B in bestimmter Weise handeln werde, erscheinen besonders fruchtlos.«)[29] Er bemüht sich danach, sowohl theoretisch als auch empirisch die Faktoren auszuweisen, welche die relative Stärke des Unternehmens in dem Feld bestimmen – absolute Größe, Anzahl der Unternehmen, Differenzierung des Produkts. Schließlich reduziert er die Struktur des Feldes auf den Möglichkeitsraum, wie er den Agenten erscheint, um so eine »Typologie« der »Situationen« zu entwerfen, die durch alle vom Anbieter bei der Bestimmung seiner Politiken und Praktiken berücksichtigten Erwägungen definiert seien (»Die Struktur des Marktes eines Anbieters schließt alle jene *Erwägungen* ein, die er berücksichtigt, wenn er seine Geschäftspolitiken und -praktiken bestimmt.«[30]).

Das ökonomische Feld als Kampffeld

Das Kräftefeld ist auch ein Feld von Kämpfen um seine Erhaltung oder Transformation, ein sozial konstruiertes Aktionsfeld, auf dem Agenten mit unterschiedlicher Ressourcenausstattung aufeinander treffen. Die Ziele der Aktionen und ihre Wirksamkeit sind in erster Linie von den Positionen der Firmen im Kräftefeld, d.h. in der Struktur der Verteilung aller Formen von Kapital, abhängig. Statt mit einem schwere- und zwanglosen Universum, wo sie ihre Strategien nach Belieben entfalten könnten, haben es die Agenten mit einem Raum von Möglichkeiten zu tun, die sehr eng von ihrer Position im Feld abhängen. Ein Quantum Freiheit bleibt für das Spiel – im Sinne der Kunst zu spielen gegenüber dem Spiel im Sinne von Karten, von Trümpfen, die man in der Hand hält –, und diese Freiheit ist gewiss größer als in anderen Feldern, weil die Mittel und Ziele der Aktion – also die Strategien – in besonders starkem Maß selbst außerhalb der ökonomischen Theorie, die vor allem als Legitimationsinstrument dient, Gegenstand von Erörterungen[31] ge-

[29] E.S. Mason, »Price and Production Policies of Large-scale Enterprise«, in: *The American Economic Review*, XXIX, 1, Supplement, März 1939, S. 61-74 (namentlich S. 64).

[30] Ebenda, S. 68 (Hervorhebung von P. Bourdieu, um das Schwanken zwischen der Sprache der Struktur und des Strukturzwangs und der Sprache des Bewusstseins und der absichtlichen Wahl zu kennzeichnen).

[31] Max Weber bemerkt, dass der Warenaustausch insofern eine völlige Ausnahme ist, als er die instrumentellste und berechnendste aller Formen des Handelns darstellt. Dieser »Arche-Typos alles rationalen Gesellschaftshandelns ... gilt jeder Ethik

worden sind, so namentlich in Form von »Alltags-Theorien« der strategischen Aktion (*management*), die ausdrücklich als Entscheidungshilfen für die Agenten und insbesondere die Führungskräfte produziert und explizit an den Ausbildungsstätten für diese Führungskräfte wie den großen *business schools* gelehrt werden.[32]

Wegen dieser Art von institutionalisiertem Zynismus, dem genauen Gegenteil der in den Universen der symbolischen Produktion gebotenen Selbstverleugnung und Sublimierung, ist die Grenze zwischen der indigenen Vorstellung und der wissenschaftlichen Beschreibung in diesem Fall weniger ausgeprägt; so spricht eine Abhandlung über das Marketing vom *product market battlefield.*[33] In einem Feld, wo die Preise sowohl Spieleinsätze als auch Waffen sind, haben die Strategien von selbst für ihre Urheber wie für die anderen eine *Transparenz*, die sie in Universen wie dem Literatur-, dem Kunst- und dem Wissenschaftsfeld nie erreichen, wo die Sanktionen großenteils symbolisch, d.h. unscharf und subjektiven Variationen unterworfen bleiben. Und wie die Arbeit bezeugt, die nach der Logik des Schenkens zu leisten ist, um die manchmal so genannte »Wahrheit der Preise« zu vertuschen (so dass man z.B. immer die Preisschilder auf Geschenken sorgfältig entfernt), hat der Geldpreis tatsächlich eine Art brutaler Objektivität und Allgemeingültigkeit, die der subjektiven Wertschätzung kaum Platz belässt (auch wenn man beispielsweise sagen kann: »Das ist ziemlich teuer« oder: »Das ist sein Geld wert«). Daraus folgt, dass die bewussten oder unbewussten Bluff-Strategien wie jene der reinen Anmaßung in den ökonomischen Feldern geringere Erfolgschancen besitzen; sie haben zwar dort auch ihren Platz, aber eher als Abschreckungs- oder, seltener, als Verführungsstrategien.

---

als unter Brüdern verworfen.« (M. Weber, *Wirtschaft und Gesellschaft*, Tübingen, Mohr, 1980, S. 382f.)

[32] Die Theorie des *management*, eine Literatur vom Typ »*Business school* für *business school*«, folgt einer ganz ähnlichen Funktion wie die Texte der Juristen des 16. und 17. Jahrhunderts, die den Staat anscheinend nur beschreiben und ihn doch ausprägen helfen. Für den Gebrauch der aktuellen oder potentiellen Manager konzipiert, geht sie ständig zwischen dem Positiven und dem Normativen hin und her. Im Grunde beruht sie auf einer Überbewertung des Spielraums, der für bewusste Strategien gegenüber den Strukturzwängen und den Dispositionen der Führungskräfte verbleibt.

[33] Ph. Kotler, *Marketing Management. Analysis, Planning, Implementation, and Control*, Englewood Cliffs, Prentice Hall 1988 (1967), S. 239.

Die Strategien hängen zuerst von der Form der Struktur des Feldes ab oder, wenn man so will, von der jeweils kennzeichnenden speziellen Konfiguration der Machtmomente, die sich im Grad der Konzentration äußert, d.h. in der Verteilung der Marktanteile auf eine mehr oder weniger große Anzahl von Unternehmen mit den beiden Grenzfällen der vollkommenen Konkurrenz und des Monopols. Nach Alfred D. Chandler hat die Ökonomie der großen Industrieländer zwischen 1830 und 1960 einen Konzentrationsprozess durchlaufen, der (namentlich durch Fusionsbewegungen) allmählich das Universum konkurrierender kleiner Unternehmen beseitigte, auf das sich die klassischen Ökonomen bezogen: »Der MacLane-Bericht und andere Quellen zeigen uns, dass die amerikanische verarbeitende Industrie sich aus einer Vielzahl von kleinen Produktionseinheiten zusammensetzte, die jeweils weniger als fünfzig Personen beschäftigten und auf der Nutzung traditioneller Energiequellen beruhten [...]. Langfristige wie kurzfristige Investitionsentscheidungen wurden von Hunderten kleiner Produzenten getroffen, die nach dem von Adam Smith beschriebenen Schema auf die Signale des Marktes reagierten.«[34]

Am Ende einer namentlich durch eine lange Reihe von Fusionen und durch eine tiefgreifende Transformation der Struktur der Unternehmen geprägten Evolution beobachtet man heute, dass der Kampf in den meisten Produktionsfeldern nur noch zwischen wenigen mächtigen konkurrierenden Unternehmen stattfindet, die sich bei weitem nicht passiv auf eine »Marktsituation« einstellen, sondern imstande sind, diese Situation aktiv zu verändern.

Diese Felder organisieren sich relativ invariant um den Hauptgegensatz zwischen – wie es manchmal heißt – *first movers* oder *market leaders* und *challengers.*[*][35] Das dominante Unternehmen hat gewöhnlich die Initiative bei Preisänderungen, bei der Einführung neuer Produkte

---

[34] A. D. Chandler, *La main visible des managers*, übersetzt von F. Langer, Paris, Economica 1988, S. 70-72.

[*] Im Original englisch; Anm. d. Übers.

[35] Diese Sichtweise wird seit einigen Jahren zuweilen angefochten: Seit der Krise würden die Hierarchien andauernd umgeworfen; Fusionen und Übernahmen erlaubten es Kleinen, Große aufzukaufen oder ihnen nachhaltig Konkurrenz zu machen. Dennoch beobachtet man eine ziemlich hohe Stabilität der 200 größten Weltunternehmen.

sowie bei Vertriebs- und Promotions-Aktionen; es ist imstande, die für seine Interessen günstigste Vorstellung von akzeptablen Spielweisen und -regeln, also auch von der Beteiligung am Spiel und seiner Weiterführung durchzusetzen. Es bildet einen obligatorischen Bezugspunkt für seine Konkurrenten, die bei jeglichem Tun und Lassen gehalten sind, aktiv oder passiv Position zu ihm zu beziehen. Die Bedrohungen, denen es ständig ausgesetzt ist – etwa beim Auftauchen neuer Produkte, die seine Erzeugnisse verdrängen können, oder bei einem übermäßigen Kostenanstieg, der seine Profite gefährden kann –, zwingen es zu ständiger Wachsamkeit (besonders im Fall geteilter Herrschaft, wo Koordination zur Einschränkung der Konkurrenz geboten ist). Gegen diese Bedrohungen kann das dominante Unternehmen zwei ganz unterschiedliche Strategien anwenden, d.h. entweder auf die Verbesserung der Gesamtposition *des* Feldes durch Steigerung der Gesamtnachfrage hinwirken oder vielmehr seine eigenen, *im* Feld erworbenen Positionen (seine Marktanteile) verteidigen oder verstärken.

Die Dominanten sind am Gesamtzustand des Feldes interessiert; und dieser ist insbesondere durch die sich darin bietenden durchschnittlichen Profitchancen definiert, die wiederum seine Anziehungskraft gegenüber anderen Feldern definieren. Sie haben ein Interesse daran, die Nachfrage zu erhöhen, aus der sie einen besonders erheblichen, weil zu ihrem Marktanteil proportionalen Gewinn ziehen, und versuchen daher, neue Anwender, neue Verwendungen oder eine intensivere Nutzung ihrer Erzeugnisse zu erreichen (gegebenenfalls durch Einwirken auf die öffentlichen Gewalten).

Doch vor allem müssen sie ihre Position durch ständige Innovation (neue Produkte, neue Dienstleistungen usw.) und durch Preissenkungen gegen die Herausforderer verteidigen. Wegen ihrer vielen Konkurrenzvorteile (in erster Linie Einsparungsmöglichkeiten aufgrund von Kostenvorteilen durch Massenproduktion) können sie ihre Kosten und parallel dazu ihre Preise senken, ohne ihre Margen zu verringern, so dass sie Neulingen den Zugang sehr erschweren und die am stärksten benachteiligten Konkurrenten ausschalten. Kurz, infolge ihres ausschlaggebenden Beitrags zur Struktur des Feldes (und zur Bestimmung der Preise, worin er sich äußert), einer Struktur, deren Effekte als Eintrittsschranken oder ökonomische Zwänge in Erscheinung treten, verfügen die *first movers* über entscheidende Vorteile gegenüber den bereits installierten Konkurrenten wie auch gegenüber potentiellen Neuzugängen.[36]

Die Feldkräfte orientieren die Dominanten auf Strategien, die ihre beherrschende Stellung verstärken sollen. So erlaubt ihnen das symbolische Kapital, das sie dank ihrer Vormachtstellung und ihres langjährigen Bestehens besitzen, erfolgreich Einschüchterungsstrategien gegen ihre Konkurrenten anzuwenden und z.B. Signale auszusenden, um diese vor Angriffen zurückschrecken zu lassen (z.B. durch die Verbreitung von Gerüchten über eine Preissenkung oder den Aufbau eines neues Werkes). Diese Strategien können reiner Bluff sein, werden aber wegen ihres symbolischen Kapitals plausibel und somit wirksam. Gelegentlich entscheiden sie sich sogar, ihrer Stärke vertrauend und im Bewusstsein, dass sie die Mittel haben, um eine lange Offensive auszuhalten, dass also die Zeit für sie arbeitet, keine Gegenzüge zu unternehmen und ihre Opponenten nicht daran zu hindern, sich auf kostspielige und zum Scheitern verurteilte Angriffe einzulassen. Allgemein sind die führenden Unternehmen fähig, das Tempo der Transformationen in den verschiedenen Bereichen – Produktion, Marketing, Forschung usw. – vorzugeben, und die differenzierte Nutzung der Zeit ist einer der Hauptwege ihrer Machtausübung.

Die Unternehmen, die in einem Feld eine zweitrangige Stellung einnehmen, können entweder das dominante Unternehmen (und die anderen Konkurrenten) angreifen oder den Konflikt vermeiden. Die Herausforderer können frontal angreifen, indem sie z.B. versuchen, ihre Kosten und Preise namentlich mittels einer technologischen Innovation zu senken, oder Flankenangriffe ausführen, indem sie Lücken in der Aktion des dominanten Unternehmens ausnutzen und durch Spezialisierung ihrer Produktion Nischen zu besetzen suchen; sie können auch die Strategien des Hegemon gegen diesen selbst kehren. Die relative Position in der Struktur der Kapitalverteilung und damit im Feld scheint eine sehr wichtige Rolle zu spielen: Man hat in der Tat bemerkt, dass die sehr großen Firmen dank Kostenvorteilen durch Massenproduktion große Profite realisieren und die Kleinen hohe Profite erzielen können, wenn sie sich auf ein begrenztes Marktsegment spezialisieren,

[36] A. D. Chandler, *Scale and Scope. The Dynamics of Industrial Capitalism*, Cambridge, Harvard University Press 1990, S. 598f.

während die mittelgroßen Unternehmen oft wenig Profit machen, weil sie zu groß sind, um Gewinne aus einer gutgezielten Produktion zu ziehen, und zu klein, um von Kostenvorteilen durch Massenproduktion zu profitieren wie die Größeren.

Da die Feldkräfte tendenziell die dominanten Positionen festigen, kann man sich fragen, wie wirkliche Transformationen der Kräfteverhältnisse im Feld möglich sind. Tatsächlich spielt das technologische Kapital eine bestimmende Rolle, und man kann eine Reihe von Fällen anführen, in denen dominante Unternehmen verdrängt wurden, weil eine technologische Veränderung kleineren Konkurrenten durch Kostensenkung einen Vorteil verschaffte. Aber das technologische Kapital ist nur dann wirklich effizient, wenn es mit anderen Kapitalarten assoziiert ist. So erklärt sich wohl, dass neugegründete kleine Unternehmen sehr selten zu siegreichen Herausforderern werden und dass diese, sofern sie nicht aus der Fusion bereits etablierter Unternehmen hervorgehen, aus anderen Ländern oder vor allem *aus anderen Teilfeldern* stammen. Die Umwälzungen bleiben in der Tat meist den Großen vorbehalten, die sich diversifizieren und ihre technologischen Kompetenzen benutzen können, um sich mit einem konkurrenzfähigen Angebot in anderen Feldern zu präsentieren. Die Veränderungen im Feld sind daher oft mit Veränderungen in den Außenbeziehungen des Feldes verbunden. Außer zu Grenzüberschreitungen kommt es zu *Neudefinitionen der Grenzen* zwischen den Feldern: Manche Felder können in enger begrenzte Sektoren segmentiert werden, so wie sich die Luftfahrtindustrie in Produzenten von Verkehrsflugzeugen, Kampfflugzeugen und Reiseflugzeugen aufteilt; oder die technologischen Veränderungen können umgekehrt die Grenzen zwischen vorher getrennten Industrien abschwächen, so wie Informatik, Telekommunikation und Bürotechnik tendenziell immer mehr zusammenfallen und Unternehmen, die bisher nur in einem der drei Teilfelder präsent waren, einander tendenziell immer mehr als Konkurrenten in dem neu entstehenden Beziehungsraum vorfinden. In diesem Fall kann es passieren, dass ein Unternehmen nicht nur zu anderen Unternehmen seines Feldes, sondern auch zu Unternehmen verschiedener anderer Felder in Konkurrenz tritt. Man sieht nebenbei, dass ökonomische Felder wie alle anderen Arten von Feldern die Grenzen des Feldes zum Objekt von Kämpfen innerhalb des Feldes werden lassen (namentlich bei der Frage nach eventuellen Alternativlösungen und den Konkurrenzfaktoren, die sie hineintragen) und dass diese Grenzen in jedem Fall nur durch die empirische Analyse bestimmt werden können. (Nicht selten besitzen die Felder eine quasi institutionalisierte Existenz als Tätigkeitszweige mit berufsständischen Organisationen, die sowohl als Klubs von Industriellen, als Schutzgruppen für die bestehenden Grenzen und die ihnen unterliegenden Ausgrenzungsprinzipien wie auch als Vertretungsinstanzen gegenüber den öffentlichen Gewalten, den Gewerkschaften und anderen analogen und mit beständigen Aktions- und Ausdrucksmitteln ausgestatteten Instanzen fungieren.)

Aber unter allen auswärtigen Austauschbeziehungen des Feldes sind am wichtigsten diejenigen, die zum Staat hergestellt werden. Der Wettbewerb zwischen den Unternehmen nimmt oft die Form eines Wettkampfs um die Macht über die Staatsmacht an – namentlich über die Regelungsbefugnis und die Eigentumsrechte[37] – und um die Vorteile, die verschiedene staatliche Interventionen wie Vorzugstarife, Genehmigungen, Regelungen, Forschungs- und Entwicklungskredite, öffentliche Bauaufträge, Fördermittel für Beschäftigung, Innovation, Modernisierung, Export, Wohnungswesen usw. verschaffen. Bei ihren Versuchen, die geltenden »Spielregeln« für sie vorteilhafter zu gestalten und dadurch einige Eigenheiten, die in einem neuen Feldzustand als Kapital funktionieren können, zum Tragen zu bringen, können die dominierten Unternehmen ihr soziales Kapital benutzen, um den Staat unter Druck zu setzen und zu erreichen, dass er das Spiel zu ihren Gunsten verändert.[38] Der sogenannte Markt ist also in letzter Instanz nichts anderes als eine soziale Konstruktion, eine Struktur spezifischer Beziehungen, zu der die verschiedenen im Feld tätigen Agenten in unterschiedlichen Graden dadurch beisteuern, dass sie ihm Modifikationen aufzwingen und dazu diejenigen Befugnisse des Staates ausnutzen, die sie kontrollieren und lenken können.

---

[37] Siehe J. Campbell, L. Lindberg, »Property Rights and the Organization of Economic Action by the State«, in: *American Sociological Review*, 55, 1990, S. 634-647.

[38] Neil Fligstein hat gezeigt, dass man die Transformation in der Geschäftsführung der Firmen nur anhand eines Langzeitschnitts durch die Zustände ihrer Beziehungen zum Staat begreifen kann – und dies in dem für die liberale Theorie günstigsten Fall, dem der USA. Der Staat erweist sich dort als entscheidender Akteur der Strukturierung von Industrien und Märkten (siehe N. Fligstein, *The Transformation of Corporate Control*, Cambridge, Harvard University Press 1990).

Der Staat ist nämlich nicht nur der befugte Hüter von Ordnung und Vertrauen, der Marktregler und Schlichter, den man für gewöhnlich in ihm sieht und der die Unternehmen und ihre Interaktionen zu »kontrollieren« hat.[39] Wie für das Feld der Eigenheimproduktion gezeigt werden konnte, trägt er zuweilen ganz entscheidend zur Konstruktion der Nachfrage wie des Angebots bei, und beide Interventionsformen unterstehen dem direkten oder indirekten Einfluss der unmittelbar interessierten Parteien (deutlich wurde, wie sich Bankiers, hohe Beamte, Industrielle und verantwortliche Lokalpolitiker namentlich durch die Bildung von Kommissionen einen Markt sichern konnten, den der Privat- und Unternehmenskredite für die Banken, den der Häuser für die Unternehmer).

Weitere externe Faktoren können zu einem Wandel der Kräfteverhältnisse im Feld beitragen. Das gilt für Transformationen der Versorgungsquellen (z.B. die großen Erdölfunde zu Beginn des 20. Jahrhunderts) und Nachfrageänderungen aufgrund von demographischen Entwicklungen (wie der sinkenden Geburtenziffer oder der Verlängerung der Lebenszeit) oder im Lebensstil (z.B. führte die Zunahme der Frauenarbeit dazu, dass bestimmte Produkte durchfielen und neue Märkte entstanden, wie etwa für Tiefkühlkost und Mikrowellengeräte). Auf die Kräfteverhältnisse im Feld wirken sich diese externen Faktoren jedoch nur über die Eigenlogik dieser Kräfteverhältnisse aus, d.h. soweit sie den Herausforderern Vorteile sichern, indem sie ihnen ermöglichen, Nischen in spezialisierten Märkten zu besetzen, wo die auf standardisierte Großproduktion eingestellten *first movers* den sehr speziellen Anforderungen einer bestimmten Kategorie von Verbrauchern oder eines regionalen Marktes nur schwer gerecht werden können. Daraus können Brückenköpfe für spätere Entwicklungen werden.

[39] Der Staat ist bei weitem nicht der einzige Mechanismus zur Koordination von Angebot und Nachfrage. Im Fall des Hauses ist die Rolle des Staates zwar offensichtlich. Aber auch andere Institutionen oder Agenten können intervenieren, z.B. Bekanntschaftsnetze beim Absatz von Crack (Ph. Bourgois, *Searching for Respect: Selling Crack in El Barrio*, Cambridge, Cambridge University Press 1996), die »Gemeinschaften« routinierter Versteigerungsteilnehmer (C. Smith, *Auctions*, Berkeley, University of California Press 1990) oder die ausdrücklich mit den Beziehungen zwischen Angebot und Nachfrage befassten Agenten wie der Matchmaker beim Profiboxen (L. Wacquant, »A Flesh Peddler at Work: Power, Pain, and Profit in the Prizefighting Economy«, in: *Theory and Society*, 27, Dordrecht, Kluwer, 1998).

Das Unternehmen als Feld

Klar ist, dass die Preisentscheidungen oder Entscheidungen in jedem anderen Bereich nicht von einem einheitlichen Akteur abhängen. Diese Figur ist ein Mythos, der die Machtspiele und deren Einsätze innerhalb des wie ein Feld funktionierenden Unternehmens oder, genauer gesagt, in dem jeder Firma eignenden Machtfeld vertuscht. Mit anderen Worten: Wenn man die »schwarze Kiste« Unternehmen öffnet und hineinblickt, findet man darin nicht Individuen, sondern abermals eine Struktur, jene des Feldes *des* Unternehmens, das relative Autonomie gegenüber den aus der Position im Feld *der* Unternehmen herrührenden Zwängen besitzt. Das umgebende Feld berührt zwar seine Struktur, aber das umgebene Feld als spezifisches Kräfteverhältnis und Raum entsprechender Spiele und Kämpfe definiert die Kampfbedingungen und -objekte und verleiht ihnen damit eine Idiosynkrasie, die sie in der Außenansicht oft auf den ersten Blick unbegreiflich erscheinen lässt.

Die Strategien der Unternehmen (namentlich in Preisangelegenheiten) sind nicht nur von ihrer Position im Feld abhängig. Sie hängen auch von der Struktur der für die innere Führung der Firma grundlegenden Machtpositionen oder, genauer gesagt, von den (sozial konstituierten) Dispositionen der Führungskräfte ab, die unter dem Zwang des Machtfeldes in der Firma und des Feldes der Firma als Ganzem handeln (dieses Gesamtfeld lässt sich mittels Indikatoren wie der hierarchischen Zusammensetzung des Arbeitskräftebestands, dem schulischen und insbesondere wissenschaftlichen Kapital des Leitungspersonals, dem Grad der bürokratischen Differenzierung, dem Gewicht der Gewerkschaften usw. kennzeichnen). Das System der Zwänge und Beanspruchungen, das sich aus der Position im umgebenden Feld ergibt und die dominanten Unternehmen veranlasst, auf dieses Feld im für ihr Weiterbestehen günstigsten Sinn einzuwirken, hat nichts mit Zwangsläufigkeit oder auch mit einem unfehlbaren Instinkt gemein, der die Unternehmen und ihre Führer auf die für das Bewahren errungener Vorteile günstigsten Entscheidungen orientieren würde. So wird oft das Beispiel Henry Fords angeführt, der durch seinen glänzenden Produktions- und Vertriebserfolg erst zum Hersteller der preiswertesten Automobile der Welt aufstieg und dann, nach dem Ersten Weltkrieg, die Konkurrenzfähigkeit seines Unternehmens ruinierte, indem er seine erfahrensten und fähigsten Manager fast durch die Bank davonjagte, woraufhin diese wiederum zu den Begründern des Erfolgs seiner Konkurrenten wurden.

Im Übrigen besitzt das innere Machtfeld der Firma zwar eine relative Autonomie gegenüber den Feldkräften, ist aber selbst eng mit der Position der Firma in dem Feld korreliert, und zwar namentlich durch die *Entsprechung* zwischen dem (selbst mit dem Alter des Unternehmens und seiner Position im Lebenszyklus, also, grob gesagt, mit seiner Größe und Integration verbundenen) Volumen und der Struktur des Kapitals der Firma (namentlich dem relativen Gewicht des finanziellen, des kommerziellen und des technischen Kapitals) einerseits und andererseits der Struktur der Verteilung des Kapitals zwischen den verschiedenen Führungskräften der Firma, Eigentümern – *owners* – und »Beamten« – *managers* –, sowie unter den letztgenannten zwischen den Besitzern der verschiedenen Arten von kulturellem Kapital mit finanzieller, technischer oder kommerzieller Dominante, d.h. im Fall Frankreichs zwischen den großen »Zünften« oder den Elitehochschulen (der Verwaltungshochschule ENA, der Ecole Polytechnique oder der Handelshochschule HEC), aus denen sie hervorgegangen sind.[40]

Unbestreitbar ist, dass sich Langfristtendenzen in der Entwicklung der Kräfteverhältnisse zwischen den wichtigsten Agenten des innerbetrieblichen Machtfeldes erkennen lassen, namentlich von der anfänglichen Vormachtstellung der Unternehmer, die neue Technologien beherrschen und die zu ihrer Anwendung notwendigen Fonds aufzubringen verstehen, über die immer weniger zu vermeidende Intervention der Bankiers und Finanzinstitutionen bis hin zum Aufstieg der Manager.[41] Festzuhalten bleibt, dass man ebenso, wie in jedem Feld die be-

[40] Für den Fall des französischen Großunternehmertums ließ sich das Bestehen einer engen Homologie zwischen dem durch Volumen und Struktur des Kapitals definierten Raum der Unternehmen und dem ebenso definierten Raum ihrer Führungskräfte nachweisen (siehe P. Bourdieu und M. de Saint Martin, »Le patronat«, a.a.O.).

[41] Siehe N. Fligstein, *The Transformation of Corporate Control*, a.a.O., wo beschrieben wird, wie die innere Führung der Firma nacheinander den Leitern der Bereiche Produktion, Marketing und Finanzen zufällt. Siehe auch N. Fligstein und L. Markowitz, »The Finance Conception of the Corporation and the Causes of the Reorganisation of Large American Corporations, 1979-1988«, in W. J. Wilson (ed.), *Sociology and Social Policy*, Beverly Hills, Sage 1993, sowie N. Fligstein und K. Dauber, »Structural Change in Corporate Organization«, in: *Annual Review of Sociolo-*

sondere Form der Konfiguration der Verteilung der Machtmomente zwischen den Unternehmen analysiert werden muss, für jedes Unternehmen und jeden Zeitpunkt die Form, welche die Konfiguration der Machtmomente im Feld der Macht über das Unternehmen annimmt, analysieren und sich so die Mittel verschaffen muss, die Logik der Kämpfe zu begreifen, in denen die Ziele des Unternehmens bestimmt werden.[42] Es ist klar, dass diese Ziele Kampfobjekte sind und dass man die rationalen Kalküle eines aufgeklärten »Entscheidungsträgers« vergessen muss. Statt ihrer gibt es den politischen Kampf zwischen Agenten, die dazu neigen, ihre spezifischen Interessen (die mit ihrer Position im Unternehmens zusammenhängen) als Interessen des Unternehmens hinzustellen, und deren Macht sich zweifellos an ihrer Fähigkeit misst, die Interessen des Unternehmens zum Wohl oder zum Übel (wie das Beispiel Henry Fords zeigt) mit *ihren* Interessen *im* Unternehmen zu identifizieren.

Die Struktur und die Konkurrenz

Die Struktur des Feldes zu berücksichtigen, heißt, dass die Konkurrenz um den Zugang zum Austausch mit den Kunden nicht als ein Wettbewerb zu verstehen ist, der von der bewussten und ausdrücklichen Bezugnahme auf die direkten oder zumindest die gefährlichsten Konkurrenten geleitet ist. Letzteres hatte Harrison White nahegelegt: »Die Produzenten beobachten einander innerhalb eines Marktes.«[43] Oder noch ausdrücklicher Max Weber: »... die beiden Tauschreflektanten (orientieren) ihre Angebote an dem potentiellen Handeln unbestimmt vieler realer oder vorgestellter mitkonkurrierender anderer Tauschinteressen-

gy, 15, 1989, S. 73-96, oder auch »The Intraorganizational Power Struggle: The Rise of Finance Presidents in Large Corporations«, in: *American Sociological Review*, 52, 1987, S. 44-58.

[42] Es ließ sich beobachten, wie die Kräfteverhältnisse zwischen den Inhabern der aus verschiedenen Studiengängen (ENA, Ecole Polytechnique, HEC) stammenden unterschiedlichen Kompetenzen und dementsprechend zwischen der administrativen, der technischen und der kommerziellen Funktion sowie ihre Konkurrenz oder ihre Rivalitäten im Feld der Macht über das Unternehmen ausschlaggebend für die wichtigsten Entscheidungen des Unternehmens werden können.

[43] H. White, »Where do markets come from?«, in: *American Journal of Sociology*, 87 (3), 1981, S. 517-547.

ten, nicht nur an dem des Tauschgegners.« (Wirtschaft und Gesellschaft, Tübingen, Mohr, 1980, S. 382). Max Weber beschreibt hier eine Form des rationalen Kalküls, die einer ganz anderen Logik folgt als der Kalkül der ökonomischen Orthodoxie: Die Agenten treffen ihre Wahl nicht aufgrund der Informationen, die von den (als ausgewogen unterstellten) Preisen geliefert werden, sondern sie berücksichtigen die Aktionen und Reaktionen ihrer Konkurrenten und »richten sich nach ihnen«, besitzen also Information über sie und sind imstande, gegen sie oder mit ihnen zu agieren. Aber wenn ihm auch das Verdienst zukommt, anstelle der bloßen Transaktion mit dem Kunden *die Beziehung zur Gesamtheit der Produzenten* zu behandeln, so reduziert er diese auf eine bewusste und überlegte *Interaktion* zwischen Konkurrenten, die in dasselbe Objekt investieren. Und ebenso steht es um Harrison White, der zwar im Markt eine »sich selbst reproduzierende Sozialstruktur« (*self-reproducing social structure*) erblickt, aber das Prinzip der Strategien der Produzenten nicht in den ihrer strukturalen Position innewohnenden Zwängen sucht, sondern in der Beobachtung und Entzifferung der Signale, die durch das Verhalten der anderen Produzenten ausgesandt werden: »Märkte sind sich selbst reproduzierende Strukturen zwischen spezifischen Cliquen von Firmen und anderen Akteuren, die ihre Rollen aus Beobachtungen des Verhaltens der jeweils anderen entwickeln.«[44] In Kenntnis der Produktionskosten versuchen die Produzenten, ihre Einkünfte zu maximieren, indem sie das richtige Produktionsvolumen »aufgrund der beobachteten Positionen aller Produzenten« bestimmen und eine Marktnische suchen.

Statt vom Wettbewerb zwischen wenigen Agenten zu reden, die sich in strategischer Interaktion um den Zugang (eines Teils der Agenten) zum Austausch mit einer besonderen Kundenkategorie befinden, muss die Begegnung zwischen Produzenten, die unterschiedliche Positionen in der Struktur des spezifischen Kapitals (unter seinen verschiedenen Formen) innehaben, und Kunden, deren Positionen im sozialen Raum zu denen der Produzenten im Feld homolog sind, behandelt werden. Die »Nischen« sind nichts anderes als diejenige Sektion der Kundschaft, die durch strukturale Affinität verschiedenen Unternehmen vorbehal-

[44] Ebenda.

ten ist, insbesondere den zweitrangigen: Wie in Bezug auf kulturelle Güter gezeigt werden konnte, dass sie sich von der Produktion wie von der Konsumtion her in einem zweidimensionalen, vom ökonomischen und vom kulturellen Kapital definierten Raum verteilen, so kann man wahrscheinlich in jedem Feld eine Homologie zwischen dem Raum der Produzenten (und der Produkte) und dem Raum der nach zutreffenden Differenzierungsprinzipien verteilten Kunden beobachten. Damit ist beiläufig gesagt, dass die zuweilen todbringenden Zwänge, die dominante Produzenten ihren aktuellen und potentiellen Konkurrenten auferlegen, stets vermittels des Feldes ausgeübt werden, so dass der Wettbewerb immer nur ein »indirekter Konflikt« (im Sinne von Simmel) und nicht gegen den Konkurrenten gerichtet ist. Im ökonomischen Feld wie anderswo auch braucht der Kampf nicht von der Absicht, andere zu vernichten, inspiriert zu sein, um verheerende Wirkungen zu produzieren.

Der ökonomische Habitus

Der *homo oeconomicus*, wie ihn die ökonomische Orthodoxie (stillschweigend oder ausdrücklich) auffasst, ist eine Art anthropologisches Monster: Dieser Praktiker mit Theoretikerkopf verkörpert die vorzüglichste Form der *scholastic fallacy*, des intellektualistischen oder intellektualozentrischen Irrtums, der in den Sozialwissenschaften (namentlich in Linguistik und Ethnologie) sehr üblich ist. Der Wissenschaftler setzt dabei den Agenten, die er untersucht – Hausfrauen oder Haushalte, Unternehmen oder Unternehmer usw. –, jene Erwägungen und theoretischen Konstruktionen in den Kopf, die er selbst erst auszuarbeiten hatte, um von ihren Praktiken Rechenschaft abzulegen.[45]

Gary Becker, Urheber besonders gewagter Versuche, das Modell des Marktes und der vermeintlich stärkeren und effizienteren Technologie des neoklassischen Unternehmens in alle Sozialwissenschaften zu exportieren, kommt das Verdienst zu, in aller Klarheit das zu verkünden, was manchmal in den stillschweigenden Voraussetzungen der wissen-

[45] P. Bourdieu, *Méditations pascaliennes*, a.a.O.

schaftlichen Routine versteckt wird: »Die ökonomische Herangehensweise [...] nimmt jetzt an, dass die Individuen ihren Nutzen anhand grundlegender Präferenzen, die sich in der Zeit nicht rasch verändern, maximieren und dass das Verhalten unterschiedlicher Individuen durch explizite oder implizite Märkte koordiniert wird [...] Die ökonomische Herangehensweise ist nicht auf materielle Güter und Wünsche oder Märkte mit monetären Transaktionen beschränkt und macht keinen *begrifflichen* Unterschied zwischen größeren und kleineren Entscheidungen oder zwischen ›emotionalen‹ und anderen Entscheidungen. In der Tat [...] bietet die ökonomische Herangehensweise einen Rahmen, der auf jedes menschliche Verhalten anwendbar ist – auf alle Typen von Entscheidungen und auf Personen in allen Lebenslagen.«[46] Nichts entgeht mehr der Erklärung mittels des maximierenden Agenten, weder die Organisationsstrukturen, Unternehmen und Verträge (bei Oliver Williamson) noch die Parlamente und Gemeinden, weder die Ehe (als ökonomischer Austausch von Produktions- und Reproduktions-Dienstleistungen) noch die Hausgemeinschaft, die Beziehungen zwischen Eltern und Kindern (bei James Coleman) oder der Staat. Dieser Modus allgemeingültigen Erklärens durch ein selbst allgemeingültiges Erklärungsprinzip (die individuellen Präferenzen sind exogen, geordnet und stabil, demnach ohne kontingentes Entstehen und Werden) kennt keine Grenzen mehr. Gary Becker erkennt nicht einmal mehr jene Grenzen an, die Pareto in seinem grundlegenden Text ziehen musste, in dem er die Rationalität der ökonomischen Verhaltensweisen mit der Rationalität schlechthin identifizierte; dort hatte Pareto noch unterschieden zwischen eigentlich-ökonomischen Verhaltensweisen, die aus auf Erfahrung gestützten »logischen Schlüssen« resultieren, und »gebräuchlichen« Verhaltensweisen wie dem Hutabnehmen beim Betreten eines Salons.[47]

---

[46] G.S. Becker, *A Treatise on the Family*, Cambridge, Harvard University Press 1981, S. IX; siehe auch ders., *The Economic Approach to Human Behavior*, Chicago, The University of Chicago Press 1976.

[47] V. Pareto, *Manuel d'économie politique*, Genf, Droz 1964, S. 41. Man sieht nebenbei: Anders als der methodologische Individualismus, der nur die Alternative zwischen der bewussten und absichtlichen, bestimmten Effektivitäts- und Kohärenzbedingungen genügenden Wahl und der »sozialen Norm«, deren Effizienz auch über eine Wahl zustande kommt, kennen will, hatte Pareto wenigstens das Verdienst, ein weiteres Aktionsprinzip anzuerkennen, den Brauch, die Tradition oder die Gewohnheit.

Die erste Funktion des Habitus-Begriff besteht darin, mit der kartesianischen Bewusstseinsphilosophie zu brechen und zugleich loszukommen von der verderblichen Alternative zwischen Mechanismus und Finalismus, d.h. zwischen der Bestimmung durch Ursachen und der Bestimmung durch Gründe; oder auch zwischen dem sogenannten methodologischen Individualismus und dem manchmal (bei den »Individualisten«) so genannten Holismus – diesem halbwissenschaftlichen Gegensatz, der nur die schöngefärbte Form der zweifellos stärksten Alternative bezüglich der politischen Ordnung darstellt, also zwischen Individualismus bzw. Liberalismus, wo das Individuum als letzte autonome Elementareinheit gilt, und Kollektivismus bzw. Sozialismus, wo das Primat beim Kollektiv liegen soll.

Der soziale Agent hat einen Habitus, und dadurch ist er ein kollektives Einzelwesen oder ein durch Inkorporation vereinzeltes Kollektivwesen. Das Individuelle, das Subjektive ist sozial, kollektiv. Der Habitus ist sozialisierte Subjektivität, historisch Transzendentales, dessen Wahrnehmungs- und Wertungskategorien (die Präferenzsysteme) Produkt der Kollektiv- und Individualgeschichte sind. Die Vernunft (oder Rationalität) ist *bounded*, begrenzt, und zwar nicht nur, wie Herbert Simon meint, weil der menschliche Geist gattungsmäßig begrenzt ist (was keine Entdeckung wäre), sondern weil er sozial strukturiert und daher beschränkt ist.[48] Seine Grenzen sind jene, die jeder Lebenslage, jedem *walk of life*, wie Becker sagt, innewohnen, insofern sie mit einer Position im sozialen Raum assoziiert ist. Wenn es eine allgemeingültige Eigenschaft gibt, dann die, dass die Agenten nicht allgemeingültig sind, weil ihre Eigenschaften, und insbesondere ihre Präferenzen und ihr Geschmack, Produkt ihrer Stellung und ihrer Stellungswechsel im sozialen Raum, mithin der kollektiven und individuellen Geschichte, sind.

[48] Veblen hat bereits den Gedanken vertreten, dass der ökonomische Agent nicht »ein Bündel von Wünschen« (*a bundle of desires*), sondern »eine kohärente Struktur von Neigungen und Gewohnheiten« (*a coherent structure of propensities and habits*) ist (Th. Veblen, »Why is Economics not an evolutionary Science?«, in: *The Quarterly Journal of Economics*, Juli 1898, S. 390). Außerdem hat James S. Duesenberry bemerkt, dass das Prinzip der Konsumentscheidung nicht in der rationalen Planung, sondern eher im Lernprozess und in der Ausbildung von Gewohnheiten zu suchen ist; er hat auch nachgewiesen, dass die Konsumtion ebensosehr vom früheren wie vom gegenwärtigen Einkommen abhing (J. S. Duesenberry, *Income, Saving, and the Theory of Consumer Behavior*, Cambridge, Harvard University Press 1949).

Im Übrigen hat der Habitus nichts von einem mechanischen Aktionsprinzip oder, genauer, Reaktionsprinzip (in der Art eines Reflexbogens). Er ist *bedingte und begrenzte Spontaneität*. Er ist das autonome Prinzip, das bewirkt, dass die Aktion nicht einfach eine unmittelbare Reaktion auf eine Realität im groben Ganzen, sondern eine »intelligente« Erwiderung auf einen aktiv ausgewählten Aspekt des Realen ist: Verbunden mit einer Geschichte und darin mit einer wahrscheinlichen Zukunft, ist er die Trägheit, die Spur der bisher durchlaufenen Bahn, welche die Agenten den augenblicklichen Feldkräften entgegensetzen, so dass ihre Strategien nicht direkt von der augenblicklichen Position und Situation abzuleiten sind. Er produziert eine Erwiderung, deren Prinzip nicht in dem Reiz selbst enthalten ist und die, obwohl nicht absolut unvorhersehbar, nicht allein aufgrund der Situationskenntnis absehbar ist; eine Antwort auf einen Aspekt der Realität, der sich durch ein selektives, partielles und parteiisches (jedoch nicht im genauen Wortsinn »subjektives«) Erfassen bestimmter Anregungen auszeichnet, durch eine Aufmerksamkeit für die besondere Ansicht der Dinge, von der man unterschiedslos sagen kann, dass sie »das Interesse hervorruft« oder dass das Interesse sie hervorruft; eine Aktion, die widerspruchsfrei determiniert und zugleich spontan zu nennen ist, denn determiniert wird sie von *konditionalen und konventionalen* Anregungen, die als solche nur für einen zu ihrer Wahrnehmung disponierten und befähigten Agenten gegeben sind.

Der Filter, den der Habitus zwischen Reiz und Reaktion einführt, ist insofern ein Zeit-Filter, als er – aus einer Geschichte hervorgegangen – relativ konstant und dauerhaft, also *relativ* von der Geschichte abgehoben ist. Als Produkt vergangener Erfahrungen und einer ganzen kollektiven und individuellen Akkumulation ist er nur durch eine genetische Analyse adäquat zu begreifen, und diese Analyse hat sowohl der kollektiven Geschichte – wie z.B. der Geschichte des Geschmacks, die Sidney Mintz am Beispiel der Vorliebe für den Zucker demonstriert hat, dem einstmals den privilegierten Klassen vorbehaltenen exotischen Luxusprodukt, das zum unentbehrlichen Bestandteil der gewöhnlichen Volksernährung wurde[49] – als auch der individuellen Geschichte zu gel-

[49] S. Mintz, *Sweetness and Power. The Sugar in Modern History*, New York, Viking Penguin 1985.

ten – mit der Untersuchung der ökonomischen und sozialen Bedingungen der Genese der individuellen Neigungen in Bezug auf Ernährung, Kleidung, Ausstattung und auch auf Lieder, Theater, Musik oder Kino usw.[50]

Mit dem Habitus-Begriff entgeht man auch der Alternative zwischen dem Finalismus – der die Aktion definiert, als wäre sie von der bewussten Bezugnahme auf ein absichtlich gesetztes Ziel bestimmt, und daher jedes Verhalten als Produkt eines rein instrumentellen, um nicht zu sagen zynischen Kalküls auffasst – und dem Mechanismus, für den die Aktion nur noch reine Reaktion auf nicht differenzierte Ursachen ist. Die orthodoxen Ökonomen und die Anhänger der Theorie der rationalen Aktion unter den Philosophen schwanken zwischen zwei logisch inkompatiblen Aktionstheorien: einerseits einem finalistischen Dezisionismus, wonach der Agent ein in vollständiger Sachkenntnis handelndes, rein rationales Bewusstsein und das Aktionsprinzip ein Grund oder eine durch rationale Chancenbewertung bestimmte rationale Entscheidung sein soll; andererseits einem Physikalismus, der den Agenten zur mechanisch von der Kraft der Ursachen (die auch hier nur der Gelehrte kennt) bewegten und augenblicklich auf eine Kräftekombination reagierenden, trägheitslosen Partikel macht. Aber es fällt ihnen um so leichter, Unvereinbares zu vereinigen, als die beiden Zweige der Alternative doch nur auf eines hinauslaufen: In beiden Fällen wird der *scholastic fallacy* gehuldigt und das gelehrte Subjekt, das eine perfekte Kennt-

[50] P. Bourdieu, Die feinen Unterschiede, Frankfurt a.M. 1982, und L. Levine, *High Brow/Low Brow: The Emergence of Cultural Hierarchy in America*, Cambridge, Harvard University Press 1988. Wie im Fall der Analyse der ökonomischen und sozialen Determinanten der Präferenzen für den Kauf oder das Mieten eines Hauses ersichtlich, zwingt die Absage an die ahistorische Definition der Präferenzen keineswegs zum letztlich jede rationale Erkenntnis untersagenden Relativismus des Geschmacks als Angelegenheit schlichter und einfacher sozialer Willkür (nach der von Gary Becker herangezogenen alten Formel des *de gustibus non est disputandum*, Über Geschmäcker lässt sich nicht streiten). Man wird im Gegenteil veranlasst, die notwendigen statistischen Beziehungen aufzuweisen, die sich zwischen den Geschmäckern in den verschiedenen Bereichen der Praxis und den ökonomischen und sozialen Bedingungen ihrer Herausbildung einstellen, d.h. der gegenwärtigen und der früheren Position (der Bahn) der Agenten in der Struktur der Verteilung des ökonomischen und des kulturellen Kapitals (oder, wenn man so will, dem Zustand von Volumen und Struktur ihres Kapitals zum betrachteten Zeitpunkt und ihrer Evolution in der Zeit).

nis der Ursachen und Chancen besitzt, in den handelnden Agenten hineinprojiziert, dem man unterstellt, er sei rational geneigt, die Chancen, die ihm die Ursachen bieten, als Ziele zu setzen. (Muss man es noch sagen? Die Tatsache, dass die Ökonomen diesem Paralogismus in voller Sachkenntnis huldigen, weil es ein »Recht auf Abstraktion« gebe, reicht nicht aus, um seine Wirkungen zu beseitigen.)

Der Habitus ist ein sehr ökonomisches Aktionsprinzip, das eine enorme Ersparnis an Rechenaufwand (namentlich beim Berechnen der Forschungs- und Bemessungskosten) und an der beim Handeln besonders knappen Ressource Zeit sichert. Er entspricht demnach besonders den gewöhnlichen Umständen der Existenz, die bald dringlichkeitshalber, bald mangels notwendiger Kenntnisse kaum Raum geben für eine bewusste und kalkulierte Evaluierung der Profitchancen. Direkt aus der Praxis hervorgegangen und in seiner Struktur wie in seinem Funktionieren an die Praxis gebunden, lässt sich dieser praktische Sinn nicht außerhalb der praktischen Bedingungen seines Gebrauchs messen. Das besagt, dass die Prüfungen, denen die »Heuristik der Entscheidung«[51] die Subjekte unterzieht, doppelt unangemessen sind, weil sie versuchen, in einer künstlichen Situation eine Befähigung zur bewussten und kalkulierten Evaluierung der Chancen zu messen, deren Gebrauch selbst einen Bruch mit den Neigungen des praktischen Sinns voraussetzt (vergessen wird, dass die Wahrscheinlichkeitsrechnung entgegen den selbsttätigen Tendenzen der ersten Anschauung konstruiert wurde).

Praktisch unklar, weil diesseits des Dualismus von Subjekt und Objekt, Aktivität und Passivität, Mitteln und Zwecken, Determinismus und Freiheit angesiedelt, ist die Beziehung des Habitus zum Feld, in der sich der Habitus bestimmt, indem er das bestimmt, was ihn bestimmt, ein Kalkül ohne Kalkulator, eine intentionale Aktion ohne Intention, wie vielfach empirisch belegt ist.[52] Ist der Habitus Produkt von objektiven

[51] Siehe A. Tversky, D. Kahnemann, a.a.O.

[52] Man kann sich auf den Erwerb der behavioristischen Tradition stützen, namentlich auf Herbert Simon als Repräsentanten, jedoch ohne Übernahme seiner Aktionsphilosophie. Herbert Simon betont den Anteil an Ungewissheit und Inkompetenz der Kenntnisse im Entscheidungsprozess sowie die begrenzte Kapazität des menschlichen Gehirns; er lehnt die Maximierungshypothese insgesamt ab, lässt aber die Vorstellung der *bounded rationality* gelten: Die Agenten mögen nicht imstande sein, alle für umfassende Maximierungsentscheidungen notwendigen Informationen zu sammeln und zu verarbeiten, aber sie können eine rationale Auswahl aus

Bedingungen gleich denjenigen, unter denen er funktioniert, so erzeugt er Verhaltensweisen, die diesen Bedingungen vollkommen angepasst sind, ohne Produkt eines bewussten und intentionalen Strebens nach Anpassung zu sein (insofern muss man sich hüten, diese »angepassten Antizipationen« im Sinne von Keynes für »rationale Antizipationen« zu halten, selbst wenn der Agent mit gut passendem Habitus gleichsam ein Doppelgänger des Agenten als Produzent von rationalen Antizipationen ist). In diesem Fall bleibt der Habitus-Effekt gewissermaßen unsichtbar, und die Erklärung durch den Habitus kann gegenüber der Erklärung durch die Situation redundant scheinen (man kann sogar den Eindruck haben, dass es sich um eine Ad-hoc-Erklärung in der Logik der Wirksamkeit von Schlafmitteln handelt). Aber die Eigenwirksamkeit des Habitus zeigt sich in aller Klarheit in sämtlichen Situationen, wo er nicht Produkt der Bedingungen seiner Aktualisierung ist (was in dem Maße, wie sich die Gesellschaften differenzieren, immer häufiger zutrifft): Das ist der Fall, wenn in einer vorkapitalistischen Ökonomie formierte Agenten ungewappnet auf die Anforderungen eines kapitalistischen Kosmos stoßen;[53] oder auch, wenn bejahrte Personen in der Art des Don Quijote überlebte Dispositionen weiter kultivieren; oder wenn die Dispositionen eines in der Sozialstruktur aufsteigenden oder absteigenden Agenten im Missverhältnis zu der Position stehen, die er einnimmt. Derartige Hystereseeffekte[*] verzögerter Anpassung und anpassungswidriger Phasenverschiebung finden ihre Erklärung im relativ dauerhaften, wenngleich nicht unveränderlichen Charakter des Habitus, einer Dauerhaftigkeit, die auch der relativen Stabilität der Konsumniveaus in der Zeit zugrunde liegt.

Der (relativen) Konstanz der Dispositionen entspricht die (relative) Konstanz der sozialen Spiele, in denen sie sich konstituiert haben: Wie alle sozialen Spiele, sind die ökonomischen Spiele keine Glücksspiele; sie weisen Regelmäßigkeiten und die Wiederkehr von gleichen Konfi-

---

einer begrenzten Gesamtheit von Möglichkeiten treffen. Unternehmen und Verbraucher maximieren nicht, sie versuchen aber, annehmbare Minima zu erreichen (er spricht von *satisficing*), weil es nicht möglich ist, die gesamte zum Erreichen eines Maximums erforderliche Information zu sammeln und zu verarbeiten (H. Simon, *Reason in Human Affairs*, Stanford, Stanford University Press 1984).

[53] Siehe P. Bourdieu, *Algérie 60*, a.a.O.

[*] Vom altgriechischen *hysterein,* hinterherhinken; Anm. d. Hrsg.

gurationen in endlicher Anzahl auf, die ihnen eine gewisse Monotonie verleihen. Daher produziert der Habitus zwar nicht »rationale«, wohl aber *vernünftige* Antizipationen. Sie entstehen aufgrund von Dispositionen, die aus der unmerklich einverleibten Erfahrung von konstanten oder wiederkehrenden Situationen hervorgingen, und sind deshalb unmittelbar passend für neue, aber nicht radikal neuartige Situationen. Als Handlungsdisposition, die selbst das Produkt früherer Erfahrungen mit gleichartigen Situationen ist, sichert der Habitus eine praktische Beherrschung von Ungewissheitssituationen und begründet ein Verhältnis zur Zukunft, das nicht dasjenige des Projekts ist, des Abzielens auf Möglichkeiten, die ebenso kommen wie auch nicht kommen können, sondern dasjenige der praktischen Antizipation, die in der Objektivität der Welt selbst das entdeckt, was sich als das einzig Machbare darbietet, und dieses »zu Kommende« als quasi Gegenwärtiges (und nicht als kontingent Zukünftiges) in den Griff nimmt – was nichts gemein hat mit der rein spekulativen Logik eines Risikokalküls, der imstande ist, den verschiedenen vorkommenden Möglichkeiten Werte zuzuordnen. Aber der Habitus ist auch, wie man gesehen hat, ein Differenzierungs- und Selektionsprinzip, das die Momente, die ihn bestätigen, zu bewahren sucht, und sich somit als Potentialität affirmiert, die bestrebt ist, die Bedingungen ihrer eigenen Realisierung zu sichern.

Ebenso wie die intellektualistische Sichtweise der ökonomischen Orthodoxie die praktische Beherrschung von Ungewissheitssituationen auf einen rationalen Risikokalkül reduziert, so will sie auch die Spieltheorie nutzen, um die Antizipation der Verhaltensweisen von anderen als eine Art Kalkül der Intentionen des Gegenspielers zu konstruieren, wobei diese als Täuschungsabsichten insbesondere betreffs seiner Intentionen angenommen werden. Tatsächlich wird das Problem, das die ökonomische Orthodoxie mit der ultra-intellektualistischen Hypothese des *common knowledge* (ich weiß, dass du weißt, dass ich weiß) lösen möchte, in der Praxis durch die *Orchestrierung der verschiedenen Habitus* gelöst, die gerade nach Maßgabe ihrer Kongruenz gestattet, das Verhalten der anderen zu antizipieren. Die Paradoxa der kollektiven Aktion finden ihre Lösung in Praktiken, die von der stillschweigenden Voraussetzung ausgehen, dass die anderen verantwortungsbewusst und mit jener Art von Beständigkeit oder Treue zum eigenen Ich handeln werden, die im dauerhaften Charakter des jeweiligen Habitus liegt.

Eine wohlbegründete Illusion

Die Theorie des Habitus gestattet somit, *die scheinbare Wahrheit der von ihr widerlegten Theorie zu erklären*. Wenn eine so irreale Annahme, wie sie der Theorie der Aktion oder der rationalen Antizipation zugrunde liegt, scheinbar durch die Tatsachen bestätigt wird, liegt das daran, dass die Agenten wegen der Entsprechung zwischen den Dispositionen und den Positionen in der großen Mehrzahl der Fälle (die auffallendsten Ausnahmen – Subproletarier, Deklassierte und Überläufer – lassen sich auch mit diesem Modell erklären) vernünftige Erwartungen ausbilden, d.h. solche, die zu den objektiven Chancen passen – und fast immer durch den direkten Effekt der kollektiven Steuerungen, namentlich seitens der Familie, kontrolliert und bestärkt werden. Und die Theorie des Habitus gestattet sogar zu begreifen, dass eine so fiktive und verquälte Theorie wie jene vom »repräsentativen Individuum«, die von der Annahme ausgeht, das aggregierte Ensemble der Wahlen aller verschiedenen Agenten derselben Kategorie, etwa der Verbraucher, verhalte sich trotz seiner extremen Heterogenität wie die Wahl eines standardisierten »repräsentativen Individuums«, das seinen Nutzen maximiere und in jedem Fall als solches behandelt werden könne, nicht total von den Fakten widerlegt wird. So hat Alan Kirman zwar zunächst gezeigt, dass diese Fiktion sehr einschränkende und sehr spezielle Annahmen voraussetzt, dass nichts die Behauptung zulässt, die individuelle Maximierung führe auf eine kollektive Maximierung, und dass umgekehrt der Fakt, dass die Kollektivität einen gewissen Grad an Rationalität aufweist, nicht zur Folge hat, dass die Individuen rational handeln. Danach legt Kirman jedoch nahe, dass man eine Gesamtnachfragefunktion zwar nicht auf die Homogenität, wohl aber auf die Heterogenität der Agenten gründen könne, weil ein stark streuendes individuelles Nachfrageverhalten in ein sehr einheitliches und stabilisiertes aggregiertes Nachfrageverhalten münden kann.[54] Nun findet eine derartige Hypothese ein realistisches Fundament in der Theorie des Habitus und in der Vorstellung von den Verbrauchern als Gesamtheit heterogener Agenten mit Dispositionen und Interessen, die so unterschiedlich sind wie ihre Exi-

[54] Siehe A. P. Kirman, »L'hypothèse de l'individu ›représentatif‹: une analyse critique«, in: *Problèmes économiques*, 2325, 13. Mai 1993, S. 5-14.

stenzbedingungen, aber in jedem Fall diesen Bedingungen und den daraus folgenden unterschiedlichen Chancen angepasst und damit den Zwängen unterworfen sind, die in der Struktur des Feldes liegen, hier jener des ökonomischen Feldes als Ganzem, aber im Fall der Unternehmenchefs auch jener des Feldes des Unternehmens. Im ökonomischen Feld ist kaum Platz für »Verrücktheiten«, und wer darauf verfällt, zahlt über kurz oder lang mit seinem Verschwinden für den Verstoß gegen die immanenten Regeln und Regelmäßigkeiten der ökonomischen Ordnung.

Indem sie der Philosophie des Agenten und der Aktion, welche die ökonomische Orthodoxie meist stillschweigend akzeptiert (namentlich deswegen, weil sie mit Kategorien wie Präferenz oder rationale Wahl nur Vorstellungen des gesunden Menschenverstands rationalisiert), eine ausdrückliche und systematische Form gaben, haben die Verfechter der Theorie der rationalen Aktion (darunter einige Ökonomen wie Gary Becker) und des methodologischen Individualismus (wie James Coleman, Jon Elster und ihre französischen Epigonen) letzten Endes die Absurditäten einer typisch scholastischen Sicht auf die Lage der Menschen ans Tageslicht befördert: Ihr eng intellektualistischer (oder intellektualozentrischer) Ultrarationalismus steht mit seiner Maßlosigkeit und Gleichgültigkeit gegenüber der Erfahrung in direktem Widerspruch zu den gesichertsten Errungenschaften der historischen Wissenschaften von den menschlichen Praktiken. Wenn es notwendig schien zu zeigen, dass vieles aus dem Erkenntnisstand der ökonomischen Wissenschaft – dieser Art Koloss auf tönernen Füßen – durchaus kompatibel ist mit einer ganz anderen Philosophie des Agenten, der Aktion, der Zeit und der sozialen Welt als jener, welche die meisten Ökonomen gewöhnlich produzieren oder übernehmen, dann soll damit nicht einer Art von philosophischem Ehrgefühl gehuldigt, sondern nur versucht werden, die Sozialwissenschaften wieder zu vereinigen, indem darauf hingewirkt wird, die Ökonomie zu ihrer Wahrheit als historische Wissenschaft finden zu lassen.

Pierre Bourdieu

Eine imaginäre Anthropologie

Die Schwierigkeit jedes Versuchs, die Grundlagen der Ökonomie unbefangen neu zu fassen, rührt daher, dass die ökonomische Orthodoxie heute zu den gesellschaftlich mächtigsten Diskursen über die soziale Welt gehört, und dies v.a. deswegen, weil die mathematische Formalisierung ihr den ostentativen Anschein von Strenge und Neutralität verleiht. Die ökonomische Theorie ist zwar bei weitem nicht einheitlich; man kann darin einen soziologisch dominanten, um das isolierte Individuum und den abstrakten Markt herum organisierten *hard core,* ferner ergänzende oder korrigierende Theorien (Spieltheorie, Institutionentheorie, evolutionistische Theorie) sowie antagonistische Theorien unterscheiden. Aber sie ist sozial nach Arthur Lovejoys Lieblingsmodell der *großen Kette des Seins (great chain of being)* organisiert: Am einen Ende die reinen und vollkommenen Mathematiker der Theorie des allgemeinen Gleichgewichts, am anderen Ende die Urheber von kleinen Modellen der angewandten Ökonomie, und dabei dienen Erstere den Letzteren als legitimierende Bürgschaft, und Letztere verleihen wiederum Ersteren den Anschein eines Zugriffs auf die Welt, wie sie ist.

Um bei der Hauptsache zu bleiben, kann man zunächst die eher sozial als wissenschaftlich begründete eklektische Theoriekonstruktion untersuchen, die als *Rational Action Theory* oder methodologischer Individualismus bezeichnet wird und die in letzter Instanz auf einer kartesianischen Philosophie der Wissenschaft, des (als Subjekt aufgefassten) Agenten und der sozialen Welt beruht.

Das ist erstens eine *deduktivistische Epistemologie,* die Strenge mit mathematischer Formalisierung gleichsetzt und bedeutsame »Gesetze« oder »Theoreme« aus einer Gesamtheit von zwar strengen, aber sich über die realen Funktionen der Ökonomie ausschweigenden Grundaxiomen deduzieren will. Man kann hier Durkheim zitieren: »Die politische Ökonomie [...] ist eine abstrakte und deduktive Wissenschaft, die sich nicht so sehr damit befasst, die Wirklichkeit zu beobachten, wie damit, ein mehr oder minder wünschenswertes Ideal zu konstruieren; denn der Mensch, von dem die Ökonomen reden, dieser systematische Egoist, ist nur ein künstlicher Vernunftmensch. Der Mensch, den wir kennen, der wirkliche Mensch, ist viel komplexer: Er gehört einer Zeit und einem Land an, er lebt irgendwo, er hat eine Familie, ein Land, einen religiösen Glauben und politische Ideen.«[1]

Zweitens ist das eine *intellektualistische Philosophie*, die die Agenten jeweils als geschichtsloses reines Bewusstsein auffasst, das im Stande ist, seine Ziele frei und aus dem Augenblick heraus zu setzen und in voller Sachkenntnis zu handeln (oder, in einer widerspruchslos damit zu vereinbarenden Variante, als isoliertes Atom ohne Autonomie und Trägheit, das mechanisch von Ursachen determiniert wird). Man kann hier Veblen heranziehen, der zeigt, wie die hedonistische Basisphilosophie der ökonomischen Theorie die als trägheitslose Atome und »blitzschnelle Berechner« verstandenen Agenten letztlich mit »einer passiven, substantiell trägen und unveränderlichen Natur« ausstattet: »Die hedonistische Konzeption fasst den Menschen als blitzschnellen Berechner von Lust und Leid auf, der wie ein homogenes Klümpchen Glücksbegehren unter dem Impuls von Stimuli oszilliert, die ihn durch die Gegend treiben, ihn aber unversehrt lassen. Er hat weder Vorgeschichte noch Folge. Er ist eine isolierte, definitive menschliche Gegebenheit in stabilem Gleichgewicht, abgesehen von den Püffen der Stoßkräfte, die ihn in diese oder jene Richtung verschieben. Von selbst im elementaren Raum schwebend, wirbelt er symmetrisch um seine eigene Geistesachse, bis das Parallelogramm der Kräfte auf ihn zusteuert, woraufhin er der Linie der Resultante folgt. Wenn die Kraft des Anstoßes verbraucht ist, kommt er zur Ruhe, ein selbständiges Klümpchen Begehren wie zuvor.«[2]

Schließlich und vor allem ist das eine strikt *atomistische* und *diskontinuistische* (oder momentanistische) Anschauung der sozialen Welt, die dem Modell der vollkommenen Konkurrenz oder des vollkommenen Marktes zu Grunde liegt. Diese typisch kartesianische Philosophie schließt die Geschichte schlicht und einfach aus. Ebenso wie die Bewusstseins-

[1] E. Durkheim, »Cours de sciences sociales«, in: *La science sociale et l'action*, Paris, PUF 1970 (1. Aufl. 1888), S. 85.

[2] Th. Veblen, »Why is Economics not an evolutionary science?«, in: *The Quarterly Journal of Economics*, Juli 1898, S. 373-397.

philosophie der ökonomischen Orthodoxie, die das Prinzip des Handelns in ausdrücklichen Absichten und Gründen ansiedelt (oder, nach Friedrich von Hayek einfacher, in der Psychologie), die Geschichte für die Agenten ausschließt, deren Präferenzen keinerlei vergangenen Erfahrungen geschuldet sind und nicht von den Fluktuationen und Variationen der Geschichte berührt werden, denn die individuelle Nutzenfunktion ist als unveränderlich oder ohne analytische Beweiskraft[3] gesetzt, ebenso beschwört die in der Marktvorstellung enthaltene Philosophie der ökonomischen Ordnung sehr direkt das physikalische Universum herauf, wie Descartes es beschreibt, d.h. als bar jeder immanenten Kraft, daher zu radikaler Diskontinuität (bei Descartes: jener der Akte des göttlichen Schöpfers) verurteilt. Der durch vollkommene Konkurrenz und Information gekennzeichnete vollkommene Markt, diese mathematische Fiktion, die auf den abstrakten Preisbildungsmechanismus verweist, wie ihn die Austauschtheorie (um den Preis bewussten und gewollten Ausklammerns der rechtlichen und staatlichen Institutionen) beschreibt, ist nur die idealisierte Bezeichnung des abstrakten Mechanismus, der im Grenzfall einer Welt ohne Reibung die *momentane* Anpassung der Preise, d.h. das Marktgleichgewicht, sichern soll, das angeblich die individuellen Aktionen vermittels der Preisschwankungen koordiniert.[4]

An Hand des erwähnten Modells der »großen Kette des Seins« wird begreiflich, weshalb eine Vorstellung wie jene vom Markt, deren wissenschaftliche Schwächen und Mängel nur zu leicht zu zeigen sind[5] und

---

[3] G.J. Stigler, G.S. Becker, »De gustibus non est disputandum«, in: *American Economic Review,* 67, März 1977, S. 76-90.

[4] Zur Kritik dieser vorgetäuschten Idealisierung siehe A. Hirschman, »Rival Interpretations of Market Society: Civilizing, Destructive or Feeble?«, in: *Journal of Economic Literature,* 20 (4), 1982, S. 1463-1484.

[5] So bemerkt Douglas North: »Es ist seltsam, dass die Literatur zur Ökonomie [...] so wenig an Diskussion über die zentrale Institution enthält, die der neoklassischen Ökonomie zu Grunde liegt – den Markt« (D. North, »Markets and other Allocation Systems«, in: »History: The Challenge of Karl Polanyi«, *Journal of European Economic History,* 1977, 6, S. 703-716). Man kann zwei immer wieder zitierte Übertretungen dieses Schweigegebots anführen: Marshall, *Principles of Economics,* 1890, mit dem Kapitel »On Markets«, und Joan Robinson, Artikel »Market« der *Encyclopedia Britannica,* nachgedruckt in: *Collected Economic Papers.* Bekannt ist außerdem, dass die Bedingungen, die erfüllt sein müssen, damit jedes Marktgleichgewicht ein Optimum wird (wohldefinierte Produktqualität, symmetrische

die wegen ihrer Zweideutigkeit oder Polysemie gestattet, abwechselnd oder gleichzeitig den abstrakten, mathematischen Wortsinn mit allen zugehörigen Wissenschaftseffekten oder diesen und jenen konkreten, mehr oder minder der gewöhnlichen Erfahrung nahe stehenden Sinn heraufzubeschwören, wie den Ort, wo sich der Austausch abspielt (Marktplatz, *marketplace*), die Vereinbarung über die Bedingungen einer Transaktion im Austausch (ein Marktgeschäft tätigen), die Absatzmöglichkeiten für ein Produkt (einen Markt erschließen), die Gesamtheit der für eine Ware offen stehenden Transaktionen (den Erdölmarkt) oder den charakteristischen ökonomischen Mechanismus der »Marktwirtschaften« – wie also diese Vorstellung dazu prädisponiert ist, die Rolle eines »wissenschaftlichen Mythos« zu spielen, der an jeder beliebigen Stelle der Kette für jeglichen ideologischen Gebrauch verfügbar ist. Am »göttlichen« Ende der Kette konnten die Chicagoer Schule und ganz besonders Milton Friedman[6] so ihre Bemühungen um Rehabilitierung des Marktes (namentlich gegen die für feindselig gehaltenen Intellektuellen[7]) auf die Gleichsetzung von Markt und Freiheit gründen und ohne weiteres die ökonomische Freiheit zur Bedingung der politischen Freiheit machen.

Information, eine ausreichende Zahl von Verkäufern und Käufern, um jedes monopolistische Kartell auszuschließen), praktisch nie realisiert werden und die wenigen Märkte, die dem Modell entsprechen, soziale Artefakte sind, die auf ganz seltenen Existenzbedingungen beruhen wie z.B. auf öffentlichen oder organisationseigenen Regulierungsnetzen. Unumwundene Eingeständnisse finden sich auch im Herzen der Orthodoxie, z.B. in einem Standardwerk der »industrial organization theorists« (siehe J. Tirole, *The Theory of Industrial Organization*, Cambridge, The MIT Press 1988).

[6] Siehe M. Friedman, *Capitalism and Freedom*, Chicago, Chicago University Press 1962.

[7] G. Stigler, *The Intellectual and the Marketplace*, Cambridge, Harvard University Press 1963 (1984), insbes. S. 143-158.

Pierre Bourdieu

Postscriptum: Einigen und herrschen – vom nationalen zum internationalen Feld

Historisch hat sich das ökonomische Feld im Rahmen des Nationalstaats und im Zusammenspiel mit ihm herausgebildet. Der Staat trägt nämlich auf vielfältige Weise zur Vereinheitlichung des ökonomischen Raumes bei, und diese trägt umgekehrt zum Entstehen des Staates bei. Wie Polanyi in *The Great Transformation* zeigt, ist die Entstehung der nationalen Märkte nicht das mechanische Produkt der allmählichen Ausweitung der Austauschbeziehungen, sondern die Wirkung einer durchdachten merkantilistischen Staatspolitik, die auf Zuwachs im Außen- und Binnenhandel abzielt (v.a. indem sie der Kommerzialisierung des Bodens, des Geldes und der Arbeit Vorschub leistet). Aber Vereinheitlichung und Integration sind noch lange nicht, wie man annehmen könnte, von einem Homogenisierungsprozess gefolgt, sondern sie gehen einher mit einer Machtkonzentration, die bis zur Monopolisierung reichen kann, und gleichzeitig mit der Enteignung eines Teils der auf diese Weise integrierten Bevölkerung. Das bedeutet, dass die Integration in den Staat und in das von ihm kontrollierte Gebiet in Wirklichkeit die Voraussetzung der Beherrschung ist (wie das in allen Kolonisierungs-Situationen sichtbar wurde). In der Tat läuft die Vereinheitlichung des ökonomischen Feldes, wie ich in Algerien beobachten konnte, darauf hinaus, insbesondere durch die Währungseinheit und die daraus folgende Verallgemeinerung des Austauschs mittels Geld alle ökonomischen Agenten jäh in ein ökonomisches Spiel zu versetzen, für das sie kulturell und ökonomisch nicht in gleicher Weise ausgestattet und vorbereitet sind; sie läuft damit auch darauf hinaus, diese Agenten der objektiv durch die Konkurrenz effizienterer Produktivkräfte und Produktionsweisen gesetzten Norm zu unterwerfen, wie es bei den ländlichen Kleinproduzenten zu sehen ist, die immer stärker aus der Selbstversorgung herausgerissen werden. Kurzum, *die Einigung nutzt den Herrschenden,* deren Differenz allein durch das In-Beziehung-Setzen in Kapital umgemünzt wird. (Um ein neueres Beispiel heranzuziehen: Roosevelt musste in den 1930er Jahren allgemeine arbeitsrechtliche Regeln wie den Mindestlohn, die Begrenzung der Arbeitszeit usw. einführen, um zu verhindern, dass sich nach der Integration ungleich entwickelter Regionen in dasselbe nationale Ensemble die Löhne und Arbeitsbedingungen verschlechterten.)

Im Übrigen verblieb der Einigungs- und Konzentrationsprozess jedoch innerhalb der nationalen Grenzen: Er war durch allerlei, insbesondere rechtliche Hindernisse für den freien Güter- und Personenverkehr eingeschränkt (Zollgebühren, Devisenkontrolle usw.), desgleichen auch durch die Tatsache, dass die Produktion und vor allem die Zirkulation der Güter noch eng an bestimmte Orte gebunden waren (besonders wegen der Transportkosten). Diese sowohl technischen als auch rechtlichen Grenzen für die Ausdehnung der ökonomischen Felder schwinden oder verschwinden heute tendenziell unter dem Einfluss verschiedener Faktoren: einerseits rein technischer Faktoren wie der Entwicklung neuer Kommunikationsmittel, z.B. des Luftverkehrs oder des Internets, andererseits eher spezifisch-politischer oder politisch-rechtlicher Faktoren wie der Liberalisierung und der Deregulierung. So wird die Herausbildung eines *globalen ökonomischen Feldes* begünstigt, insbesondere im Finanzbereich (wo die EDV-gestützten Kommunikationsmittel tendenziell die trennenden *zeitlichen Abstände* zwischen den verschiedenen nationalen Märkten verschwinden lassen).

Der doppelte Sinn von *»globalization«*

Hier ist auf das Wort *»globalization«* (oder, auf Französisch, *mondialisation*) zurückzukommen. Wie erwähnt, könnte es, streng genommen, die Vereinheitlichung des weltweiten ökonomischen Feldes oder die Ausdehnung dieses Feldes im Weltmaßstab bezeichnen. Aber man gibt ihm auch eine ganz andere Bedeutung, indem man heimlich von dem soeben formulierten deskriptiven Sinn des Begriffs zu einem normativen oder gar performativen Sinn übergeht: *»Globalization«* bezeichnet dann eine *Wirtschaftspolitik,* die darauf abzielt, das ökonomische Feld durch ein ganzes Ensemble von politisch-rechtlichen Maßnahmen zu vereinheitlichen, die alle Grenzen für diese Einigung, alle zumeist mit dem Nationalstaat verbundenen Hindernisse für jene Ausdehnung niederreißen sollen. Genau das definiert die neoliberale Politik in ihrer untrennbaren Verbindung mit der im eigentlichen Sinne ökonomischen Propaganda, die ihr einen Teil ihrer symbolischen Kraft verleiht, indem sie auf die Mehrdeutigkeit des Ausdrucks setzt.

Die ökonomische *»globalization«* ist kein mechanischer Effekt der Technik oder der Ökonomie, sondern das Produkt einer von einem Ensemble von Agenten und Institutionen betriebenen Politik und das Ergebnis der Anwendung von Regeln, die absichtlich zu spezifischen Zwecken geschaffen wurden, nämlich zur Liberalisierung des Handels (*trade liberalization*), d.h. zur Beseitigung aller nationalen Regelungen, die die Unternehmen und ihre Investitionen zügeln. Mit anderen Worten, der »Weltmarkt« ist (wie zuvor der nationale Markt) eine *politische Schöpfung,* das Produkt einer mehr oder minder bewusst verabredeten Politik. Und diese Politik hat, wie einst auf ihrer Ebene diejenige, die zum Entstehen der nationalen Märkte geführt hatte, den Effekt (und vielleicht auch, wenigstens für die scharfsinnigsten und zynischsten Verfechter des Neoliberalismus, den *Zweck*), die Voraussetzungen der Beherrschung zu schaffen, indem sie bislang hinter nationalen Grenzen abgeschlossene Agenten und Unternehmen jäh der Konkurrenz effizienterer und mächtigerer Produktivkräfte und Produktionsweisen aussetzt. So verurteilt die Aufhebung der Schutzmaßnahmen die nationalen Unternehmen in den aufstrebenden Wirtschaften zum Ruin, und in Ländern wie Südkorea, Thailand, Indonesien oder Brasilien führt die Beseitigung aller Hindernisse für ausländische Investitionen zum Zusammenbruch der lokalen Unternehmen, die dann oft zu Spottpreisen von den Multinationalen aufgekauft werden. Für diese Länder bleiben die öffentlichen Aufträge mit die einzigen Methoden, die es den lokalen Firmen gestatten, den Großunternehmen aus dem Norden Konkurrenz zu machen. Die WTO-Richtlinien für die Wettbewerbspolitiken und die Vergabe von öffentlichen Aufträgen, wiewohl als notwendig für die Schaffung eines »globalen Betätigungsfelds« hingestellt, hätten in Wirklichkeit den Effekt, eine Konkurrenz »mit gleichen Waffen« zwischen den großen Multinationalen und den kleinen nationalen Herstellern einzurichten und letztere massenhaft verschwinden zu lassen. Es ist bekannt, dass allgemein die formale Gleichheit in der realen Ungleichheit die Herrschenden begünstigt.

Das Wort *»globalization«*, ein offensichtlich *sowohl deskriptiver als auch präskriptiver Pseudobegriff,* trat an die Stelle des Wortes »Modernisierung«, das lange Zeit bei den amerikanischen Sozialwissenschaften im Gebrauch war, um das Aufdrängen eines naiv-ethnozentrischen evolutionistischen Modells zu beschönigen, mit dem sich die verschiedenen Gesellschaften je nach ihrem Abstand von der ökonomisch fortgeschrittensten Gesellschaft einstufen lassen, d.h. von der amerikanischen Gesellschaft, die zum Endpunkt und -ziel der gesamten Menschheitsgeschichte erhoben wird (das geschieht z.B., wenn nach dem von Lévi-Strauss in *Rasse und Geschichte* kritisierten Modell eine typische, aber anscheinend neutrale und unbestreitbare Eigenart dieser Gesellschaft wie der Energieverbrauch pro Einwohner als Maßstab für das Entwicklungsniveau benutzt wird). Das genannte Wort (mit dem darin ausgedrückten Modell) verkörpert die vollendetste Form des *Imperialismus des Universalen,* die darin besteht, dass eine Gesellschaft ihre eigene Besonderheit universalisiert, indem sie diese stillschweigend als allgemeingültiges Modell aufstellt (wie es lange die französische Gesellschaft getan hatte, die vermeintliche Verkörperung der Menschenrechte und des Erbes der Französischen Revolution, die wiederum, namentlich durch die marxistische Tradition, als Modell jeder möglichen Revolution hingestellt wurde).

Mittels jenes Wortes wird somit der Einigungsprozess des weltweiten Wirtschafts- und Finanzfelds, d.h. die Integration nationaler ökonomischer Universen, die bislang abgeschottet waren und nunmehr nach dem Modell einer in den historischen Besonderheiten einer besonderen sozialen Tradition, jener der amerikanischen Gesellschaft, verwurzelten Ökonomie organisiert werden sollen, sowohl zum unausweichlichen Schicksal als auch zum politischen Projekt universeller Befreiung, zum Zweck einer *naturwüchsigen Evolution* und zum bürgerschaftlichen und ethischen Ideal erhoben, das im Namen der postulierten Bande zwischen Demokratie und Markt den Völkern aller Länder eine politische Emanzipation verheißt. Die vollendetste Form dieses *utopischen Kapitalismus* ist zweifellos der Mythos der »Aktionärsdemokratie«, d.h. eines Universums von Lohnabhängigen, die mit Aktien entlohnt und damit kollektive »Eigner ihrer Unternehmen« werden sollen, womit die vollkommen gelungene Assoziation von Kapital und Arbeit realisiert wäre; und erhabene Höhen erreicht der triumphierende Ethnozentrismus der »Modernisierungs«theorien mit den am stärksten erleuchteten Propheten der neuen ökonomischen Religion, die in den USA das neue Vaterland des »realisierten Sozialismus« erblicken (man sieht nebenbei, dass gewisse heute aufseiten Chicagos obsiegende Wahnvorstellungen nicht hinter den ausgefallensten Selbstberauschungen des »wissenschaftlichen Sozialismus« zurückstehen, der sich an anderem Ort, zu anderer Zeit mit den bekannten Folgen entwickelt hatte).

Hier wäre innezuhalten, um erstens zu zeigen, dass das, was universell als Norm jeder rationalen ökonomischen Praxis vorgegeben und aufgedrängt wird, in Wirklichkeit die Universalisierung von besonderen Merkmalen einer in eine besondere Geschichte und Sozialstruktur – der USA – eingebetteten Ökonomie ist und dass somit die USA zwangsläufig die Realität gewordene Form eines politischen und ökonomischen Ideals sind, das im Wesentlichen das Produkt der Idealisierung ihres eigenen, namentlich durch die Schwäche des Staats gekennzeichneten ökonomischen und sozialen Modells ist. Aber zweitens wäre auch zu zeigen, dass die Vereinigten Staaten im globalen ökonomischen Feld eine beherrschende Position innehaben, weil sie ein außergewöhnliches Ensemble von Konkurrenzvorteilen bündeln: *finanzielle Vorteile*, denn die außerordentliche Position des Dollar gestattet ihnen, aus aller Welt (d.h. aus Ländern mit hoher Sparquote wie Japan, aber auch von Oligarchien armer Länder oder weltweiter Schiebernetze) die zur Finanzierung ihres enormen Defizits und zum Ausgleich einer sehr niedrigen Spar- und Anlagequote erforderlichen Kapitale abzuziehen, und sichert ihnen die Möglichkeit, nach Belieben Geldpolitik zu betreiben, ohne sich um die Auswirkungen auf andere Länder zu kümmern, namentlich auf die ärmsten, die objektiv an die amerikanischen ökonomischen Entscheidungen gekettet sind und im Übrigen zum amerikanischen Wachstum nicht nur durch die in Devisen niedrigen Kosten ihrer Arbeit und ihrer Produkte – insbesondere Rohstoffe –, sondern auch durch die abverlangten Zahlungen, von denen Banken und Börse der USA profitierten, beigetragen haben; *ökonomische Vorteile,* wegen der Stärke und Konkurrenzfähigkeit des Sektors der Kapital- und Investitionsgüter und insbesondere der industriellen Mikroelektronik, oder der

Rolle der Bank bei der privaten Finanzierung der Innovation; *politische und militärische Vorteile,* wegen ihres diplomatischen Gewichts, das ihnen erlaubt, für ihre Interessen günstige Wirtschafts- und Handelsnormen durchzusetzen; *kulturelle und linguistische Vorteile,* sichtbar in der außerordentlichen Qualität des privaten und öffentlichen Forschungssystems (auch die Anzahl der Nobelpreisträger verdeutlicht dies), der Macht der *lawyer* und der großen *law firms* und schließlich der praktischen Universalität des Englischen, das die Telekommunikationen und die gesamte kommerzielle Kulturproduktion beherrscht; *symbolische Vorteile,* erkennbar in der Anziehungskraft eines zumindest von den Jugendlichen quasi universell anerkannten Lebensstils, insbesondere durch Produktion und Verbreitung von v.a. film- und fernsehvermittelten Weltvorstellungen und dem damit verbundenen Image von Modernität. (Nebenbei wird deutlich, dass die Überlegenheit der amerikanischen Ökonomie – die sich übrigens immer mehr von dem Modell des perfekten Wettbewerbs entfernt, in dessen Namen ihre Durchsetzung unternommen wird – *auf Struktureffekten beruht und nicht auf der besonderen Effektivität einer Wirtschaftspolitik,* selbst wenn der Effekt der Intensivierung der Arbeit und der Verlängerung der Arbeitszeit sowie sehr niedriger Löhne für die geringer Qualifizierten und auch die Rolle einer Neuen Ökonomie mit technisch-wissenschaftlicher Dominante nicht zu vernachlässigen waren.)

Eine gänzlich unumstrittene Erscheinungsform der Kräfteverhältnisse, die sich im globalen ökonomischen Feld einstellen, ist zweifellos die Asymmetrie und die Logik des *double standard* (zweierlei Maß, zweierlei Gewicht), die z.B. bewirkt, dass die Herrschenden und insbesondere die USA sich Protektionismus und Subventionen erlauben können, die sie den Entwicklungsländern untersagen (denen z.B. verwehrt wird, Importe von Produkten, die ihre Industrie stark schädigen, einzuschränken oder ausländische Investitionen zu regulieren). Und man braucht viel guten Willen, um zu glauben, dass die Sorge um soziale Rechte in den Ländern des Südens (oder z.B. um das Verbot von Kinderarbeit) keinerlei protektionistischen Beweggrund hat, wenn man weiß, dass sie von Ländern wie den USA ausgeht, die sich aktiv für Deregulierung, Flexibilisierung, Lohnbegrenzung und Einschränkung der Gewerkschaftsrechte engagieren. Und die Politik der *»globalization«* ist zweifellos selbst die beste Illustration dieser Asymmetrie, zielt sie doch darauf ab, das für die Herrschenden günstigste Modell nicht auf Gegenseitigkeit, sondern einseitig (d.h. mit Isolationismus und Partikularismus assoziiert) auf die ganze Welt auszudehnen.

Die Vereinheitlichung des globalen ökonomischen Feldes durch Aufzwingen des absoluten Regimes des Freihandels, der freien Kapitalzirkulation und des exportorientierten Wachstums weist dieselbe Zweideutigkeit auf wie seinerzeit die Integration in das nationale ökonomische Feld: Während es sich allen Anschein eines Universalismus ohne Grenzen, einer Art von Ökumenismus gibt, die ihre Rechtfertigung in der universellen Verbreitung der Billig-Lebensstile der McDonald-, Jeans- und Coca-Cola-»Zivilisation« oder in der oft für ein Indiz »positiver *globalization*« gehaltenen »Homogenisierung des Rechts« findet, dient dieses »Gesellschaftsprojekt« den Herrschenden, d.h. den großen Investoren, die sich zwar über die Staaten erheben, aber dennoch auf die großen Staaten und besonders auf den politisch und militärisch mächtigsten, die USA, sowie auf die von ihnen kontrollierten großen internationalen Organisationen, die Weltbank, den Internationalen Währungsfonds (IWF), die Welthandelsorganisation (WTO), rechnen können, um sich günstige Bedingungen für die Durchführung ihrer ökonomischen Aktivitäten zu sichern. *Der mit der Integration in Ungleichheit verbundene Beherrschungseffekt* zeigt sich deutlich im Schicksal Kanadas (das durchaus auch Europa treffen könnte, wenn es sich auf eine Art Zollverein mit den USA einlässt): Wegen des Abbaus der traditionellen Protektionsmaßnahmen, der es besonders in kulturellen Angelegenheiten schutzlos gemacht hat, ist dieses Land im Begriff, von der amerikanischen Macht ökonomisch und kulturell regelrecht vereinnahmt zu werden.

Wie die alten Nationalstaaten sind die herrschenden ökonomischen Kräfte nämlich im Stande, sich das (internationale) Recht und die großen internationalen Organisationen, die von Lobbys bearbeitet werden, dienstbar zu machen. Diese wirken darauf hin, die ökonomischen Interessen der Unternehmen und bestimmter Staaten in juristische Rechtfertigungen zu kleiden (z.B. indem industriellen Investoren maximale Protektion und Rechte gewährt werden); und sie setzen einen erheblichen Teil ihrer intellektuellen Energie daran, nationales Recht wie z.B. Gesetze und Regelungen für den Verbraucherschutz zunichte zu machen. Die internationalen Instanzen erfüllen zwar nicht alle Aufgaben, die gewöhnlich den Nationalstaaten zufallen (wie jene des sozialen Schutzes), lenken aber unsichtbar die nationalen Regierungen, die immer mehr auf die Verwaltung nebensächlicher Angelegenheiten reduziert werden und einen illusionären politischen Schirm bilden, der sich dazu eignet, die wirklichen Orte der Entscheidungsfindung zu verdecken. Sie verstärken auf der symbolischen Ebene das quasi mechanische Wirken der ökonomischen Konkurrenz, die den Nationalstaaten gebietet, das Spiel der Konkurrenz auf dem Terrain der Besteuerung (durch Gewähren von Nachlässen) oder der Konkurrenzvorteile (durch unentgeltliches Bereitstellen von Infrastrukturen) mitzumachen.

Der Zustand des globalen ökonomischen Feldes

Das globale Feld erscheint als Gesamtheit von weltweiten Teilfeldern, die jeweils einer *»industry«*, einer Gesamtheit von um Produktion und Vermarktung einer homogenen Produktgruppe konkurrierenden Unternehmen entsprechen. Die fast immer oligopolistische Struktur jedes Teilfelds entspricht der Verteilung des Kapitals (in seinen verschiedenen Arten) zwischen den verschiedenen Firmen, die den Status eines effizienten Konkurrenten im Weltmaßstab erwerben und bewahren können, wobei die Position einer Firma in einem bestimmten Land von der Position dieser Firma in allen anderen Ländern abhängt. Das globale Feld ist stark polarisiert. Die beherrschenden nationalen Ökonomien neigen allein wegen ihres Gewichts in der Struktur (das als Zugangssperre wirkt) dazu, die Aktiva der Unternehmen bei sich zu konzentrieren, sich die von ihnen abgeworfenen Profite anzueignen und die dem Funktionieren des Felds innewohnenden Tendenzen zu orientieren. Die Position jeder Firma im nationalen und internationalen Feld ist nämlich nicht nur von ihren eigenen Vorteilen abhängig, sondern auch von den ökonomischen, politischen, kulturellen und linguistischen Vorteilen, die aus ihrer nationalen Zugehörigkeit entspringen, jener Art von »nationalem Kapital«, das einen positiven oder negativen Multiplikatoreneffekt auf die strukturelle Konkurrenzfähigkeit der verschiedenen Firmen ausübt.

Diese verschiedenen Felder sind heute in ihrer Struktur dem globalen Feld der Finanzmärkte untergeordnet. Dieses Feld wurde rücksichtslos (durch Maßnahmen wie das Gesetz über finanzielle Deregulierung in

Frankreich von 1985/86) von den fast zwei Jahrhunderte alten Regulierungen befreit, die nach den reihenweisen Bankpleiten der 1930er Jahre stark verschärft worden waren. So zu einer nahezu vollständigen Autonomie und Integration gelangt, wurde es zu einem Ort der Kapitalverwertung unter anderen. Das bei den großen Investoren (Pensionsfonds, Versicherungskonzerne, Investmentfonds) konzentrierte Geld wird zu einer autonomen Kraft unter alleiniger Kontrolle der Bankiers, die immer mehr die Spekulation, die Finanzoperationen zu rein finanziellen Zwecken, auf Kosten des produktiven Investierens bevorzugen. Die internationale Spekulationsökonomie ist somit der Kontrolle der nationalen Institutionen wie der Zentralbanken, die die Finanzoperationen regulierten, entzogen, und die langfristigen Zinssätze werden nun tendenziell nicht mehr von den nationalen Instanzen festgesetzt, sondern von einigen wenigen international Operierenden, die die Tendenzen der Finanzmärkte bestimmen.

Die Konzentration des Finanzkapitals in den Pensions- und Versicherungsfonds, die die kollektive Ersparnis an sich ziehen und verwalten, erlaubt den überstaatlichen Managern dieser Spargelder, im Namen der Aktionärsinteressen finanzielle Rentabilitätsforderungen an die Unternehmen zu stellen, die allmählich deren Strategien die Richtung weisen. Dies v.a. dadurch, dass ihnen die Möglichkeiten zur Diversifizierung beschnitten und ihnen Entscheidungen zum *Downsizing,* zum Kosten- und Personalabbau oder zu Fusionen und Aufkäufen aufgezwungen werden. Deren Risiken haben sämtlich die Lohnabhängigen zu tragen, die manchmal fiktiv am Gewinn beteiligt sind, wenigstens unter den mit Aktien entlohnten Spitzenkräften. Die erhöhte Freiheit, Kapital anzulegen und – was vielleicht noch wichtiger ist – es abzuziehen, zu investieren und zu deinvestieren, um die bestmögliche finanzielle Rentabilität zu erzielen, begünstigt die Mobilität der Kapitale und allgemein verbreitete Standortwechsel der Industrie- oder Bankunternehmen. *Direktinvestitionen im Ausland* erlauben, die Unterschiede zwischen Nationen oder Regionen in Fragen, die das Kapital, aber auch die Kosten der Arbeitskraft betreffen, auszunutzen sowie näher an den günstigsten Markt heranzurücken. So wie die entstehenden Nationen die selbständigen Fürstentümer in Provinzen verwandelten, die der Zentralgewalt untergeordnet wurden, erhalten die »Firmennetzwerke« in einem sowohl internen als auch internationalen Markt ein Mittel, um die Transaktionen zu »internalisieren«, wie Williamson sagt, d.h. um sie innerhalb von Produktionseinheiten zu organisieren, die die absorbierten und so auf den Status von »Tochtergesellschaften« eines »Mutterunternehmens« reduzierten Firmen integrieren, während andere mit der Auftragsvergabe an Subunternehmer versuchen, Beziehungen der Unterordnung in relativer Unabhängigkeit einzuführen.

So schwächt die Integration in das globale ökonomische Feld tendenziell alle regionalen oder nationalen Gewalten, und der formale Kosmopolitismus als ihr Rüstzeug, das alle anderen Entwicklungsmodelle diskreditiert und insbesondere die nationalen von vornherein als nationalistisch verdammt, lässt die Staatsbürger ohnmächtig gegenüber den transnationalen Mächten der Ökonomie und der Finanzen zurück. Die sogenannten Strukturanpassungspolitiken sollen die untergeordnete Integration der beherrschten Ökonomien absichern; dazu wird die Rolle aller angeblich »künstlichen« und »willkürlichen« Mechanismen zur Wirtschaftsregulierung, die mit dem Sozialstaat verbunden sind, der einzigen zum Widerstand gegen die transnationalen Unternehmen und die internationalen Finanzinstitutionen befähigten Instanz, zu Gunsten des angeblich freien Markts durch ein Ensemble von konvergierenden Deregulierungs- und Privatisierungsmaßnahmen zurückgedrängt, etwa durch die Aufhebung aller Schutzmaßnahmen für den Binnenmarkt und die Lockerung der Kontrolle über ausländische Investitionen (unter Berufung auf das darwinistische Postulat, dass die Unternehmen effizienter würden, wenn sie der Konkurrenz ausgesetzt seien).

Damit laufen sie darauf hinaus, dem konzentrierten Kapital nahezu totale Freiheit zu sichern und den multinationalen Unternehmen, die diese Politiken mehr oder minder direkt inspirieren, freie Bahn zu verschaffen. (Umgekehrt tragen sie dazu bei, die Versuche der sogenannten »aufstrebenden«, d.h. zum Gegenhalten durch wirksame Konkurrenz fähigen Nationen zu neutralisieren, die sich auf den Nationalstaat stützen wollen, um eine ökonomische Infrastruktur aufzubauen und einen nationalen Markt zu schaffen, indem sie die nationalen Produktionen schützen und Anreize für eine reale Nachfrage geben, die mit dem Zugang der Bauern und Arbeiter zur Konsumtion durch Hebung der Kaufkraft zusammenhängt, was wiederum durch staatliche Entscheidungen wie z.B. eine Agrarreform oder die Erhebung progressiver Steuern gefördert wird.)

Die Kräfteverhältnisse, die in jenen Politiken einen kaum verhüllten Ausdruck finden und die zunehmend darauf hinauslaufen, die am stärksten benachteiligten Nationen auf eine nahezu ausschließlich auf extensive oder intensive Ausbeutung der Naturschätze gegründete Ökonomie zu reduzieren, äußern sich auch in der asymmetrischen Behandlung, die die Weltinstanzen den verschiedenen Nationen je nach deren Position in der Struktur der Kapitalverteilung zuteil werden lassen: Das typischste Beispiel ist gewiss die Tatsache, dass der IWF die USA lange aufgefordert hat, ihr fortwährendes Defizit abzubauen, ohne etwas zu bewirken, während dieselbe Instanz etliche bereits stark gefährdete afrikanische Ökonomien zu einer Verringerung ihrer Defizite gezwungen hat, die die Arbeitslosigkeit und das Elend nur noch verschlimmerte. Und im Übrigen ist bekannt, dass dieselben Staaten, die der ganzen Welt die Öffnung der Grenzen und das »Weniger Staat!« predigen, mehr oder minder subtile Formen von Protektionismus praktizieren dürfen, so mittels Importbegrenzung durch Quoten, freiwilliger Exportbeschränkung, der Durchsetzung von Qualitäts- oder Sicherheitsnormen und erzwungenen Abwertungen, ganz zu schweigen von moralisierenden Ermahnungen zum universellen Einhalten des Sozialrechts; oder dass sie auch Formen von staatlicher Beihilfe huldigen dürfen, so etwa mittels so genannter »gemischter Oligopole«, die auf Interventionen von Staaten beruhen und darauf abzielen, die Aufteilung von Märkten durch Abkommen über freiwillige Exportbeschränkung oder Festsetzung von Produktionsquoten für ausländische Tochterfirmen abzusichern.

Diese Einigung geschieht, anders als jene, die seinerzeit in Europa auf der Ebene des Nationalstaats erfolgte, ohne Staat – entgegen Keynes' Wunschvorstellung von einer Weltzentralbank, die eine neutrale Reservewährung emittieren und mit dieser gleichberechtigte Austauschbeziehungen zwischen allen Ländern garantieren sollte – und allein im Dienst der Interessen der Herrschenden, die im Unterschied zu den Juristen während der Entstehungszeit des europäischen Staates nicht wirklich genötigt sind, die ihren Interessen gemäße Politik in den Anschein des Universellen zu kleiden. Die Logik des Felds und die Eigenkraft des konzentrierten Kapitals setzen Kräfteverhältnisse durch, die die Interessen der Herrschenden begünstigen. Letztere haben die Mittel, diese Kräfteverhältnisse in anscheinend universelle Spielregeln zu transformieren. Das geschieht mittels pseudo-neutraler Interventionen der von ihnen beherrschten großen internationalen Instanzen (IWF, WTO) oder unter dem Deckmantel ökonomischer und politischer Vorstellungen, die sie inspirieren und durchsetzen können und die ihre vollendetste Formulierung im Entwurf des MAI (Multilaterales Abkommen über Investitionen) gefunden haben: Diese »Utopie« einer von allen staatlichen Zwängen befreiten und allein dem freien Willen der Investoren überlassenen Welt gestattet, sich eine Vorstellung von der wirklich »globalisierten« Welt zu machen, die die konservative Internationale der Chefs und Führungskräfte der industriellen und finanziellen multinationalen Unternehmen aller Nationen durchsetzen will, indem sie sich auf die politische, diplomatische und militärische Macht eines imperialen Staats stützt, der allmählich auf die Funktion der Aufrechterhaltung der inneren und äußeren Ordnung reduziert würde.[1] Es ist also müßig, darauf zu hoffen, dass diese durch »Harmonisierung« der Gesetzgebungen gewährleistete Einigung kraft ihrer Eigenlogik zu einer echten, von einem Universalstaat wahrgenommenen Universalisierung führen möge. Aber es ist gewiss nicht unvernünftig zu erwarten, dass die Auswirkungen der Politik einer kleinen, allein auf ihre kurzfristigen ökonomischen Interessen bedachten Oligarchie das allmähliche Aufkommen von ebenfalls weltweiten politischen Kräften fördern können, die im Stande sind, nach und nach die Schaffung von transnationalen Instanzen zu erzwingen, die die herrschenden ökonomischen Kräfte zu kontrollieren und sie wahrhaft universellen Zwekken unterzuordnen haben.

[1] Siehe François Chesnais, *La mondialisation du capital*, Paris, Syros 1994, sowie M. Freitag, E. Pineault (eds.), *Le Monde enchaîné*, Montréal, Editions Nota Bene 1999.

Textnachweise

Einleitung: Introduction, in: Pierre Bourdieu, Les structures sociales de l'économie, Collection »Liber«, Editions du Seuil, Paris 2000, S. 9-26 (Übersetzung: Joachim Wilke)

Der Häusermarkt: Le marché de la maison, in: Pierre Bourdieu, Les structures sociales de l'économie, a.a.O., S. 27-31

Ein Zeichen der Zeit: Un signe des temps, in: Actes de la recherche en sciences sociales, Nr. 81/82 (März 1990), S. 2-5 (Übersetzung: Jürgen Bolder)

Eine sichere Geldanlage für die Familie: Un placement de père de famille, in: Actes de la recherche en sciences sociales, Nr. 81/82 (März 1990), S. 6-33 (Übersetzung: Joachim Wilke)

Ein Vertrag unter Zwang: Un contrat sous contrainte, in: Actes de la recherche en sciences sociales, Nr. 81/82 (März 1990), S. 34-51 (Übersetzung: Franz Hector)

Der Eigentumssinn: Le sens de la propriété, in: Actes de la recherche en sciences sociales, Nr. 81/82 (März 1990), S. 52-64 (Übersetzung: Franz Hector)

Das ökonomische Feld: Le champ économique, in: Actes de la recherche en sciences sociales, Nr. 119 (September 1997), S. 48-66 (Übersetzung: Joachim Wilke)

Eine imaginäre Anthropologie: Une anthropologie imaginaire, Manuskript, ersetzt den in der Erstauflage als Einschub in »Das ökonomische Feld« eingefügten Text »Der Markt als wissenschaftlicher Mythos« (Übersetzung: Joachim Wilke)

Postscriptum: Einigen und herrschen – vom nationalen zum internationalen Feld: Unifier pour mieux dominer, Manuskript, Überarbeitung des Kapitels »Postscriptum: Du champ national au champ international« in: Pierre Bourdieu, Les structures sociales de l'économie, S. 271-280 (Übersetzung: Joachim Wilke)